collection **marabout service**

Pierre Daco, psychologue des profondeurs
et analyste praticien,
a été formé initialement selon l'optique freudienne.
Il a complété sa formation aux écoles
de Carl Gustav Jung et de Charles Baudouin.
Il est membre de l'Institut international
de psychothérapie (Genève),
de la Fondation internationale C.G. Jung
de psychologie analytique (New York)
et de la Société française de psychologie
analytique (Paris).

Pierre Daco constitue un phénomène unique
dans l'histoire déjà longue
de la science psychologique
écrite pour le public non spécialisé,
et deux de ses ouvrages
Les prodigieuses victoires de la psychologie moderne (MS 15)
et *Les triomphes de la psychanalyse* (MS 29)
ont fait sa réputation
auprès de plus d'un million de lecteurs,
bien au-delà des pays de langue française.

Pierre Daco a publié en 1979
L'interprétation des rêves (MS 341) qui a
connu un succès immédiat dans
le grand public.

Et plus récemment (en 1982) il développe
ses recherches les plus passionnantes dans
Les voies étonnantes de la nouvelle psychologie (MS 480)
Il publie également un recueil de poèmes :
De Chant d'Homme, aux Editions
Saint-Germain-des-Prés et un roman
La nuit des aurores chez Pauvert.

comprendre les femmes
... et leur psychologie profonde

Je dédie ce livre :
à ma femme ;
aux Docteurs Georges et Hélène Teboul,
de la Société Française de Psychologie Analytique,
pour l'amitié et l'aide qu'ils m'ont apportées ;
aux membres de cette même Société,
en reconnaissance du travail scientifique et humain
qu'ils accomplissent.

Pierre Daco

comprendre les femmes

...et leur psychologie profonde

marabout

PRÉFACE

La femme suit son mari.
Lui cherche les dieux.

L'amour. Rare. Fulgurant.

Quel éblouissement, la rencontre de l'autre ! Et pour ce seul couple, se lève l'aube de la Création tout entière. Ces amoureux de deux sous de violettes exaspèrent les avares, car un mystérieux sourire fait apparaître de l'or dans leurs yeux. Quelle tendresse dans le visage qui pèse sur son épaule, et dans les lèvres qui répondent en effleurant le front offert ! Le métro, la rue ou le banc deviennent « la maison ». Alliance de celle qui se fie et de celui qui s'y fie. D'être confiante et donnée, elle le crée fort et solide. Ils vont, miraculeusement fous et sages.

Mais cet amour, comment est-il possible si la femme ne réalise pas combien sa particularité enfin reconnue, valorisée, est la clé du désir ? Valant ni plus ni moins que l'homme. Simplement elle-même. Différente.

L'homme et la femme sont seuls au monde. S'ils restent seuls ensemble, nous sommes perdus.

L'importance et l'actualité d'une question apparaissent à la lumière des flambées passionnelles que cette question allume. En très peu d'années, les femmes se sont découvertes semblables, confrontées toutes avec le même axiome : « Le genre humain se compose d'hommes, et puis du reste. »

Les femmes ne sont pas des hommes. Et cela suffit à la société occidentale pour les reléguer dans une médiocrité tacite, et de salaires, et de rôles.

Etre homme ou n'être rien. Devant cette alternative, elles s'unissent. Sans pour autant connaître ce qu'est le féminin.

Depuis des siècles, les hommes ont tourné la difficulté en enfermant la femme dans les interdits sociaux qui entravent sa possible libération. Le Moyen Age avait péniblement concédé une âme à la femme. La Renaissance et l'efflorescence de la culture gréco-latine la lui ont arrachée. Elle est redevenue l'animal capricant, enfantin, que l'homme-grand-guerrier a tenu dès lors pour mineur.

A son corps défendant, la femme est devenue détentrice des « humeurs » que les hommes jugent indignes d'eux. Ce sont les caprices qu'ils ne veulent pas avouer. Les infidélités qu'ils se refusent souvent mais qu'ils supposent toujours commises (très amusante, l'infidélité de la femme d'autrui !) « Si je connais son mari, je ne peux pas toucher une femme », dit vertueusement un homme. Le beau gynécée mental !...

Pourtant, combien sont-elles plus chanceuses que leurs sœurs d'Orient, où la femme est inséparable du père, du mari ou du fils. Où elle est seulement un ventre échangé de clan en clan. Ventre honorable s'il est fertile en fils, lesquels augmentent les chances qu'aura la famille de ne pas mourir de faim. Ventre dédaignable s'il ne fait que des filles, cette chair sans grand prix.

Mais tout d'abord, qui sommes-nous ?

Le tiers état d'une humanité qui réclame des comptes...

Ayant une voix puisque le droit de vote a récompensé nos bons et loyaux services — ceux qu'exigeait la guerre !...

Possédant un savoir intuitif, immémorial, du lieu d'asile qu'est le foyer...

Accusées de sensiblerie, alors que nous sommes affamées de sentiments...

Solidaires de toute fatigue (qui cède sa place dans l'autobus ?)...

Ayant peur de parler à celui qui va peut-être se moquer...

Viande à plaisir, contraception y comprise !...

Corps las d'avance auprès de « lui », « Nuage-de-fumée-au-dessus-du-journal-déplié »...

Cœurs, pauvres cœurs qui nous repaissons de « littérature » stupide et de linge à fleurs dans les prairies des catalogues...

Privilégiées, lorsque le travail alimentaire ne nous transforme pas en pauvres choses vieillies...

Mais marionnettes recommençant le soir à la maison une seconde journée de travail...

Vertueuses corneilles de province, mais aussi femmes du ghetto de Varsovie dont la voie douloureuse impose le silence, seul digne d'elles...

Dans *L'espoir*, André Malraux posait la question de savoir quel homme avait eu le « courage » de piéger un square où jouaient des enfants. Un homme ? Non. Une femme !...

Parfois, un grand chagrin d'amour. Peut-être pour avoir au moins une souffrance à soi !

Les femmes sont apparemment libres, mais invisiblement liées par un code d'honneur strictement masculin.

Parlons à peine des mères... La petite enfance est, sans compter la fatigue, une période de désert dans la vie d'une femme qui élève son bébé. Le mari, excédé de sa journée de travail, sort, comme auparavant. Elle, elle veille l'enfant. Le contraire est encore impensable. D'ailleurs, « sans lui, je n'aime pas sortir » !... Travaillait-elle avant sa maternité ? Reprendre ce travail repose en premier lieu sur un calcul d'argent, une question de sous. Si elle déclare que son travail lui plaît, à argent égal, sa mère la regarde horrifiée, ou dévide la litanie de ses propres échecs : « Ma pauvre fille, les hommes sont tous des égoïstes », etc. Ses obligations, ses « devoirs » plus ou moins justifiés noient ses authentiques responsabilités dans une masse confuse.

Et bien des hommes acceptent fort mal l'annonce d'un enfant qui va les priver, eux, de la maternelle attention d'une épouse docile. Combien de maris, alors, pèsent de tout leur poids, écrasent le conjoint, obtiennent l'avortement ! « Tu n'avais qu'à faire attention. » Et la plus avertie pleure comme une petite fille perdue dans le noir.

Une femme fait cinq, six filles ? Qu'importe ! Elle fera bien un septième enfant. Encore heureux si, en cas de difficulté, l'accoucheur ne lui préfère pas son petit ! Mais en elle, tenue de procréer un fils, le « tenant du nom », et quel que soit l'épuisement de son être, quelle amertume !... Et que deviendront ses filles, élevées dans la nostalgie du garçon qu'elles ne sont pas ? Elles qui, en plus, peuvent « déshonorer » la famille.

La révolution psychanalytique a montré combien l'éveil de l'enfant au monde pèse sur sa destinée, combien le fruit de notre chair est aussi nous-mêmes, et combien il faut de lucidité et de patience avec la réalité d'autrui, comme avec la nôtre.

Mais ce qui indigne surtout — à juste titre — beaucoup de femmes, c'est qu'aux noms de schémas théoriques (que les actuelles découvertes scientifiques modifient et complètent), certains justifient la paupérisation de la femme, son abaissement, son appauvrissement par rapport à la société masculine.

La voilà blessée, frustrée d'avoir en son intériorité ce que la sexualité de l'homme érige à l'extérieur. « Infirmité » des menstrues. Etre une

« petite chose fragile », puisque castrée. Ne pas nager. Ne pas marcher. Bien sûr, avoir mal au ventre... Comment ces périodes lunaires, qui installent les femmes dans le cycle de la nature, en sont-elles arrivées à être le signe d'une douloureuse servitude ?

Mais ce n'est pas tout.

Identifiée avec sa capacité de séduction, la femme qui vieillit n'a plus de sexe défini. Et elle est la première à jouer le jeu de cette tacite inhumanité.

On pardonne à la mère qui fait de son fils un pauvre type ; cela ne met pas le clan en danger. Mais on ne pardonne pas à la veuve qui se remarie contre la volonté de ses enfants. On ne pardonne pas à celle qui divorce sans « motifs ».

Malheur à celle qui refuse de vivre selon le « patron » que l'opinion courante lui a collé sur le dos. Si elle est mariée, « Elle porte les culottes », « Elle est folle », « Son mari a trop de patience »... Si elle est seule, « C'est une coureuse », « C'est une orgueilleuse », « C'est une anormale (puisqu'elle n'est pas mariée) »...

Aujourd'hui, la mère célibataire a droit au silence de ceux qui, il y a peu d'années encore, auraient étendu du fumier devant sa porte.

Mais malheur encore à celle qui est seule et stérile. Seule, elle marche vers la mort, avec son destin tragique, pour une errance désespérée !... Pas un foyer ne s'ouvrira pour elle...

Où sont donc ces attendrissantes — et quelque peu agaçantes — « taties » qui élevaient les marmots des autres et veillaient sur les vieux parents ?

Fini. Plus de place pour elles. Faute d'espace ? Pas seulement. Le déracinement a fait apparaître que le « devoir » accompli était surtout crainte de l'opinion publique, des jugements du village, de la rue, de la maison. Les ventres sont pleins mais les cœurs sont vides.

Oublié l'« innocent » qu'on écoutait un instant, même si — avant ou après — on se moquait de lui. On l'a enfermé avec ses frères de cœur. Emmurés, les naïfs, les pèlerins des champs d'étoiles, les fous de Dieu, les enfants sans tendresse, les adultes trop lents pour gagner leur pain...

Effacé, le sourire grave de la mère qui taillait la part du pauvre dans la miche (et le plus petit la regardait, fier de son importance, car c'est lui qui allait donner à la misère la communion des humbles ; quelquefois, il y avait une assiette de soupe et du foin au fenil. Dos glacé, ventre rôti, le chemineau contait les nouvelles d'ailleurs à la nichée qui s'endormait en rêvant de la Chine...).

A l'asile, le pépé qui taillait si joliment les premiers sifflets !

Finie, la Chandeleur ! Les lauriers sont coupés, grand-mère et, sans vous, nous n'irons plus au bois...

Mais où donc s'est perdu le fleuve de tendresse qui allaitait les êtres dans un même et profond sentiment d'appartenance ?

L'homme et la femme sont seuls au monde. S'ils restent seuls ensemble, nous sommes perdus.

Qui des deux parlera le premier ? L'homme ou la femme ? Qui écoutera le chant de solitude de l'autre, dans lequel un égal espoir file la même note ? Qui entendra ce que la pudeur cache entre les mots ? Et d'ailleurs, pudeur ou avarice du cœur ? Avarice du cœur ou peur ?

Si terrible et si merveilleux est le couple, que notre prudente lâcheté préfère le fuir par tous les moyens.

Aussi incroyable que cela puisse paraître, tout est alimenté par l'« ennemi intime » que peut être le conjoint. Les guerres de religion, les conflits raciaux, les barrières sociales, le « bon », le « mauvais », le connu qu'on délaisse, l'inconnu dont on craint le pire, le merle blanc, le vilain petit canard, le député de l'autre, ma-concierge-qui-ouvre-les-lettres, votre-épicière-qui-vole, l'agressivité qui tourne dans l'ombre et qui tue très bien, les masses de passions destructrices et d'emballements incontrôlables, toute la sociologie de la violence...

Et tout cela à l'heure où les plateaux-repas, conçus pour avaler le programme télévisé en entier, annoncent sans doute les fourchettes et les biberons téléguidés. Combien de mots un couple échange en une soirée, mis à part ceux qui ponctuent le réglage du téléviseur ?

L'homme et la femme sont seuls au monde. S'ils restent seuls ensemble, nous sommes perdus. Qui des deux parlera le premier ?

C'est un patient effort de compréhension, puis de communication qui renoueront le fil rompu. Et c'est à cette tâche vitale que travaille Pierre Daco. Car il faut maintenant — très vite — savoir qui est l'autre.

La solitude de l'homme le dévore par le goût d'une vaine perfection, ou l'engloutit par la vanité d'une accumulation de biens matériels. Mais il lui est offert de marcher vers l'idéal avec le viatique de la tendresse : elle. Elle, la complémentaire. Elle, l'heureusement imparfaite. Elle qui le suit. Parce qu'aimer est sa loi, sa religion, son Sens.

A condition de n'être plus pardonnée pour des fautes qu'elle n'a pas commises.

DOCTEUR HÉLÈNE TEBOUL,

Secrétaire de la Société Française
de Psychologie Analytique.

INTRODUCTION

Au long d'années de pratique psychologique, à travers les lettres de milliers de femmes de tous âges, j'ai appris que le bonheur stable et l'être profond sont les patries de la femme.

Nous vivons dans une époque où la stabilité intérieure est remplacée par une psychologie suicidaire, et où l'être cède la place à tous les paraîtres superficiels.

C'est pourquoi la soif de réassurance des femmes actuelles est immense.

Qu'elles aient dix-huit ou quatre-vingts ans, qu'elles travaillent ou non à l'extérieur, les femmes cherchent une réponse au fait d'avoir, de tous temps, été dupées. Et elles demeurent grugées aujourd'hui plus que jamais ; elles le ressentent, malgré les cadeaux dorés qu'on leur apporte.

Ballottées de gauche à droite, culpabilisées de partout, elles ont entamé un dangereux mouvement pendulaire. Que cherchent-elles ? A sortir de leur insécurité affective. Mais qui les en sortira ? Ceux qui leur diront pourquoi on les relègue, pourquoi on les abandonne, pourquoi on les assujettit, pourquoi on les asservit, aujourd'hui comme hier.

L'homme les trompe, sans le savoir, parce qu'il subit une angoisse éternelle dont la femme fait les frais. Mais les femmes se sont également trompées elles-mêmes, en se faisant les complices involontaires de cette angoisse masculine, et en transformant souvent la puissance de la féminité en un charme malingre, sans créativité.

Les femmes doivent savoir qu'elles sont infiniment moins démunies qu'elles le croient. Foncièrement, elles ne le sont même pas du tout. Elles ont aussi à se rendre compte que la plupart des soubresauts actuels se trouvent en porte-à-faux. Et que « la Femme » est en train de perdre son Sens.

Existe-t-il une solution à l'éternelle errance de la femme ? Je ne sais pas. Les éruptions actuelles n'envisagent que les difficultés de surface, aussi importantes soient-elles. Mais les racines mêmes de l'antagonisme entre les sexes n'ont jamais été atteintes.

Aussi me proposé-je de rechercher avec vous l'essence de la femme, puisque son drame est de cesser d'être Servante de la vie, pour devenir serve impuissante.

PIERRE DACO

Courage, condamnées ; la liberté n'est qu'un mauvais moment à passer.

Beaucoup de femmes savent les choses qui seront dites ici. Mais elles ne savent pas qu'elles le savent.

Tous ceux qui parlent d'amour en termes mécaniques, mais discutent de mécaniques en termes d'amour !

Je me verrai souvent obligé de parler de la femme à partir de l'homme. Ne croyez pas que je veuille tirer un décalque de ce dernier, comme on le fit souvent. Je tenterai également de montrer ce que peut être la femme, face à ce que l'homme a cessé d'être.

L'homme a raisonné de plus en plus, et résonné de moins en moins.

A salaire égal, bon ! Mais à considération égale ?

Esclaves de harems ou de gynécées, courtisanes ou maîtresses, épouses ou mères de famille, asservies ou libres, ouvrières ou présidentes, les femmes de naguère ou d'aujourd'hui sont la puissance occulte qui conduit le monde. Devant la force souterraine de l'espèce femelle, le patriarcat, même rugissant, n'est qu'une aimable plaisanterie.

CHAPITRE PREMIER

L'IMPOSTURE DE LA LIBERTÉ

Madame se meurt, Madame est morte !

BOSSUET.

Jamais la femme ne fut aussi écrasée, aussi agonisante, aussi colonisée, aussi morte.

Notre époque représente la plus sale affaire de toute son histoire.

Les apparences sont trompeuses, car le piège est admirablement camouflé. Et les deux sexes au travail présentent une surface uniformément grisâtre. Cependant leur lutte reste inchangée ; devient plus âpre peut-être.

Le camp de concentration du travail extérieur est bordé de fleurs. D'une part, les femmes reçoivent à pleines pelletées leurs justes droits sociaux et juridiques. D'autre part, le travail leur est accordé à satiété dans le monde. Dans quel monde ? Celui des hommes, bien entendu.

Et la grande réussite de ce tour de passe-passe est que la femme prend souvent son nouvel état pour fraîche liberté. Les hommes qui désirent l'asservissement de la femme peuvent respirer. C'est fait : elle est prise au piège. Elle est en train de perdre sa personnalité et son originalité propres. Sa splendeur et son pouvoir intérieurs sont neutralisés.

On se demande même si « la femme » n'est pas en voie de disparition. Ce qui arrangerait beaucoup de monde. Car il n'y a pas que les hommes qui, poussés par l'angoisse, ont tenté d'asservir la femme. Nombreuses également sont les femmes anti-femmes. Refusant leur féminité, haïssant même parfois « la Féminité », elles poussent leurs consœurs à lutter contre les hommes… mais dans l'univers des hommes.

Quant aux femmes qui désirent, intérieurement et extérieurement, être libres et refusent d'obéir aux impératifs nouveaux, elles sont appelées à une œuvre difficile.

Et c'est d'elles, peut-être, que tout dépend.

LE M.T.D. ET SON PLAN ANTI-FEMME

Tout se passe comme si les dirigeants du M.T.D. (Monde Technologique Déshumanisé) s'étaient concertés :

— Prenons garde ! La cote d'alerte est atteinte. La femme revendique et obtient ses droits. Elle commence à voir clair dans nos affaires. Elle représente une grande puissance potentielle et souterraine. Donc très dangereuse. Il faut que nous l'empêchions à tout prix de passer à l'action en tant que femme. Oui, en tant que femme !

Puis encore :

— La femme est perspicace. Heureusement, elle ignore à quel point. Elle aime ce qui est authentique, concret, naturel, humain, stable. Or notre univers est inauthentique, abstrait, artificiel, inhumain, instable. Un jour ou l'autre, la femme tentera de détruire ce que nous avons fait. Peut-être même se mêlera-t-elle d'arrêter nos guerres ! C'en serait fait alors de nos expériences dangereuses, de nos hommes d'affaires, de nos mercantilismes, de nos théories. Et c'en serait fait de nous, par la même occasion.

Ils tracèrent alors un plan général :

— Nous devons empêcher la Féminité de reprendre vigueur. Pour l'instant, elle reste cantonnée dans les anciens schémas de la faiblesse. Elle n'est donc pas à craindre. Mais cela ne durera pas : car il en est qui incitent la femme à prendre conscience de ce qu'elle est, qui la poussent à intervenir, à redresser notre monde. Le temps presse. Il faut détruire la puissance intérieure de la femme. Il faut rayer le féminin de la carte.

Mise sur papier, leur combinaison donne à peu près ceci :

Point 1 du plan anti-femme

— Attirer, dans le monde du travail, le plus grand nombre possible de femmes.

— Pour ce faire, les amadouer, les gaver juridiquement et socialement. Lâcher du lest, mais garder le contrôle total.

— Leur donner l'impression d'être libérées de la tutelle masculine, tout en bloquant leur liberté intérieure.

— Les attirer, par tous les moyens, dans des travaux qui les obligeront à abdiquer en tant que femmes.

Point 2 du plan anti-femme

— Embaucher les femmes pour des tâches, même très importantes, mais où la Féminité n'aura rien à faire.

— Inemployée, cette Féminité s'atrophiera, mourra ; et le danger cessera.

Point 3 du plan anti-femme

— La femme peut devenir un témoin lucide, donc redoutable : il faut supprimer ce témoin. Pour cela, faisons d'elle notre complice, et le tour sera joué. Etant notre complice, elle n'osera plus fourrer le nez dans nos affaires pour devenir témoin à charge. Et nous conservons le beau rôle puisque nous lui ouvrons les portes... du moins les nôtres.

Point 4 du plan anti-femme

— Afin de parfaire cet asservissement, nous obligerons des millions de femmes à perdre toute personnalité ; pour cela nous mettrons en jeu la mode, la chimie, la publicité, les milliards. Nous fabriquerons des filles tellement inexpressives et inertes que tout péril sera éliminé.

LES CONSÉQUENCES POUR LA FEMME

Coincées dans l'univers mâle...

On aurait pu imaginer que les femmes, acquérant une liberté extérieure, allaient en profiter pour amorcer une « remontée » intérieure ? En d'autres mots, qu'elles ne se laisseraient pas faire ?

Au contraire, le piège fonctionna parfaitement. C'était d'ailleurs le moment idéal. Le poisson avait faim. Il suffisait de lancer la ligne dans l'eau pour que le poisson mordît à l'appât.

C'est pourquoi les femmes participent de plus en plus à la marche du monde. Mais de quel monde ? Jamais, à travers les siècles, notre univers ne fut aussi glacé, ennuyeux, désanimé, guerrier, violent, agressif, individualiste, dressé, percutant, vertical, uniforme, destructeur. Jamais il ne fut à ce point hyper-virilisé.

On dirait que sont tombées des averses d'hormones mâles, tandis que les hormones femelles demeuraient dans les nuages.

Ainsi donc, *cela tourne bien pour les femmes, mais à l'envers. Notre époque est idéale pour les femmes qui ont raté le bachot de leur vie de femme*. Et pour celles qui, éprouvant d'intenses difficultés d'être, cherchent à n'importe quel prix à se re-centrer, à se retrouver, à savoir qui elles sont. Elles ont alors l'impression que le travail au sein de l'univers mâle leur permettra de retrouver leur identité profonde.

On leur accorde des droits. Elles se lancent sur l'appât. Mais sans apercevoir la nasse.

La « compétition » féminine

La femme se trouve engagée dans la même impasse où étouffent les hommes. Parce que sa compétition est fondée sur l'inflation de la logique, de la raison. Or que sont ces deux « choses », sinon de simples accessoires de la vie psychologique ?

La véritable intelligence se trouve aussi bien en la femme qu'en l'homme. Dans ce genre d'intelligence, les deux sexes sont parfaitement interchangeables. Le malheur est que les femmes sont en train de perdre ce type d'intelligence.

Quant aux hommes, c'est fait depuis longtemps.

Dans cette compétition moderne, pour que la femme puisse rivaliser avec l'homme, il faudrait qu'elle se déshumanise. *Mais cela, qu'elle le veuille ou non, lui est impossible*.

C'est là son drame, son insécurité, sa torsion, son angoisse. *Les femmes collaborent ? Oui. La Féminité, non*. A tel point qu'on a rendu péjoratives les caractéristiques les plus élevées de la femme : la réceptivité, la disponibilité, la perspicacité, la puissance intérieure, par exemple. Même sa compassion naturelle est décriée, réduite en bouillie par le rouleau compresseur de la technologie. Quant au vaste sentiment maternel (le sentiment tout court) de la femme : *« Mais voyons »*, m'a dit cette militante, *« c'est bon pour les bonnes femmes »* !

Si bien que la femme se retrouve, en compagnie de l'homme, dans le même cul de basse-fosse. Jamais elle ne fut aussi esclave d'un monde dans lequel elle s'est elle-même engluée : au nom d'un ersatz de liberté scintillante.

Exactement comme si les dirigeants du M.T.D. s'étaient dit :

— Nous les avions toujours tenues à distance ? Actuellement nous les tenons tout court. Elles travaillent chez nous et pour nous. Faisons en sorte qu'elles deviennent comme nous, agissent comme nous, se détruisent par nous. Elles deviennent des demi-mâles. Parfait ! Nous demeurons mâles à part entière. Et nous gardons la main haute.

Car le travail « à la mâle » n'est qu'un simulacre de liberté. Ce n'est pas une issue, mais la porte de l'enfer.

Pire que jadis !

Autrefois, combien étaient grands le pouvoir et la puissance de la femme lorsqu'elle agissait hors de la vie publique ! Son intervention contrebalançait les erreurs masculines. Restant profondément femme, elle écoutait, supputait, observait, attendait ; puis enfin s'ingérait, s'immisçait et forgeait la décision de l'homme.

Et les plateaux de la balance se redressaient.

Car autrefois la courtisane, une épouse ou une maîtresse de roi étaient cent mille fois plus souterrainement efficientes que les fourmis de maintenant.

Il n'est pas question de revenir en arrière, mais il faut en tirer leçon. La femme qui avait su conserver l'infaillible clairvoyance de son espèce gouvernait souvent les royaumes et les ménages.

Mais ce pouvoir abyssal de la femme est mort ou peu s'en faut. Sa magnificence d'hier a disparu.

Notre époque est celle des femmes-termites, des fourmis ouvrières. Depuis Londres jusqu'à Changhaï, elles tapent sur la même machine, s'affairent devant les mêmes engins que les hommes, visent les mêmes cibles : parce qu'elles sont téléguidées par les impératifs des technologies et les exigences des « affaires ».

Peut-être, un jour, les femmes gagneront-elles leur liberté intérieure, la réalisation d'elles-mêmes et leur bonheur ? Mais elles ne pourront redonner une âme à la terre tant qu'elles n'auront pas récupéré la leur, en même temps que leurs valeurs essentielles.

LE M.T.D. A L'ŒUVRE

Content mais inquiet...

Imaginons les dirigeants du *Monde Technologique Déshumanisé* consultant leurs paquets de fiches, histoire de faire le point.

Bien entendu, ils se frottent les mains :

— Les résultats dépassent nos espérances ! Nous voulions coloniser la femme, en sous-main, tout en nous donnant un air de bons apôtres libérateurs ? C'est fait. Une grande partie des femmes sont bloquées. Elles travaillent comme un seul homme, si l'on peut dire. Il y a mieux : elles sont enchantées d'être indépendantes ; elles ont trouvé la liberté d'obéir aux machines-pointeuses, aux heures exactes, aux chefs, sous-chefs et autres surveillants. Le fait même d'être emprisonnées leur donne l'illusion d'exister. En attendant, elles tâcheronnent pour nous. Une excellente main-d'œuvre à bon marché. Elles ne sont plus femmes, et elles ne sont pas hommes. Tout est parfait.

Et, analysant la deuxième partie du fichier :

— Ah ! voici la génération sacrifiée. Elles ont entre treize et dix-neuf ans. Mais ce sont des femmes-objets, qui pour la plupart ont marché à fond. Elles sont jeunes, et c'est d'autant plus intéressant qu'elles déteindront sur leurs enfants. Aucun danger pour notre monde.

La troisième partie du fichier contenait une énorme liasse de fiches :

— Ce sont les Femmes Décolorées. Un véritable phénomène social ! Nous voulions qu'elles perdent toute personnalité ? C'est réussi. Ce type de femmes pullule, et sans le savoir, elles nous obéissent au doigt et à l'œil. Elles sont devenues les représentantes inertes de notre monde d'acier. Il faudra pousser les publicités en ce sens[1].

Quatrième partie du fichier (mais ici les visages des dirigeants du M.T.D. se font inquiets) :

— Attention ! Il existe encore trop de femmes qui ont su rester intelligentes, équilibrées, lucides. Elles ont conservé les puissantes caractéristiques de la Féminité, avec l'activité créatrice qui en découle. Ces femmes d'élite sont très redoutables pour notre monde. Car elles ont encore une âme profonde. Si elles se mêlaient de mettre de l'ordre sur terre, elles seraient capables de réussir. Notre seule chance est que, seules, elles ne peuvent rien faire. Il faudrait d'abord qu'elles s'unissent entre elles,

1. Cet invraisemblable phénomène fera — il le mérite — l'objet d'un chapitre.

puis qu'elles se joignent aux hommes qui poursuivent le même but : réhumaniser la planète. Ce n'est certes pas pour demain, mais il faut y prendre garde. Ouvrons-leur prudemment les portes ; n'en acceptons que peu à la fois. Car leur intelligence équilibrée les désigne pour des emplois supérieurs. Il est vrai que notre univers technologique ne les intéresse pas. Mieux, il les écœure. Mais elles sont suffisamment habiles pour s'y glisser, afin de lui redonner un visage de chair. Donc il faut empêcher ces femmes de fusionner. Ici, gouverner, c'est séparer et diviser.

La femme, redoutable témoin

Le dernier paquet de fiches M.T.D. concernait donc les femmes saines et clairvoyantes qui subsistent malgré le génocide. Ce sont des femmes-témoins, qui circulent et observent la cité des mâles déshumanisés. En esprit, elles photographient les dangereuses erreurs masculines. Elles éprouvent nettement un avant-goût de ce qui attend le monde. Elles ne ressentent aucune hostilité contre l'homme, mais elles constatent qu'il ne perçoit même plus son suicide progressif et inéluctable.

Et ces femmes-témoins cherchent les failles dans les murs épais. Les dirigeants du M.T.D. avaient murmuré :

— Ces femmes risquent de devenir un jour nos accusatrices. Elles fomenteront la révolte contre nos injustices, nos affaires dénuées de moelle humaine, nos guerres, nos recherches inconsidérées. Elles veulent une planète peuplée d'êtres humains, logés et nourris humainement. Si elles se mettent à l'œuvre...

D'où le point 3 du plan anti-femme.

La femme devient complice

Il n'est pas plus parfaite rouerie que de transformer un témoin à charge en un complice du forfait. Cela équivaut à supprimer le témoin : le crime parfait, en quelque sorte.

Qu'est-ce qu'un témoin, sinon une personne qui observe de façon globale, perspicace et lucide ? D'autre part, être témoin authentique exige certaines conditions : il faut n'être mêlé en aucune façon à l'action qui s'accomplit. Un témoin a besoin de recul, de neutralité.

Supprimez ce recul et cette neutralité, et vous gommez le témoin. Car on ne peut être témoin lucide d'un accident si on est l'accidenté.

La deuxième astuce, pour supprimer le témoin, est d'acheter son silence.

N'est-ce pas ce qui se passe ?

Mais je cède à nouveau la parole au représentant du M.T.D. (Monde Technologique Déshumanisé) :

— Certaines femmes veulent être redresseuses de tort ? Elles désirent freiner notre marche en avant ? Elles se préparent à nous dénoncer au monde ? Eh bien, pour les neutraliser, embrigadons-les. Nous construisons des cités sans âme ? Obligeons les femmes, d'une manière ou l'autre, à participer à la construction. Nous fabriquons des fusées, des armes ? Faisons jouer à ces femmes des rôles importants dans la physique, la chimie, l'électronique. Transformons également ces témoins en femmes d'affaires. Dès lors, comment pourraient-elles encore nous critiquer, compromises qu'elles seront par les responsabilités qu'elles auront acceptées ? Notre témoin deviendra notre complice : ce sera notre plus beau coup de dés !

Quelqu'un objecta :

— Mais une femme intelligente ne s'y laissera pas prendre !

Que si ! Beaucoup s'y sont laissé prendre.

La femme est culpabilisée sur tous les fronts

On aurait pu assister à un revirement si les femmes avaient été informées de ce qu'elles sont réellement ; si on leur avait dit que la Féminité, loin d'être une pâmoison douceâtre, est une force vitale et indispensable ; bref, si on avait extirpé les vieilles erreurs. Prenant conscience d'elles-mêmes, les femmes seraient redevenues force, sagesse, intelligence, action. Et ces femmes, rénovées, auraient pu amorcer leur pénétration progressive dans le monde extérieur qui, au lieu de continuer à se dégrader, se serait rééquilibré.

Au lieu de cela, *on a culpabilisé la femme*.

On lui certifia que, travaillant dans sa maison, elle était coupable de ne pas œuvrer à l'extérieur. Et si elle travaillait au dehors, qu'elle était coupable de ne pas s'occuper de son logis. On l'a rendue coupable d'avoir des enfants, de n'en pas avoir, de travailler, de ne pas travailler, de s'ennuyer, de ne pas s'ennuyer, d'être belle, de ne pas l'être, d'être jeune, de ne plus l'être. Bref, des morsures soigneusement étudiées ravivèrent sans cesse la vieille plaie de la femme : son sentiment séculaire d'infériorité et l'interdiction de s'occuper d'elle-même. En d'autres termes, *on continua de lui dénier le droit d'avoir des droits*. En même temps, on lui laissait un semblant de choix : ou bien travailler avec et pour les hommes, ou devenir une recluse que l'on montre du doigt.

Mettons-nous à leur place. *Elles se voient obligées d'être femmes et hommes en même temps, mais en cessant d'être femmes sans pouvoir devenir hommes*. Elles se heurtent à l'absurde, à l'impossible ; elles dépensent leur énergie sans compter, cherchent à se déculpabiliser en s'occupant de la cuisine, des enfants, de leur profession, de leur directeur, de leur mari, de leur réussite, de leur amour. Tout à la fois, évidemment.

Autrement dit, on a supprimé son *être*, à la poursuite duquel elle avait couru durant des siècles. Et de la sorte, on a fermé le domaine où elle possède sur l'homme d'immenses et indiscutables avantages.

Le paraître efficient, la profession, sont devenus pour elle des points de mire quasi obligatoires. On a crié sur les toits que le genre d'intelligence (réelle !) de la femme était semblable à celui de l'homme. Et sans attendre de recouvrer ce que des siècles de tutelle avaient abîmé en elle, l'ex-esclave voulut ressembler à son ex-maître.

Et elle revêtit les mêmes oripeaux.

Cette culpabilisation a été renforcée par certaines catégories de femmes « féministes ». Et cela, parce qu'elles ont traduit sur un plan *général* leurs cas *personnels*. Ayant eu des difficultés profondes avec leur père, ou leur mère, ou leur mari, elles sont devenues anti-mère, anti-femme, anti-homme, anti-tout ; et particulièrement anti-elles-mêmes.

Ces féministes-là ne défendent pas la femme : c'est le cadet de leurs soucis. Elles ne cherchent pas à restaurer la Féminité, mais à la détruire, parce qu'elles sont pleines de rancœur. Et pour abattre dix arbres, elles tentent d'incendier la forêt.

Elles ont lancé des cohortes de femmes à l'assaut des tanks mâles. Chez ces dernières, le sentiment de culpabilité ne laissait que deux solutions : se complaire dans leurs revendications ou prendre les commandes de ces mêmes tanks. Elles aussi se sont retrouvées prises au piège, complices, compromises.

LA SOLUTION ?

Mais enfin, il existe quantité de femmes d'élite, qui savent trouver une créativité heureuse soit dans leur maison, soit à l'extérieur !

Je connais des physiciennes, des chimistes, des mathématiciennes, des directrices. Elles ne sont pas à leur aise. Elles m'ont dit leur angoisse de travailler dans (et pour) un monde suicidaire, dont nul ne sait où il va. Comme les hommes, elles œuvrent sans goût ni joie. Elles déplorent de ne pouvoir rien faire *contre* certaines aberrations, parce qu'elles s'épuisent *en faveur* de ces mêmes aberrations. Elles aussi sont des femmes engluées.

Jeanne et Marie, architectes, ont un beau jour refusé de poursuivre leur participation à la destruction de sites décidée par des financiers. Elles ont démissionné, reniant ce jeu inhumain, incapables de faire quoi que ce soit contre l'irréversible.

Mais si elles n'avaient pas disposé de l'argent nécessaire pour tout quitter ? Si elles avaient dû attendre que la clientèle privée « daigne » faire appel à une « femme architecte » ?

Là est l'aberration : beaucoup de femmes ont l'impression qu'un travail extérieur, aussi minable soit-il, et dont elles n'ont, souvent, pas besoin, pourrait *justifier leur existence*. Mieux encore : nombre de femmes, qui se sont soumises à la loi du travail extérieur, méprisent celles qui *choisissent* de demeurer chez elles !

Mais les femmes qui cherchent leur identité à travers une profession ne la trouveront jamais. Car, qu'on le veuille ou non, les deux sexes existeront toujours l'un par l'autre. Son *statut profond,* une femme ne l'obtiendra jamais que *par* et *pour* l'homme (la réciproque étant tout aussi vraie). La femme qui n'aime pas et n'est pas aimée reste « végétale », éphémère, quelle que soit son activité. Elle demeure indifférenciée, inexprimée ; morte, en quelque sorte.

Il faut que les femmes lucides et équilibrées puissent parler, dénoncer, remettre de l'ordre. Peu importe qu'elles travaillent ou non à l'extérieur : seule compte la qualité d'âme.

Mais quels moyens pourraient-elles utiliser ? Je pense aux activités de grande diffusion : radio, presse, télévision, où l'humanité a encore certains mots à dire. Il y a les mairies, les sénats, les chambres, où une femme peut faire merveille.

La femme saine et intelligente devrait être un nouveau cheval de Troie qui se glisse à l'intérieur des organisations masculines, mais sans se laisser écharper par elles. Car, à aucun prix, ces femmes ne doivent tomber dans les pièges qui ont rendu les hommes affectivement exsangues. Il n'est nullement question qu'elles travaillent *contre* l'homme, mais *avec* certains d'entre eux pour la rénovation du monde actuel. *Et des millions d'hommes le désirent.*

Encore faudrait-il que ceux, parmi les hommes, qui détiennent les clés de ces royaumes glacés ressentent — même confusément — le prix du témoignage de ces femmes, et leur ouvrent la porte.

Aller doucement. Nombre de femmes et d'hommes sont si chatouilleux que tous handicaps ou avantages naturels sont immédiatement traduits en termes d'infériorité ou de supériorité. Mais le besoin de domination et de puissance n'est-il pas l'apanage des apeurés ?

Des femmes veulent l'égalité — ou plutôt : l'égalisation — selon le mode masculin. Mais pourquoi ne cherchent-elles pas à niveler les hommes selon les caractéristiques féminines ? Serait-ce dû au vieux culte de la puissance, joint à la haine de leur propre sexe ?

L'homme, démuni de ventre créatif, ne comprendra jamais à quel point l'âme d'une femme se trouve immergée dans la réalité profonde des choses et des êtres. Et la puissance de la femme provient de ce qu'elle est seule à pouvoir ressentir les forces de vie.

Interview d'un cybernéticien à la radio. Après avoir parlé de ses ordinateurs, il déclare tranquillement l'amour qu'il porte aux arbres, aux champs, aux horizons de sa région.

Et l'homme de la radio, au lieu de conclure que c'est là un technicien ayant su rester un homme normal, demande, quasi apitoyé, si le cybernéticien n'est pas « un peu » poète.

Un demeuré ?

CHAPITRE II

L'IMPOSTURE DE L'INFÉRIORITÉ

Et le combat cessa faute de combattants.

CORNEILLE.

Beaucoup de femmes se demandent :

— En fin de compte, est-il vrai que la femme souffre d'une infériorité *naturelle* ? Serait-elle naturellement moins intelligente, moins créative, moins active ?

Certaines m'ont écrit :

— Depuis le début des temps, on a proclamé notre infériorité ; beaucoup d'entre nous en sont d'ailleurs convaincues. Mais nos manques sont-ils scientifiquement prouvés ? Freud a-t-il raison ?

Et d'autres :

— S'il était avéré que la femme est réellement inférieure à l'homme, elle s'en ferait une raison. Encore faudrait-il qu'elle le sache...

LA SOI-DISANT INFÉRIORITÉ DE LA FEMME

Quelques absurdités

1. On recherche toujours ce que la femme ne possède pas par rapport à l'homme ; mais on se demande rarement ce qu'il manque à l'homme, face à la femme.

2. On traduit toujours *handicap* par *infériorité*, et *avantage* par *supériorité.*

3. Si l'on parle de « différences » entre femmes et hommes, la femme est conditionnée à penser qu'elle est différente *en moins*, et l'homme *en plus*.

4. Les questions d'infériorité et de supériorité sont souvent posées en bloc, sans tenir compte des circonstances.

5. On recherche rarement en quoi une femme est inférieure à ce qu'elle pourrait être.

Une sixième absurdité

Lorsqu'une femme devient autonome, on estime qu'elle est « utile », socialement et économiquement. Mais on semble considérer que cela ne peut rien changer *en elle*. Ce qui signifie que la femme est classée une fois pour toutes : la femme est définitivement destinée à admirer l'homme, à travailler pour lui, à avoir des enfants, etc. On en conclut qu'il s'agit de ses seuls destins naturels, sans tenir compte de la forme de la société dans laquelle vit la femme. Il y a confusion entre le produit et l'emballage.

Inférieure par rapport à quoi ?

Les comportements humains sont toujours formulés en termes d'infériorité ou de supériorité. La plupart des écrits et des débats versent dans la même confusion. Bien plus, on valorise ses comportements ; ainsi on aboutit à l'admiration quand il y a « supériorité », ou au mépris s'il s'agit d'« infériorité ».

Le « supérieur » sue d'importance. L'« inférieur » se retire honteux et confus. L'ordre est rétabli. Le calme règne à Varsovie ; mais le feu continue de couver.

Qui est « supérieur », de l'homme ou de la femme ? Une telle question n'a aucun sens. Pourquoi ? Parce qu'une infériorité ou une supériorité se mesurent par rapport à un critère commun.

Or, quand on sépare les deux sexes comme on le fait généralement, tout commun dénominateur devient impossible. Comme si on demandait : « Qui est supérieur ? L'eau ou le feu ? L'or ou l'argent ? La montagne ou la vallée ? »

Tant qu'on séparera de la sorte les sexes, tout débat restera impossible. Comment pourrait-on démontrer la « supériorité » d'un sexe ? Par rapport à quoi serait-il supérieur ?

On ne se demande jamais si la femme et l'homme sont vraiment ce qu'ils pourraient être. Ne sont-ils pas *en-dessous*, l'un et l'autre, de leur propre réalisation ?

Là est la question, me semble-t-il. Une femme réalisée est largement « supérieure » à un homme-adolescent, même « génial ». Un homme accompli est supérieur à une femme-enfant. Ou encore une femme-poupée est inférieure à une femme pleinement femme ; un cultivateur qui aime sa terre est supérieur à un dirigeant indifférent à sa profession, etc.

Je propose de remplacer les termes « inférieur » par « handicapé », et « supérieur » par « avantagé ». Cela nous permettra d'y voir plus clair. Il s'agit de capacités, bien entendu, mais plus encore de *réalisation de soi*. Ici le fait d'être femme ou homme n'entre plus en ligne de compte, non plus que le fait de diriger ou d'être dirigé.

Je voudrais souligner une autre confusion. On compare généralement une personne à une autre personne, au lieu de la mesurer à l'étalon de ses propres possibilités.

Imaginons une ouvrière qui a perdu l'usage d'un bras. Immédiatement, elle se croira « inférieure » aux autres. En fait, elle est handicapée, par rapport à deux critères : son travail et son rendement. Mais cela ne signifie nullement qu'elle soit devenue « inférieure » (intérieurement) ni à elle-même ni à quiconque. Mais, neuf fois sur dix, elle souffrira de sentiments d'infériorité, parce qu'elle confondra ce qu'elle *est* et ce que la société *attend d'elle*. Cependant, si cette ouvrière est équilibrée, aucun sentiment d'infériorité n'apparaîtra. Elle n'éprouvera qu'une sensation de handicap, qu'elle s'efforcera de combler dans la mesure de ses possibilités.

Il est évident que nous sommes tous avantagés ou handicapés, cent fois par jour et selon les circonstances. Par exemple, une brillante pianiste est handicapée face à un matheux de quinze ans : si on prend les mathématiques comme critère. Tout bascule si le critère devient le piano.

Il serait facile de multiplier les exemples. Tout handicap, tout avantage dépendent de l'instant et des circonstances. Et le handicap d'aujourd'hui peut devenir, demain, un avantage.

Un tableau comparatif

Voici quelques comparaisons entre la femme et l'homme. Mais ne vous fiez pas aux apparences ! Car certains avantages peuvent camoufler des handicaps (et vice versa). Par exemple : un homme *semble* avantagé face aux sentiments d'infériorité, parce que notre forme de société est masculine. Il n'empêche que, en fin de compte, il est handicapé : il craindra de perdre la face, de ne pas se montrer à la hauteur de ce qu'on exige de lui, etc. Tout avantage ou handicap peut donc changer de colonne, selon la circonstance.

Et il va de soi que, *jamais*, aucun de ces handicaps ou avantages ne peut être traduit en termes d'« infériorité » ou de « supériorité ». Ce serait appliquer des *notions de valeur* à des situations qui, ou bien sont naturelles, ou résultent des circonstances.

Ce serait aussi ridicule que de prétendre que l'on est inférieur ou supérieur parce qu'on possède un chromosome en plus ou en moins.

Devant	**la femme est**	**l'homme est**
le monde moderne	handicapée	avantagé
les sentiments d'infériorité	handicapée	avantagé
la sexualité[1]	avantagée	handicapé
la création de la vie	avantagée	handicapé
la créativité intérieure	avantagée	handicapé
la créativité extérieure	handicapée	avantagé
sa rapide maturation	avantagée	handicapé
le complexe d'Œdipe	handicapée	avantagé
la force d'âme	avantagée	handicapé
l'angoisse de vivre	avantagée	handicapé
l'angoisse de la mort	avantagée	handicapé
la combativité professionnelle	handicapée	avantagé
la stabilité au sein d'une profession	handicapée	avantagé
le sens religieux[2]	avantagée	handicapé
l'intelligence globale	avantagée	handicapé
l'intelligence abstraite	handicapée	avantagé
la lucidité perspicace	avantagée	handicapé
la patience	avantagée	handicapé
le bon sens	avantagée	handicapé

1. Ce terme sera défini plus loin.
2. Suivant l'étymologie « religare » : se relier à.

Devant	**la femme est**	**l'homme est**
la compréhension humaine	avantagée	handicapé
le paraître social	handicapée	avantagé
l'être profond	avantagée	handicapé
le symbolisme	handicapée	avantagé

Dans notre forme de civilisation, on croit généralement que la femme souffre, plus que l'homme, de sentiments d'infériorité. Et l'on ajoute que des siècles de « second rôle » n'ont pas arrangé ses affaires. Et cependant !

Beaucoup de femmes se croient inférieures *du seul fait qu'elles sont femmes*. Mais est-ce là une sensation naturelle ou culturelle ? Jamais un homme ne pensera : « Je ne suis qu'un homme. » Il dira au contraire : « Je me sens inférieur parce que je ne suis pas un homme. » Ou bien : « Je deviens un véritable femmelette. »

Une jeune fille me disait :

— *Nous sommes inférieures. Non pas en qualité mais en quantité. C'est notre nature. Les femelles, dans le règne animal, sont ternes et soumises. Les mâles se battent, et les femelles attendent béatement d'adorer le vainqueur. Freud, décidément, a raison...*

La même jeune fille :

— *Les femelles sont ternes. C'est un fait. Il faut l'accepter...*

Une autre jeune fille :

— *J'ai parcouru une étude scientifique. On a essayé de faire vivre ensemble des femelles de macaques : sans succès. Puis on a introduit au milieu d'elles un seul mâle adulte : bientôt s'est élaborée une société réglée, sociale. N'est-ce pas le signe de la primauté du mâle ?*

Rappelez-vous ce que nous disions plus haut : on utilise les termes « inférieur » et « supérieur » par rapport aux autres, rarement en se référant à soi-même. Or c'est l'erreur la plus monumentale que l'on puisse commettre.

Qui a le plus peur ?

En fin de compte, ne serait-ce pas l'homme qui souffre le plus de sentiments d'insécurité, d'impuissance, d'infériorité ?

Constatons d'abord que :

a) L'homme a profondément peur de la femme : je le montrerai à loisir plus loin. Mais l'inverse est beaucoup moins vrai.

b) L'homme ne se ressent pas supérieur à la femme : il éprouve le besoin de *se vouloir* supérieur à elle. Si bien que, face à une femme, il se sent en état de danger, d'insécurité.

c) Dès qu'une femme prend l'avantage, l'homme habituellement réagit comme si un abîme se creusait sous lui. Nous le verrons : ce n'est pas qu'il craigne de perdre sa prépondérance, dans l'acception traditionnelle du terme. Mais la femme « tient » l'homme chaque fois que celui-ci est en proie à une mystérieuse crainte souterraine.

d) On serait stupéfié si l'on observait le nombre de comportements des hommes qui, devant une femme (la leur peut-être), rappellent ceux d'un jeune garçon devant sa mère.

e) Je crois même que la femme se sent « supérieure » à l'homme. Et ce sentiment se niche dans des régions affectives totalement inaccessibles à l'homme. Une femme est avant tout une mère (réellement ou en puissance). Le sentiment maternel fait partie de sa nature. Par ailleurs, ce sentiment ne concerne pas uniquement « son » enfant, mais aussi bien le monde entier. C'est pourquoi une femme a tendance à considérer les actes des hommes comme une mère le ferait des jeux de ses enfants : avec scepticisme, voire ironie ou commisération.

Il y a plus : *l'être* de la femme est une sorte de sphère à la fois close et vaste, qui lui permet de « toucher » les forces profondes de l'existence. C'est pourquoi elle considère (un peu distraitement) les actions et conquêtes masculines, comme des phénomènes superficiels. Nous étudierons ce point plus en détail, car *il est d'une grande importance pour la compréhension (ou l'incompréhension) entre hommes et femmes.* On pourrait dire qu'il s'agit ici d'un sentiment de supériorité — ou plutôt de vastitude — face à l'homme : la femme ressent à quel point, affectivement, elle réagit sur un autre plan, indéfinissable comme la vie, un plan que l'homme ne parviendra *jamais* à ressentir.

Les sentiments d'infériorité de l'homme devant la femme ont un autre motif.

Au cours des siècles, les hommes ont plongé en chute libre.

Ils étaient	**Ils sont devenus**
puissants	nerveux
actifs	agités
solides	harassés
reproducteurs	érotiques

Ils étaient	**Ils sont devenus**
artisans	robots
individuels	socialisés
stables	angoissés
personnels	anonymes
travailleurs	serfs
sujets	assujettis

Autrefois, l'homme s'était ajusté à la nature, à la réalité des choses, à son travail, à ses guerres. Aujourd'hui, transformé en numéro, il tente péniblement de s'accrocher à ses maigres substituts de puissance. Comme me le disait un étudiant noir : « Grand chasseur d'autrefois est devenu petit dragueur d'aujourd'hui. »

De ces hommes dégringolés, « on » exige de plus en plus. Mais face à eux, se trouvent les femmes. Leur tréfonds n'a pas changé, en ce qu'il a de positif ou de négatif. Les femmes sont demeurées ce qu'elles ont toujours été, malgré les apparences extérieures.

Tout d'abord, la plupart désirent surclasser l'homme. Vengeance ? Ce serait bien normal.

Une femme intelligente me disait :

— *Je voudrais, une seule fois, diriger, commander en premier, dans un métier habituellement réservé aux hommes. Je voudrais montrer des capacités égales aux leurs, et me les démontrer à moi-même. Ensuite je reprendrais ma place de femme parce que, au fond, ce qu'« ils » font m'intéresse très peu...*

Nous trouvons ici deux éléments : le désir de revanche dont je parlais plus haut, puis le désintérêt de la femme envers des agissements purement masculins, dont je vous parlerai longuement.

Contrairement à l'homme qui est naturellement instable, la femme est *foncièrement stable*. De plus elle a su conserver, au cours des temps, une souplesse d'adaptation qui l'a préservée — quoi qu'on en pense — de l'esclavage masculin.

Et la femme, armée de sa redoutable perspicacité, observe l'homme. L'homme le ressent. Comment, dès lors, ne serait-il pas envahi par un sentiment d'infériorité permanent ? Car il sait qu'il ne correspond pas à ce qu'il est, et que la femme le démasque en le jaugeant à sa véritable valeur d'*être*.

De plus beaucoup de femmes entretiennent (sans le vouloir consciemment) les sentiments d'infériorité de l'homme. Il en est ainsi quand une femme montre — insidieusement ou ostensiblement — des sentiments d'« admiration » envers un homme : « Vous êtes fort et intelligent... il est passionnant de travailler avec vous... Je ne peux que m'incliner, vous avez toujours raison... On se sent en sécurité auprès de vous », etc.

L'homme se laisse prendre à ce jeu. Il ahane pour « mériter » cette admiration. Il joue un rôle. Il sait qu'un faux pas déclencherait l'ironie ou le sarcasme de la femme, trop heureuse de prendre sa revanche (même sous des comportements soi-disant maternels et apitoyés qui ne sont que mépris).

Cette femme guette l'homme. Mais ce n'est pas d'aujourd'hui que les gens vont au cirque dans l'espoir de voir le dompteur dévoré.

De nouveau la même question se pose : qui souffre le plus de sentiments d'infériorité ? La balance ressemble à celle de la Justice idéale : un même poids dans chaque plateau. Les sentiments d'infériorité sont mieux répartis que les richesses.

La conclusion ? La bataille continuera tant que l'on accordera une « valeur morale » aux avantages et aux handicaps de chaque sexe.

COMMENT LA FEMME SE SITUE

La femme se défend

Dans mon premier livre[1], j'ai longuement décrit le sentiment d'infériorité, ainsi que les symptômes qui en découlent. Je rappelle quelques points essentiels. Le sentiment d'infériorité produit :

a) La sensation pénible d'être « moins » que les autres.

b) L'impression d'être en dessous de la norme (telles beaucoup d'adolescentes, véritablement hantées par l'anxiété de n'être pas comme tout le monde).

c) La sensation de n'être pas à la hauteur de la tâche que nous nous sommes fixée ou que nous impose la société.

Le sentiment d'infériorité peut se manifester en un seul domaine (réaction d'une femme envers les hommes, par exemple). Il peut également imprégner tous les actes. Les symptômes les plus courants sont : une sensation sourde d'agir « comme si » on était coupable ; l'impression d'être indigne de vivre ; le sentiment d'être à peine toléré par « les autres », etc.

1. « Les prodigieuses victoires de la psychologie moderne » (Marabout).

La timidité et l'agressivité pathologique sont, bien entendu, des effets immédiats du sentiment d'infériorité.

La femme réagit au sentiment d'infériorité :

a) Soit par une *compensation* qui lui donne une sensation de puissance et de supériorité. « Je suis moins que... » devient « Je dois tout faire pour paraître plus que... ».

b) Soit par une *déclaration de guerre généralisée*. C'est le cas de nombre d'adolescentes qui, se croyant mal aimées, ruminent leur hostilité contre le monde entier, et se montrent d'une invraisemblable arrogance.

c) Soit par un *altruisme exagéré*. Souvent des femmes, qui se sentent inconsciemment « indignes » de vivre, vont tenter de payer leur droit à l'existence. Elles se donnent totalement à une tâche, sans jamais tenir compte d'elles-mêmes, et jusqu'à la mort s'il le faut. Inconsciemment, d'ailleurs, elles désirent cette mort. Elles pourraient dire : « Je m'acquitte de mon sentiment d'infériorité en me détruisant pour les autres. » C'est *la névrose d'échec*.

d) Soit par *la débâcle totale*. Beaucoup de femmes, convaincues de leur insuffisance, sombrent dans un aigre pessimisme. Elles se suicident affectivement. Leur estimation d'elles-mêmes tombe à zéro. Incapables d'entreprendre seules quoi que ce soit, elles attendent *tout* de l'homme (envers qui elles entretiennent une forte hostilité inconsciente). Certaines se croient maudites ; on leur a jeté un sort. Il s'agit ici d'un masochisme moral très profond. Elles refusent alors de s'attribuer la moindre réussite, qu'elles imputent à un « hasard ».

On constate surtout ces réactions chez des femmes qui ont eu de mauvaises relations avec leur mère : une mère abusive, couvante, acerbe, revendicatrice, désabusée, pessimiste, une mère qui fait tout à la place de sa fille, laquelle en déduit qu'elle est incapable ; une mère qui dresse sa fille contre le père, etc.

Je proteste, donc je suis

Cette autre forme de réaction, *la protestation virile*, a été mise en lumière par Adler.

Classiquement il s'agit d'une femme qui, ostensiblement et agressivement, entreprend des tâches *habituellement* réservées aux hommes. Neuf fois sur dix, cette réaction s'enracine dans le complexe d'Œdipe (voyez le chapitre *La fille coincée*).

Durant cette période, l'adolescente a lutté contre son père (« Je battrai au poteau ce mâle orgueilleux et inaccessible ! ») ou contre sa mère (« Je refuse d'être une martyre comme ma mère ; c'est pourquoi, je rejetterai mon rôle de femme et me transformerai en garçon »). Ceci n'étant que deux exemples, bien entendu.

Il existe certains domaines bien connus où transparaît cette « revendication » de la femme : les sports violents, les courses automobiles, les domaines techniques, les explorations dangereuses, etc.

Il faut noter cependant que ces femmes pénètrent en territoire masculin *non pas* dans le but de se réaliser joyeusement en même temps que les hommes, *mais* avec la volonté farouche de faire mieux qu'eux. A première vue, on pourrait croire que leur hostilité revendicatrice n'est dirigée que contre les hommes. Mais il n'en est rien. La preuve en est qu'elles se montrent agressives et méprisantes également envers les adolescentes, les femmes « féminines », les femmes « maternelles », les enfants.

On pourrait dire que, en devenant « comme » les hommes, ces femmes *tentent d'échapper à une féminité qui leur fait peur*. Or, qu'elles veuillent ou non, cette féminité reste présente. Elles sont donc en contradiction permanente avec elles-mêmes, et leur vie est inconsciemment chargée d'angoisse et de souffrance. *Leur masculinité n'est pas réelle, mais fictive* (nous verrons que la véritable masculinité est tout autre chose). Plus elles veulent être comme des hommes, plus elles s'éloignent de leur féminité. Elles sont incapables de concevoir que la féminité — et la femme — puissent être des qualités.

Ce sont des hommes manqués et des femmes ratées. Elles risquent de circuler, désespérément et sans fin, dans les labyrinthes des sentiments d'infériorité.

Il existe une autre forme de protestation virile, plus sourde, plus cachée, et insinuante.

En voici quelques exemples :

— Certaines femmes attendent un enfant avec une jubilation *revendicatrice* (« ainsi, mon mari verra que, moi aussi, je suis capable de faire quelque chose et que je le vaux largement ! »). Symboliquement, elles portent le ventre « en avant ».

— Il y a les multiples oppositions quotidiennes : supériorité ironique devant un mari maladroit à la cuisine ou dans le ménage ; haussements d'épaules apitoyés devant les erreurs de l'homme (« tu es très fort dans ton métier, mais dès que tu en sors… ») ; sécheresse hautaine devant les hésitations du mari (« tu es tout de même assez grand pour décider ? ») ; désertion pure et simple devant les responsabilités maternelles (« *ton* fils n'en fera jamais d'autres, il est tout le portrait de *son père* »), etc.

Toutes ces réactions sont parfaitement compréhensibles. Parce que ces femmes se croient « châtrées » et inférieures, elles tentent en revanche de châtrer l'homme moralement. Injuste retour des choses pour bien des maris qui n'y peuvent mais, puisqu'ils ne sont en rien responsables de l'adolescence manquée de leur femme.

La guérilla

C'est la tactique du harcèlement, arme préférée de beaucoup de femmes.

Les tentatives de « supériorité » ont lieu par à-coups. L'attaque va et vient, s'arrête, repart, reprend, au moment où l'homme s'y attend le moins. La femme encercle son adversaire avec patience, ténacité. Elle prend son temps (nous verrons que la patience est une caractéristique de la féminité). Perspicace à souhait, la femme sait « toucher » les points vulnérables de l'homme.

Cette guérilla assure généralement à la femme une forte sensation de supériorité. Les escarmouches fusent de partout : ironies mordantes, remarques faussement apitoyées, constatations acides. Mis en position d'impuissance, l'homme ne peut que hisser le drapeau blanc.

Autre tactique : la femme se transforme en mère-poule, attentive à tout danger qui *pourrait* guetter son compagnon : l'épouse exigera que, pour un simple rhume, son mari enfile un cache-nez. Un tel comportement cache d'ordinaire une forte agressivité. Mais pourquoi s'agit-il d'une recherche de supériorité ? Parce que, pour cette femme, « étouffer » un homme signifie l'annihiler, le reprendre « en elle » dans la chaleur moite de son ventre, l'engluer, l'empêcher d'avoir la moindre autonomie, et de ce fait conserver le haut du pavé.

La paranoïa[1]

Cette maladie (mentale ou affective) présente un large éventail de comportements. En voici les symptômes les plus courants, que l'on retrouve tantôt isolés, tantôt en grappes :

1. Voyez également « Les prodigieuses victoires de la psychologie moderne » (Marabout).

— une asociabilité quasi totale, et agressive ;
— une méfiance hautaine envers chacun, d'où un manque de familiarité et l'impossibilité de « se laisser aller » ;
— une arrogance glaciale ;
— une susceptibilité aiguë, compensée par de cinglantes ripostes ;
— des idées de persécution (« Tout le monde me veut du mal… personne ne m'aime, ne peut me supporter… ») ;
— un entêtement inébranlable dans des opinions scellées une fois pour toutes ;
— le besoin d'une orgueilleuse tour d'ivoire ;
— l'identification à de grands idéaux, des idées démesurées, un pays, un homme célèbre, un dieu, etc. ;
— dans le domaine pathologique : la police reçoit nombre de plaintes émanant de femmes qui prétendent être épiées par des caméras ou des micros cachés, droguées par des gaz qu'« on » infiltre dans leur appartement, etc.

La paranoïa se manifeste souvent dès l'enfance, mais elle peut fort bien *ne pas* dériver vers des complications pathologiques évidentes. En effet, chez beaucoup d'adolescentes et de femmes, la paranoïa reste dans des limites simplement névrotiques. Elles montrent une arrogance féroce, intransigeante. Leur isolement hautain est total. Ces comportements recouvrent toujours de solides sentiments d'infériorité, contre lesquels la paranoïa sert de défense. « On ne m'aime pas ? Eh bien, je vais me montrer supérieure et méprisante ; mon regard sera foudroyant ; je ne donnerai ma confiance à personne ; mon mépris anéantira le monde entier ; je ne prendrai jamais en considération les opinions d'autrui, etc. »

La comédie génitale

Même totalement frigide, une femme est capable de rapports génitaux et d'enfantement. Elle peut « jouer la comédie » de la jouissance physique, durant toute sa vie parfois.

L'homme se heurte ici à un sérieux handicap. Quand il est génitalement impuissant, il lui est impossible de « tricher ». Or notre forme de civilisation exige que l'homme prouve sa virilité à la femme. Toute déficience en ce domaine suscite en lui de cuisants sentiments d'infériorité ; nous verrons pourquoi dans le chapitre « L'organe de l'imposture ».

La femme est ainsi doublement avantagée :

— d'une part, son impuissance-frigidité demeure totalement inconnue de son partenaire ;

— d'autre part, elle peut se permettre de moquer un partenaire éventuellement impuissant, et garder ainsi une attitude de « supériorité ».

Et l'homme bat en retraite, honteux et confus, ignorant que cette femme sarcastique est atteinte de la même déficience.

LA SITUATION DE L'HOMME

La nostalgie du vivant

Face à la créativité, une femme est-elle handicapée ou avantagée ? Nous trouvons ici un de ses avantages certains, envers lequel l'homme réagit souvent (sans le savoir) par des sentiments d'infériorité. Ce thème a été étudié par Karen Horney.

On pourrait poser la question comme suit :

— Les hommes se sentent-ils inférieurs aux femmes parce qu'ils ne peuvent mettre des enfants au monde, et qu'aucune créature vivante ne se forme en leur chair ? Cette « sécheresse » créative ne suscite-t-elle pas une sensation d'incomplétude ou d'impuissance devant la vie ?

La question n'a rien d'absurde. Tout psychanalyste sait qu'un grand nombre d'hommes *normaux* souffrent *inconsciemment* de ne pouvoir créer « du vivant ». C'est d'ailleurs pourquoi il y a un abîme entre les manières dont les hommes et les femmes conçoivent la vie et la mort.

Beaucoup d'hommes m'ont dit (je réduis leurs réflexions à leur commun dénominateur) :

— *Nous travaillons, nous explorons, nous conquérons, nous construisons. Nous tentons de nous prolonger par nos œuvres ou par nos enfants. Mais à quoi bon ? Nous demeurons arides, car tout cela se fait* à l'extérieur de nous.

Un industriel m'a dit textuellement, et c'est le même thème :

— *J'ai bâti une immense usine, orgueil de ma région. C'est ma réussite. A cause de cette bâtisse et du travail que je procure, je passerai peut-être à la postérité. Mais j'ai l'impression que tout cela, usine comprise, m'est indifférent, me laisse un goût d'amertume*... L'usine n'est pas sortie de mes entrailles... *C'est ma tête qui l'a faite. Mais moi, profondément, qu'ai-je créé ? Rien, sinon quelque chose de matériel, que le temps emportera. Le beau palliatif que voilà !*

Si vous tendez l'oreille, vous entendrez quotidiennement des remarques du même type :

— Comment va l'enfant ? (un technicien à un inventeur).

— J'ai porté mon œuvre en moi durant des années (un peintre).

— Rien à faire, la voiture est « née » ainsi ! (un garagiste à un client qui signalait un défaut mécanique).

— Mon idée a enfin « vu le jour » (un écrivain).

— Mon bateau ? Mais c'est mon enfant ! (un homme qui avait travaillé à la construction de son petit voilier).

— Cette machine est l'œuvre de ma vie (un ingénieur).

— Demain, messieurs, naissance de l'enfant ! (un constructeur à ses collaborateurs).

Etc.

Souriez si vous voulez, mais reconnaissez que ce sont des paroles « maternelles ». Vous rétorquerez qu'il s'agit de clichés ; mais les clichés eux-mêmes sont lourds de signification.

Dans ces paroles quotidiennes, on trouve :

a) une idée de *gestation* (« J'ai porté mon œuvre en moi ») ;

b) l'amour de ce qui fut *créé* (« C'est l'œuvre de ma vie ; c'est mon enfant ») ;

c) une idée de *naissance* (« Demain, naissance de l'enfant »).

Cela signifie-t-il qu'un homme éprouve de l'amertume parce qu'il ne peut pas enfanter, dans le sens strict du terme, et avec les prolongements infinis que cela suppose ? Je crois que oui. J'en suis même certain.

Car on ne peut vraiment embrasser, pour s'y identifier, que ce qui est sorti, vivant, de soi. Mais que peut étreindre l'homme, si ce n'est des idées et des œuvres mortes, sinon le temps qui s'effrite, ne laissant aucune marque vive, ce temps producteur d'angoisse qui pousse l'homme à aller toujours plus loin, plus vite, plus haut ? Que lui reste-t-il sinon ce qu'il appelle son appétit de conquête, qui n'est que peur et vertige métaphysiques ?

Il s'agit de simple logique : *si une femme peut se croire défavorisée parce qu'elle ne possède pas certaines caractéristiques de l'homme, pourquoi un homme ne se sentirait-il pas infériorisé, puisqu'il n'a pas certaines caractéristiques de la femme ?*

Qu'y a-t-il d'anormal à ce que l'homme se sente infériorisé face à la femme créatrice d'existences vivantes ? Pour un homme, l'expression « chair de ma chair » n'offre aucun sens. Vous direz : l'homme crée pourtant de la vie, puisqu'il dépose sa semence. Mais il lance cette semence *hors de lui, et dans l'instant qui passe*. Tandis que la femme gère cette semence *en elle, et dans la durée*.

Ici aussi se glisse une imposture. Certaines femmes se croient inférieures parce qu'elles n'arrivent pas à « créer » des choses comme les hommes. Mais précisément, ce sont *des choses*, et non *des êtres*. Autrement dit, *les hommes fabriquent, mais ne créent pas*. Qui donc est défavorisé, en fin de compte ?

Peut-être, un jour, les hommes feront-ils de la vie dans les laboratoires ? C'est possible. Mais ils la fabriqueront *en agissant*, et sans amour profond. Cette création, de nouveau, leur restera extérieure. Tel est le handicap éternel de l'homme devant *la femme, qui peut créer sans agir, et rien qu'en étant ce qu'elle est !*

Nous comprenons mieux, maintenant, les paroles citées plus haut et pourquoi les hommes tiennent à leurs œuvres-enfants. Ils en ont porté en eux le projet, ils en ont fait la lente gestation jusqu'au jour de l'enfantement symbolique.

« Construire » ne suffit pas

Tout être humain éprouve le besoin de laisser un sillage. Cette possibilité, qui est naturelle chez la femme, l'homme la recherche à travers n'importe quoi. Il voudrait mûrir en lui quelques chose qui soit à son image. Mais ce sont toujours, pour lui, des répliques mortes.

Il existe des privilégiés : les artistes, qui laissent des traces *affectives*. Mais il y a la masse des hommes qui « construisent » des choses et conquièrent l'inconnu, afin de *compenser* leur impossibilité de créer vraiment ; ce sont les bâtisseurs des Brasilia éphémères, mangées par les déserts.

En conquérant, ils détruisent le vivant. En quoi cela les gênerait-il ? Ils n'ont pas créé de vie et, en même temps, se sont éloignés de la nature.

C'est pourquoi les guerres cesseraient probablement si le monde était aux mains de femmes pleinement femmes. Comment pourraient-elles anéantir la vie, puisqu'elles la font ?

POURQUOI LA FEMME SE SENT INFÉRIEURE

Obligées à procréer

Certaines femmes sombrent dans un sentiment d'infériorité profond parce qu'elles ne peuvent plus enfanter (intervention chirurgicale, par exemple). Pourquoi ? Parce que leur rôle naturel est devenu impossible ? *Apparemment,* oui. Mais surtout, trop souvent, on les a *obligées* à croire qu'elles n'étaient faites *que* pour procréer, croître et multiplier. Les autres formes de créativité leur étaient refusées. Même leur volonté éventuelle de ne pas avoir d'enfant se heurtait à des tabous. « Comment vous êtes mariée depuis dix ans et vous n'avez pas d'enfant ? » Et « on » faisait les gros yeux, soupçonneux comme un article du code pénal.

Et celles qui, ne pouvant avoir d'enfant, sont désespérées authentiquement et profondément ? Car elles sont dépossédées, comme de ses yeux un peintre aveugle. Le mieux que l'on puisse leur souhaiter, alors, est que leur vie intérieure soit si intense que tout instant devienne pour elles participation et créativité. Mais encore faut-il, pour cela, qu'elles cessent de se croire indignes devant la société, et que l'imposture ait vécu.

Trois sortes de sentiments d'infériorité

La femme peut éprouver trois espèces de sentiments d'infériorité :

1. Des sentiments d'infériorité *personnels,* provoqués par les circonstances de la vie, son enfance, son éducation, la manière dont elle a réagi devant les événements de son existence. Mais tout ceci est également vrai pour les hommes et n'a rien de spécifique pour la femme.

2. Des sentiments d'infériorité *collectifs,* du fait qu'elle appartient à la « race » femelle. Or les mâles ont toujours considéré que cette « race » était dangereuse. Nous étudierons ce phénomène plus en détails dans un autre chapitre. Il fallait donc neutraliser et asservir cette femelle qui faisait peur. Le meilleur moyen était de la décréter inférieure : ce qui, en outre, permettait de la garder à distance respectueuse. Ici la femme fut comblée : les maharadjahs de l'Inde n'ont pas réuni autant de richesses que la femme n'a amassé d'opprobres. Deuxième conséquence : les femmes en sont arrivées à se croire « inférieures » à force de se l'entendre dire, et

elles se sont méprisées à titre individuel et collectif. C'est pourquoi une femme nage dans les sentiments d'infériorité dès son enfance. Essayez donc de traverser un lac sans être mouillé ?

3. Les femmes ont toujours vécu selon des critères qui n'étaient pas les leurs, *aujourd'hui plus qu'hier*. La plupart des hommes la décrivent en se référant à des critères masculins, sans parvenir à se dégager de préjugés inconscients ; et beaucoup de femmes parlent d'elles-mêmes en se pensant, elles aussi, suivant ces mêmes critères masculins.

La soi-disant promotion de la femme n'a modifié en rien la situation, *parce que les inconscients humains n'ont pas changé*. Dès lors comment une femme pourrait-elle arriver à s'estimer à son juste poids ?

LA SOLUTION ?

Pour que la femme échappe à cette imposture de l'infériorité, on pourrait dire et souhaiter :

— Qu'elle ne cultive plus des infériorités ou des supériorités inexistantes, mais qu'elle demeure attentive à ses handicaps et à ses avantages. Aux premiers, pour les éliminer dans la mesure du possible et redevenir femme. Aux seconds, afin de demeurer le centre, stable et permanent, du groupe humain.

— Qu'elle sache combien, sans elle, l'homme est vulnérable et démuni. De même que l'aventurier revient vers sa patrie, sa terre, son village et sa maison d'enfance, ainsi l'homme, poussé par l'angoisse vers des conquêtes sans fin, éprouve le besoin d'une halte intérieure, auprès de sa femme, et dans sa maison.

— S'il est essentiel pour la femme d'être aimée et réhabilitée, ce ne doit pas être au prix d'un suicide intérieur, ni en devenant un demi-homme, ni en retournant à la femme-enfant ou à la sauterelle passagère. Alors, qu'elle n'écoute personne, sinon ses voix profondes.

— Qu'elle commence par se dire que tout est faux, même si elle se trompe. Et qu'elle reprenne, en cours de route et durant sa rénovation, ce qui correspond à ce qu'elle est.

— Qu'elle sache que la tolérance douceâtre est le pire des racismes.

— Qu'elle rejette les « tu dois » du monde actuel, pour n'écouter que ses « je peux ». Et pour cela qu'elle en arrive à s'estimer à sa juste valeur, grande ou petite.

— Qu'elle sache que la moindre compassion active est plus puissante que mille combats ou cent mille idées. S'il n'y a plus de femmes, vers qui criera le guerrier blessé ?

— Qu'elle comprenne que la disparition de la femme signifierait la mort du monde. Aussi qu'elle prenne garde aux nouveaux tabous de rendement, d'efficience, de devoir. Elle doit demeurer en-deçà des choses, afin de conserver son inestimable valeur de témoin, capable de signaler les barques à la dérive.

— Qu'elle fasse tout pour conserver la lucidité du témoin. On ne voit plus la termitière si l'on devient fourmi. Prisonnière participant à la fabrication du ciment moderne, comment garderait-elle sa propre vibration ?

— Qu'elle sache que les véritables héros sont femmes et hommes en même temps : compassion et combat à la fois. Mais chez la femme, la compassion apparaît avant le combat, et celui-ci s'arrête.

— Qu'elle sache combien le Féminin chante dans les bontés les plus humbles et, par la force des choses, à travers les grandes charités.

— Qu'elle comprenne les racines des infériorisations qui lui furent infligées.

— Qu'elle tente de remonter le cours de son propre temps, pour se demander : où me suis-je arrêtée ? pourquoi n'ai-je pu devenir ce que je suis ? à quel moment ai-je été la complice volontaire d'un jeu faussé ?

— Qu'elle souhaite avec chacun que le monde glisse de la force vers l'intelligence, de la quantité vers la qualité, du paraître vers l'être.

— Enfin, qu'elle refuse d'écouter ceux qui prêchent l'annulation de ses différences d'avec l'homme. Une telle annulation est impossible. D'autre part, ces différences sont un avantage pour elle, en même temps que richesse pour le monde. Au contraire, qu'elle authentifie et approfondisse ces différences essentielles, et qu'elle rétablisse sa Féminité qui est force, intelligence profonde, sagesse et compassion.

Une drôlerie : depuis toujours, la femme doit plaire à l'homme, qui doit amadouer son patron.

C'est ainsi que l'homme charme souvent son patron par l'intermédiaire de sa femme.

Une prostitution qui ne dit pas son nom.

Les rationalistes montrent des visages de croque-morts. En réalité, ce sont des croque-vies.

Il est passionnant d'observer une femme parmi ces rationalistes à idées. Elle entre progressivement en état de distraction. Son regard se perd. Elle ne suit pas. Elle attend que « cela » soit terminé, et que les discussions redeviennent humaines.

Car une femme donnerait un million d'idées pour un élan du cœur.

Elle ne comprend pas les tentatives des hommes de fabriquer un Sens à l'existence. Sans le vouloir ni le savoir, elle vit ce Sens.

L'homme actuel ne veut plus être mammifère et, jusqu'à nouvel ordre, refuse d'être robot.

C'est un animal flottant entre deux zoos.

CHAPITRE III

FREUD : AU MALHEUR DES DAMES

Voilà pourquoi, Madame, votre fille est muette.

MOLIÈRE.

La plus classique, la plus solide, la plus durable et la plus scientifique des théories sur la femme est due à Freud ; elle a envahi le monde entier. Elle a imprégné la femme de façon puissante jusqu'à nos jours, et l'on peut prévoir que son influence subsistera demain.

Le 5 mai 1856, à Freiberg, un certain Monsieur Freud déclara la naissance d'un fils prénommé Sigmund. Dans le cerveau du poupon qui braillait dans une maison de Moravie, se trouvait déjà, en puissance, la plus grande révolution humaine — et féminine — de tous les temps. Une vie géniale prenait son élan : celle du découvreur de la psychanalyse. Cette existence devait s'éteindre en 1939, laissant la porte ouverte à d'autres chercheurs.

Avec Sigmund Freud, disparut la femme « empirique » des siècles passés, et jaillit, de sa boîte d'ombre et de mystère, la femme « scientifique ».

Freud et la femme : les livres et articles qui traitent ce sujet révèlent deux attitudes. Ou bien on fait du freudisme une véritable religion, ou bien on ricane contre ce savant comme jamais on ne le fit... à moins qu'on ne l'ignore superbement, « dépassé » qu'il serait par l'époque moderne. Comment ! Au moment des HLM, des fusées, alors que la femme rejoint l'homme dans ses termitières, Freud garderait sa raison d'être ? Il faudrait continuer d'admettre ses énormes histoires de complexe de castration et d'envie du pénis ?

Mais cette ironie ne doit pas nous faire illusion : Freud reste présent, avec son immense poids.

LA RÉVOLUTION FREUDIENNE

La bombe à retardement

Freud apparut au moment où un courant anti-intellectualiste tentait de balayer la façon de vivre des XVIIe et XVIIIe siècles. Avant Freud, régnaient des hommes-troncs et des femmes-troncs. On les envisageait de façon inversée : en tête-bêche.

L'homme-tronc semblait n'exister que par son premier étage : sa tête pensante et raisonnante. On croyait naïvement que l'emploi de la seule raison suffisait pour être un homme. Les abîmes de l'inconscient étaient ignorés ; les courants de l'affectivité également. Seuls les artistes, les poètes, les femmes et les enfants prouvaient, par leur manière de vivre, l'existence d'« autre chose ».

Les hommes de ces temps-là *raisonnaient la vie, mais ne la vivaient pas*. Des voix cependant s'élevaient. Le surréalisme frappait aux portes. Des téméraires essayaient de traduire leur existence profonde.

La femme-tronc, elle, semblait n'exister que par son ventre, source de fécondations obligatoires et de plaisirs interdits. Sa tête était rarement prise en considération, sinon comme accessoire ornemental, sans doute creux et, bien entendu, sans utilité reconnue.

Depuis longtemps, son « mystère » était méprisé ou porté aux nues. Comme on le voit, rien n'a changé.

Freud est arrivé à point, au moment où certains se rendaient compte que la raison pure n'est pas richesse, mais appauvrissement et névrose.

Vers 1890, le savant alluma la mèche. Avant Freud, on ne connaissait guère la femme. Il fallut la psychologie profonde pour étudier le grouillement de la vie affective, des instincts, des sensations. Peu à peu, la psychologie mit à jour les grandes routes de l'inconscient, ses jalons, ses bornes kilométriques.

C'est ainsi que la psychanalyse de Freud, sonde et sonar à l'écoute de l'âme humaine, tenta de capter la femme.

Mais cette dernière tomba de très haut. Car le premier grand psychologue, étant un homme, courait le danger de décrire la femme comme un « contrepoint » du mâle.

Cependant les grandes notions de la psychanalyse se répandaient partout : complexes, névroses, Sur-Moi, castration, envie du pénis. On utilisa ces termes à tort et à travers, et la femme en fit les frais[1].

1. Voyez « Les triomphes de la psychanalyse » (Marabout Service n° 29).

La femme inférieure parce que châtrée

Malgré certaines apparences extérieures, bien des femmes se laissent prendre encore par l'imposture de l'infériorité :

— *Nous sommes faibles et dépendantes, pensent-elles. Il est impossible que nous « égalions » l'homme. Nous n'y pouvons rien : telle est notre nature. Les hommes sont destinés à détenir la puissance et la gloire. Nous sommes des êtres mutilés, châtrés, des hommes manqués...*

A moins que la femme ne brandisse la hache de guerre, pour devenir « comme les hommes ». *Mais en oubliant, par conséquent, de devenir femme.*

Il est remarquable, d'ailleurs, que jusqu'à présent nous n'ayons pas encore défini ce que signifie : *être homme* ou *être femme*. Nous y reviendrons.

Entendant ces mêmes litanies, alors qu'il psychanalysait des femmes, Freud se demandait pourquoi celles-ci avaient si piètre opinion d'elles-mêmes.

— *Il doit exister à cela une raison profonde,* songeait-il. *Ce n'est tout de même pas par plaisir que les femmes dévalorisent ainsi leur propre condition. Mais pourquoi ?*

Et Freud se demanda si cet auto-mépris des femmes, cette méfiance envers elles-mêmes et leurs consœurs, ne provenait pas d'un handicap biologique.

L'idée s'imposa au savant, prit forme. Freud supposa que toute femme, depuis l'enfance jusqu'à la mort, désire inconsciemment être un homme. En conséquence elle est tenaillée par le besoin de posséder la « marque de puissance » de l'homme : un pénis. Autre conséquence : la femme est rongée par l'amertume d'être castrée, biologiquement, donc inexorablement.

Les corollaires, toujours selon Freud :

a) la libido est d'essence virile ;

b) le seul organe sexuel authentique est le pénis ; chez la femme, ce sera le clitoris, sorte de pénis-miniature ;

c) la femme ne possède pas de sexualité véritable ;

d) la femme est un être châtré, « troué » : quasi le néant.

Selon cette théorie, la femme est donc un être « sans sexe ». D'autre part, elle veut accéder à l'impossible : être un homme, posséder un pénis.

Le cas de la femme était donc insoluble, et Freud conclut qu'il valait mieux « aller pêcher des poissons » *(sic)* plutôt que de tenter d'amener une femme à abandonner son irréalisable désir d'être un homme.

En attendant, *la femme devenait « mutilée » par décret scientifique : une sorte de demi-être, d'homme à demi, vouée à la rancœur devant sa condition et à la jalousie envers l'homme « possesseur d'un pénis »*.

La charte freudienne poussait la femme vers l'inertie, la dépendance, la non-créativité. *Dans ces conditions, comment n'aurait-elle pas éprouvé le besoin de châtrer l'homme à son tour ?* En fait on constate souvent que des femmes tentent de « mutiler » l'homme par des railleries perfides ou sarcastiques, ou encore qu'elles s'arrangent pour porter culotte et obliger le mâle à une capitulation sans conditions. Il s'agit là de femmes « phalliques » : j'aurai l'occasion d'y revenir.

La théorie de Freud affirmait que le handicap de la femme est naturel et biologique : donc incurable, définitif.

Deux questions se posent : cette théorie porte-t-elle encore préjudice à la femme actuelle ? A-t-on compris ce que Freud voulait dire *réellement* ?

La présence « souterraine » de Freud

Freud, aujourd'hui

Une épouse de médecin, très « intellectualiste » et qui fumait quotidiennement cinquante cigarettes de tabac noir, m'affirmait : « Freud ? Mais c'est dépassé ! » En fait, elle était une illustration vivante des théories freudiennes : elle écrasait son mari et le traitait de femmelette, montrant ainsi combien elle méprisait les femmes (et donc elle-même). Symboliquement, elle portait un pénis. Si Freud était dépassé, elle courait derrière.

Freud fut (et reste largement) le créateur d'une sorte de religion scientifique. Son ombre gigantesque continue de planer. Ses théories se sont rapidement répandues, ont été diffusées, interprétées. Les journaux à grand tirage, le cinéma, le théâtre, la publicité même restent imprégnés par la pensée de Freud. L'expression : « C'est très freudien ! » revient à tout bout de champ sur les lèvres des salonnards. Même celui qui n'a jamais entendu parler de Freud est influencé par ce climat.

La femme avait toujours été un être de second plan. Freud affirmait qu'il ne pouvait en être autrement, biologiquement parlant. Cultivées ou non, les femmes ont mordu à l'appât. Les hommes aussi, bien entendu. Ainsi *Freud coula dans le béton moderne la molle structure de la femme ancienne*. Il n'y avait rien à faire : chez la femme, toute tentative pour « devenir » était — biologiquement — vouée à l'échec. Elle était clouée au mur des êtres manqués.

De plus, l'enseignement des doctrines de Freud dans les universités fut une douche froide pour les étudiantes en quête d'autonomie sociale et intellectuelle. L'avenir des femmes, déjà compromis, fut bloqué, devint une impasse.

Actuellement, on constate que nombre de femmes, après avoir travaillé à l'extérieur, après avoir conquis de brillants diplômes, se retirent. Tout bonnement, elles rentrent chez elles pour se consacrer à leur foyer. Il ne faudrait pas conclure trop vite que ces femmes sont mangées par les théories de Freud, et considèrent que la seule tâche qui leur soit destinée est de demeurer « à l'intérieur ». Nous verrons qu'il existe d'autres motifs, beaucoup plus profonds.

Entendu dans la rue

Pour démontrer la présence « souterraine » de Freud il suffit de glaner quelques titres dans des revues à grand tirage :

Freud a tué la femme !
Freud a oublié la femme !
Freud continue ses ravages !
Freud misogyne.
Les féministes contre Freud.

Quant à la rue proprement dite, il faudrait un volume pour relater ce que j'ai pu entendre à droite et à gauche. En voici quelques échantillons.

Entendu dans un autobus
La conductrice, hommasse à souhait, doublait une autre voiture publique manœuvrée impeccablement par une collègue, jolie cette fois.

— Pas mal, pas mal, grogna le numéro un, prête à lever les pouces. Mais n'empêche qu'en cas de panne ou de coup dur, elle n'a pas ce qu'il faut, hein ?

Elle éclata de rire, fit un clin d'œil à un voyageur, puis répéta :

— Hein ?

Le plus beau est que le voyageur rougit devant cette femme qui s'affublait symboliquement d'un pénis, et méprisait sa « faible » collègue qui, jolie, était automatiquement classée comme n'en possédant pas.

Entendu à la campagne
Une femme, puissante comme un sapeur entraîné, toute en muscles et en

altitude, claironnait à un homme (son mari) pitoyablement filiforme :

— Je t'en ferais voir, moi, si j'étais un homme !

Elle était digne du crayon de Dubout. Elle se comportait « comme » un homme ; mais son mari restait tabou parce qu'il possédait un pénis dont elle était démunie ; parce qu'elle était de ce fait châtrée et n'avait donc aucun droit. Elle remplaçait le droit par la voix.

Entendu dire par une infirmière

— Ces bonnes femmes ! Si on leur flanquait « une paire » d'hormones mâles, tout irait mieux !

C'est un drame en trois actes. D'une part, cette infirmière méprise son propre sexe (sous-entendu : qui n'a pas de pénis). D'autre part, elle est anti-homme, ce qui est quelque peu contradictoire. Enfin elle souhaite aux « bonnes femmes » des hormones dont le nombre pair évoque, dans son esprit, les testicules.

Une femme, qui observait un homme hésitant

— Celui-là, c'est une vraie femme !

... paroles à travers lesquelles nous retrouvons le mépris de son propre sexe.

Le peuple de la rue est-il devenu freudien, ou bien l'a-t-il toujours été ? Car n'oublions pas que Freud a élaboré sa théorie d'après ce qu'il a constaté à son époque !

D'autres exemples

Pourquoi telle femme médecin enrage-t-elle lorsqu'on l'appelle *la Doctoresse X* ? Pourquoi cette ridicule appellation *Madame le Docteur* ? Le mot *Ministre* ne comporte pas (pas encore) de féminin. On entend dire à des femmes ministres : *Madame « le » Ministre* ou même *Monsieur le Ministre*. Et cette dirigeante qui exigeait qu'on la nomme : *Madame Y, « Directeur » de...*, et refusait avec colère le terme « Directrice » ? Et cette autre qui, sur ses cartes de visite, indique : *Madame Z, Directeur Honoraire de...* !

Ici encore, on peut constater :

a) le mépris de la femme pour la femme ;

b) que le langage actuel, de base masculine, ne permet pas à la femme de se situer ni de se qualifier en tant que femme.

Les exemples foisonnent. Le mot « médecin » ne comporte pas de féminin ; on dit une femme médecin, ce qui est absurde et contraint la praticienne de se définir par rapport à l'homme. On dit : une femme architecte, une femme ingénieur, une femme peintre, une femme producteur, etc. Il serait intéressant de passer en revue les diverses professions : on s'apercevrait à quel point le vocabulaire laisse la femme au second plan.

La publicité

Certaines publicités frisent le délire. A la télévision, par exemple, des voix (de femmes ou d'hommes) se font tellement bleuâtres qu'elles sexualiseraient même l'eau minérale.

J'ai devant les yeux une publicité pour vêtements masculins. Ils sont destinés aux *hommes qui sont de vrais hommes* et qui sont *fiers de l'être* (ce qui suppose, sans doute, que ces Siegfried en caleçon méprisent ceux qui ne sont pas des hommes, en l'occurrence les femmes). On lit également qu'ils (les mêmes héros, mais en slip cette fois) *refusent de porter des petites culottes de femmes,* mais *qu'ils n'acceptent de porter que des slips créés par... des hommes en colère* (l'article ne signale pas contre qui !)[1].

Faut-il souligner que tout cela se situe vers les six ans d'âge mental ?

Dans une autre publicité, pour lames de rasoir, l'homme est défini par *la vitesse, la force, le risque, la passion, l'aventure*. Et notre publicitaire conclut valeureusement que, pour le rasage matinal, notre acheteur de lames retrouve le geste de *l'homme des grands espaces*. Comble d'infantilisme, il poursuit en prétendant que notre bellâtre met *le même soin à choisir sa lame* (de rasoir) *que pour acheter une arme*... C'est vraiment sublime !

Les publicités plongent également dans le « mystère féminin » avec une communion parfaitement synchronisée. On trouve pêle-mêle : *la jubilation secrète qu'éprouve une vraie femme à sentir les regards s'accrocher à son visage comme un papillon à la flamme ;* ou bien la femme, avec F majuscule, est présentée comme *fascinante, changeante, capricieuse, bouleversante, unique, redoutable ;* elle devient celle *qui intrigue, est mystérieuse jusqu'au bout des ongles* (photographiés sous forme de griffes acérées et rouges).

Puis il y a les voitures (de sexe femelle comme chacun sait) et destinées aux mâles qui les matent. Voici une publicité où le conducteur est défini comme ceci : *puissants, ses yeux à iode trouaient la nuit sombre*. Après la présentation de ce dieu invincible, on avance la voi-

1. Je ne parle pas du climat homosexuel de ces annonces, qu'il serait trop long d'analyser ici.

ture : *elle obéit, telle une tigresse adoucie et domptée, tandis qu'il enfonce lentement son pied dominateur*... (dans quoi ?).

Ainsi donc :

— Notre société croit honorer la femme en lui disant qu'elle pense et agit « comme un homme ». Un homme pensera flatter une femme en affirmant : « Vous seriez digne d'être un homme » (sous-entendu : bien qu'étant une femme, vous valez mieux que cela).

— L'inverse n'est jamais vrai. Conçoit-on quelqu'un disant admirativement à un homme : « Vous seriez digne d'être une femme ? »

— Il est de tradition que l'on soit ferme comme un homme, jamais comme une femme. On dit également : un homme courageux ou une femme courageuse. Mais on corrige : « courageux comme un homme », sans jamais dire : « courageux comme une femme ». Ce qui signifie que le courage reste un attribut mâle.

— On dira : « c'est un lâche », et quasi jamais : « c'est *une* lâche ».

Ce sont des exemples banals. Mais avouez qu'il y a de quoi rire quand on prétend que la femme a conquis son « autonomie » dans le monde actuel.

La psychanalyse et la femme

Les incorruptibles et les francs-tireurs

Je me rappelle une savoureuse histoire. Un psychanalyste refusait absolument que tout patient restât assis durant une séance. Il exigeait de façon inconditionnelle que tout consultant s'allonge sur le divan, sans jamais tenir compte de certaines circonstances individuelles.

Du coup, on l'appela *Divan le Terrible*. Un incorruptible, comme vous le voyez. De même, un certain nombre d'analystes freudiens continuent d'adhérer strictement aux vues de Freud concernant la femme.

Cependant des francs-tireurs isolés, psychanalystes femmes ou hommes, montrent quelque scepticisme. La bagarre a lieu sur plusieurs fronts, mais n'enlève rien, au contraire, au génie de Freud.

Comme tout être humain, Freud était imprégné par les stéréotypes de son époque et par divers préjugés séculaires.

Depuis toujours, « la femme » représente un mystère opaque, obscur, inconnaissable. Il en est de même aujourd'hui, non pas scientifiquement, mais affectivement. Il suffit de songer au luxuriant symbolisme dont la femme est entourée (voyez d'ailleurs plus loin).

Freud était prisonnier de sa culture. La manière dont il décrit la femme est représentative d'une certaine classe sociale du XIXe siècle. Freud n'a pu (et c'est compréhensible) étudier la femme *en soi*, mais il l'a examinée à partir de l'homme, et en choisissant celui-ci comme critère.

Les retombées radio-passives

Les théories de Freud se sont répandues comme un brouillard atomique. Le monde entier en a subi les conséquences. L'éducation, la sociologie s'en ressentirent fortement. L'Histoire fut interprétée à travers Freud. Bien des psychologues ont englouti ses théories et ont tenté de les appliquer — quasi de force — à leurs patientes. Nombre de conseillers familiaux, matrimoniaux, ont subi la même influence ; dans leur esprit la théorie est devenue un diktat, et a rejailli évidemment sur les consultantes et les consultants.

Le très vieux rôle imposé à la femme est redevenu une nouveauté, mais marquée du cachet de la science.

Un exemple entre cent : une femme possède certaines tendances « conservatrices ». Cette qualité s'est muée en inertie physique et psychologique. La passivité de la femme (qui est une puissance, ainsi que nous le verrons) a été confondue avec l'inertie. La femme s'est crue incapable de tout ce qui est « viril ». Même révoltée, elle considéra que l'autorité mâle détenait, à elle seule et en toute circonstance, les clés de la connaissance et du pouvoir. Que pouvait la femme, sinon s'incliner devant le génie masculin ?

Tout cela n'a pas été le fait de Freud, mais de divulgations maladroites ou incomprises.

Freud ? *On lui fit* définitivement affirmer ce qu'il n'avait que supposé, sur quoi il avait peiné. Finalement, on lui fit l'injure de transformer son humilité de savant en un impérialisme sans appel. Et la femme continue d'en souffrir.

Par ailleurs, Freud avait également affirmé sa croyance en la bissexualité humaine : tout être humain est à la fois femelle et mâle. Ce devait être le point de départ d'une longue série de découvertes scientifiques et psychologiques. La « différence » entre la femme et l'homme pouvait ainsi être envisagée comme relativement faible ; une approche plus libre et plus harmonieuse des deux sexes devenait possible. Je vous en parlerai longuement plus loin.

JEUX DE MASSACRE SUR LA FEMME

Ce que pensent les femmes

Quand il parle du désir qu'éprouve une femme d'être un homme (et de posséder un pénis), Freud sous-entend que ce désir est, la plupart du temps, inconscient. Cependant se posent diverses questions.

Si Freud a vu juste, s'agit-il de toutes les femmes, ou uniquement des femmes névrosées ? Certaines, par exemple, portent en permanence, sous les vêtements, un pénis postiche. D'autres urinent debout, en utilisant un verre de lampe ou tout autre objet simulant le pénis.

Dans le premier cas, il s'agit d'un comportement nettement pathologique. Dans le second, il s'agit d'une attitude qui prétend calquer celle de l'homme, mais de façon beaucoup plus normale.

D'autre part : les femmes désirent-elles posséder un pénis en tant qu'organe, ou désirent-elles, plus simplement, être un homme, cela pour diverses raisons, le pénis n'étant ici qu'un symbole ?

J'ai demandé à des femmes *saines* : « Regrettez-vous d'être une femme ? Voudriez-vous être homme ? » ; j'ai obtenu les réponses suivantes :

1er groupe : ce serait socialement plus facile ;

2e groupe : oui, ils possèdent tous les avantages et les posséderont toujours ;

3e groupe : oui, les hommes sont plus propres, naturellement parlant ;

4e groupe : il doit être plus rassurant de voir ses organes sexuels ;

5e groupe : non : nous sommes heureuses de notre condition de femmes ; elle nous procure des avantages profonds qui concernent l'existence ;

6e groupe : non : cependant, le masculin est un sommet que nous devons réaliser en nous.

Que signifient ces réponses ?

1er groupe : la réponse est banale, fondée sur la primauté culturelle du mâle ;

2e groupe : la réponse est plus nuancée. Pourquoi les hommes « posséderont-ils toujours des avantages ? » Il semble que, pour ces femmes, il ne s'agisse pas d'un élément culturel. Elles sous-entendent sans doute : « Ils sont plus puissants, plus intelligents, et se trouveront toujours de quelques degrés au-dessus de la femme. » Il faut noter que l'on ne décèle, ici, aucune hostilité ;

3e groupe : il rejoint le 4e groupe. Ces femmes considèrent leurs organes génitaux de façon péjorative ;

4e groupe : la réponse appelle d'amples explications, et j'y reviendrai ;

5e groupe : ces femmes comprennent à quel point la féminité « relie » un être humain à ce qui l'entoure ;

6e groupe : ce n'est pas « l'homme » qui est un sommet, mais « le masculin » qui se trouve en tout être humain, quel que soit son sexe. Une fois de plus, je me vois obligé de vous reporter plus loin.

Freud a-t-il vu juste ?

Le climat général

On dira que la dactylo du notaire de province ne connaît Freud que de nom, et que le quatrième clerc l'ignore tout autant. Cependant ce quatrième clerc est secrètement imbu de sa suprématie de mâle. Et ladite dactylo demeure convaincue, au fond d'elle-même, qu'elle est « inférieure » au clerc.

Certes, ils n'ont pas étudié Freud. Mais ils y nagent tout de même. Nous avons dit que Freud a construit une nouvelle « religion » de l'humain. Une incroyante occidentale, qui n'a pas lu une ligne de la Bible, ne s'étonnera pas (même si elle ironise) de trouver fermée une poissonnerie le jour de Vénus, d'entendre les cloches dominicales, de voir une messe télévisée. Cette incroyante n'a jamais parcouru les travaux des conciles ; elle est informée cahin-caha, sans le vouloir : elle vit dans le climat général de grands débats autour de grandes questions. Elle est très mal documentée ; donc, d'autant plus dangereusement.

Il en va de même pour Freud.

J'ai entendu, au cours d'un savant débat, une femme déclarer : « *On* a dit que la femme se sent frustrée de n'avoir pas d'organe masculin. C'est possible, mais... »

Qui est ce « on », tellement anonyme qu'il en devient omniprésent ? Et le « c'est possible, mais... » ne montre-t-il pas une incertitude ?

Au cours d'un autre débat, une femme commit deux lapsus intéressants, et qui traduisent bien, je crois, ce qu'elle ressentait inconsciemment :

a) Signalant que, grâce à la prolongation de la vie, de nombreux couples vivent ensemble durant cinquante ans, elle ajouta : « Si la femme n'est pas épanouie, elle ne pourra être *un compagnon* intéressant. »

Pourquoi cette masculinisation de la femme ? Pourquoi pas « compagne », alors qu'elle défendait la femme ?

b) Elle dit encore : « Le propre et la dignité de l'homme est de dominer sa condition physiologique. »

Or elle parlait de la condition physiologique de la femme. Même si l'on rejette l'hypothèse qu'elle désirait inconsciemment être un homme, on peut se demander pourquoi elle utilisait le terme général « homme » au lieu de « être humain ».

On dira que tout cela est accidentel et bénin, et je vous l'accorde volontiers. Mais ce sont des détails de ce genre qui concourent à créer un climat général.

La femme niée en tant que femme

Si Freud a vu juste, le cas de la femme n'est-il pas insoluble ? En effet :

a) La femme ne possède *aucun point de repère personnel.* Elle n'est pas définie en tant que femme, mais par rapport à l'homme. Elle est alors (fatalement et à jamais) un homme « moins quelque chose ». C'est-à-dire : moins un organe dont le symbolisme est énorme. D'après Freud, une femme jamais ne peut se demander « Qui suis-je ? » mais seulement « Qui suis-je par rapport à un homme ? ».

b) Chez une femme, la plupart des névroses, des difficultés de vivre, des angoisses, des échecs sont expliqués par son irréalisable envie d'être un homme. Ce qui signifierait que jamais une femme ne pourra être satisfaite, profondément, de sa condition.

c) De toute manière, la femme est plongée immédiatement, dès sa naissance, dans l'univers mâle : aujourd'hui plus qu'hier.

J'ai connu un homme qui disait à sa fille : « Il est naturel que tu reçoives davantage que ton frère, puisque tu es désavantagée en tant que femme. »

Il ne précisait pas si sa fille était désavantagée biologiquement ou culturellement. Mais il croyait dire la vérité et voulait — en toute bonne foi — rétablir la balance. En fait il pratiquait le pire des racismes. Au nom de la supériorité de l'homme, il enfonçait sa fille dans les sentiments d'infériorité.

Sa fille me dit un jour : « Mon père m'a donné une voiture avant que mon frère n'en possède une ; j'avais l'impression d'être un pays sous-développé qui appelle une aide plus large. »

Freud utilisé comme alibi

Freud a donc scellé scientifiquement la vieille opposition entre les sexes. Rien n'était changé, mais une explication était donnée, qui soulignait à quel point la situation était inéluctable.

Bien plus il y a là, pour beaucoup, un excellent alibi. C'est une grande satisfaction, en effet, de pouvoir prendre appui sur pareille autorité pour se dire : « Freud confirme ce que je pensais ; j'ai donc raison. »

Si les hommes ont *besoin* de croire en la primauté du mâle, ils adopteront avec enthousiasme les idées de Freud. Dès lors :

a) L'homme, considérant que la femme est biologiquement « ratée », peut la mépriser ouvertement. Il pense : Les femmes sont des castrats, quoi qu'elles fassent. Cela m'arrange et me rassure.

b) La peur et la phobie envers la femme diminuent : « Pourquoi aurais-je encore peur de la femme ? Je suis le sommet de la hiérarchie humaine, scientifiquement parlant. La femme est demeurée à mi-chemin. Freud l'a remise à sa place, sans contestation possible. Il serait ridicule d'en avoir peur. »

Quant aux femmes, elles peuvent elles aussi, trouver dans cette théorie un alibi : le fait qu'elles ne sont pas hommes explique toutes leurs difficultés psychologiques. Elles se cramponnent à ce motif, même s'il est faux en l'occurrence. Elles passent ainsi à côté de la véritable quête d'elles-mêmes *en tant que femmes*. Au lieu de rechercher *en elles-mêmes* la cause de leurs maux, elles en accusent l'homme, amorçant ainsi un cercle vicieux qui peut perdurer toute la vie.

L'angoisse d'être femme

Résignation et défi

Condamnée par la science à être peu de chose malgré ses réussites extérieures, la femme se replie souvent dans la résignation ou explose en défis rageurs.

Elle cherche l'égalité à tout prix avec « l'homme », sans se dire que mille hommes représentent déjà mille inégalités.

Apparaît alors l'angoisse d'être femme : une angoisse inconsciente, lourde, permanente. La femme se sent « coupable » d'être femme. Si elle tente de se rassurer, elle se heurte à une impasse : il n'existe aucune définition de la femme *en soi*.

Si elle cherche une masculinité fictive, qui lui serve de refuge, ici encore elle ne saurait aboutir nulle part, puisque jamais elle ne sera un homme.

Finalement, la femme finit par croire que toute activité, toute réalisation extérieure, toute « sortie d'elle-même » est due à son désir d'être un homme. *Elle suspecte* ses idées, ses créations, ses projets, qu'elle ressent non pas comme une réalisation de soi, mais comme une revendication.

Même la maternité et les menstrues sont refusées (consciemment ou non) par nombre de femmes. Pourquoi ? Parce que cela leur rappelle une « féminité » qu'elles considèrent comme inférieure. C'est pourquoi bien des femmes, durant ces périodes de leur vie, souffrent de dépression, de douleurs inexplicables, voire de honte.

C'est pourquoi aussi certaines femmes en arrivent à refuser toute forme d'aide masculine.

Un jour, apercevant sur la route déserte une voiture en panne, je m'arrêtai. Le naufragé était une jeune femme. A mon offre d'aide, elle répondit : « Merci, je me débrouillerai bien seule. » Je me demandais par quels moyens, étant donné les rares passages de voitures, et repris la route. Dans le rétroviseur, je vis bientôt surgir un miraculeux gendarme motocycliste. La jeune femme accepta l'aide du motard.

Pourquoi ? L'uniforme ? Probablement. Mais que représentait-il ? L'autorité suprême ? Le mâle « officiel » ? Le père ?

Le gendarme, d'une obligeance sans pareille, se glissa sous la voiture, *sans que la jeune fille fît un geste*. Elle demeurait plantée, droite. Ma parole, elle semblait triomphante ! Voulait-elle « diminuer » le mâle en l'obligeant à se salir pour elle, et jubilait-elle de le voir tremper dans le cambouis ?

Cette jeune femme me semble être l'illustration vivante des opinions de Freud, Voici pourquoi.

La femme, agent double

Beaucoup de femmes jouent à l'agent double :

— *d'une part,* elles veulent représenter l'Eternel Féminin, en exigeant tous les avantages, privilèges, attentions et protections qui s'y rattachent ;

— *d'autre part,* et en même temps, elles refusent cette condition, en repoussant l'aide des hommes.

L'explication est simple. Si une femme pense que l'homme est favorisé, biologiquement ou socialement, elle ne peut que l'envier et le jalouser, ou désirer lui supprimer ces avantages. C'est ainsi qu'un nombre incommensurable de femmes cherchent à « châtrer » l'homme, le dominer, le diminuer, le réduire en esclavage.

Surgit alors un paradoxe, comme si la femme disait : « Ayant réussi à te châtrer, je te méprise de l'être, car tu es devenu faible et mutilé comme une femme. »

Songeons aux femmes qui « choisissent » un mari affectivement enrhumé (même si extérieurement il présente parfois les apparences d'un hypermâle). Le motif inconscient de ces femmes ? Jouer le rôle qui, *pour elles,* est masculin : commander, dominer, fustiger, etc.

Ce genre de couple conserve l'ancien schéma domination-dépendance, mais l'équilibre est inversé. La femme devient l'homme ; l'homme se change en femme. Comment de tels ménages pourraient-ils être harmonieux ? Ces femmes, intérieurement viriloïdes, *reprochent* à leurs compagnons d'être faibles. Pourtant, *elles l'ont choisi pour ce motif* !

Une analyse plus profonde montrerait d'ailleurs que ces femmes entretiennent, dans leurs imaginations et leurs rêves nocturnes, des phantasmes qui révèlent leur désir secret de rencontrer un mâle brutal. Elles nourrissent des rêves de viol. Elles s'imaginent volontiers prises de force, brutalisées, asservies.

Cela signifierait-il que beaucoup de femmes souhaitent inconsciemment être dominées par la toute-puissance mâle ? Et cela malgré leurs revendications, leurs révoltes et autres colères ? Ne voit-on pas, dans des centaines de films, un baiser passionné suivre sans transition la réception d'une solide raclée ?

La cuisine des anges

Une femme, qui avait entrepris une analyse profonde, me disait agressivement durant la première prise de contact :

— *Vous savez combien je suis pour l'égalité absolue des sexes ?*

— Vous me l'avez dit, Madame.

— *Vous êtes d'accord que tous les travaux ménagers peuvent être faits aussi bien par l'homme que par la femme ?*

— C'est à vous de vous mettre en accord avec vous-même ; pas à moi.

— *Donc vous n'êtes pas d'accord ?*

— L'ai-je dit ?

— *Non... Mais il y a quelque chose de bizarre. Lorsque mon mari repasse le linge ou fait la cuisine, j'éprouve un malaise. Or mon mari est un ange ! Je combats ce malaise au nom de mes idées, mais...*

— ... mais vous ne supportez pas que votre mari travaille à la cuisine.

— *Voilà. Pourquoi, à votre avis ?*

— Comme si votre mari était une femme ?

— *C'est cela.*

— Mais vous êtes une femme ?

— *Sans doute.*

— Vous méprisez-vous en tant que femme ?

— *Certainement pas ! Enfin... je ne crois pas...*

— N'avez-vous pas l'impression que votre mari, lorsqu'il fait la cuisine ou repasse le linge, devient une sorte d'être châtré ? Et n'est-ce pas ainsi que vous jugez les femmes ?

— ... *peut-être.* (Elle rit.) *Si mon mari est un ange, peut-être suis-je un dragon ? En tout cas, s'il en est ainsi, c'est parfaitement inconscient.*

Cet extrait est éloquent, me semble-t-il. En cours d'analyse, il s'avéra que cette femme, elle aussi, rêvait souvent de Quasimodos à faces brutales et aux manières hussardes.

Que mon fils me venge !

On croit généralement que les femmes désirent avoir un garçon plutôt qu'une fille. Constatons pour l'instant que nombre de femmes sont *heureuses* d'avoir une fille, mais *fières* d'avoir un garçon. Ce qui n'est pas la même chose.

Freud généralise. Il pense que le désir essentiel de *toute* femme est d'avoir un enfant mâle. Ce fils devient le substitut de ce que la mère n'a pu être : un homme. La mère reporte sur son fils les aspirations masculines qu'elle n'a pu réaliser. Jusqu'ici il n'est rien que de très compréhensible, surtout dans nos sociétés mâles.

Mais Freud pousse plus loin. Il croit que « porter un enfant dans le ventre » symbolise pour la future mère « avoir un pénis comme l'homme ». Ces vues de Freud sont, bien entendu, très discutées. Mais s'il est impossible de prouver qu'elles sont exactes, il est tout aussi impossible de prouver le contraire.

Un fait troublant : on constate que beaucoup de troubles psychologiques cessent durant la gestation. La future mère reprend son équilibre.

On dira que les troubles psychologiques cessent parce que la future mère est toute à la joie de créer une vie. *Mais pourquoi les troubles reprennent-ils souvent lorsque l'enfant est né ?... pour disparaître à nouveau lors d'une autre grossesse ?*

Une jeune femme me disait textuellement :

— *Je ne suis heureuse que lorsque j'ai « un gros ventre » ; si je le pouvais, je serais enceinte sans arrêt.*

Selon Freud :

Pendant la gestation : la femme, portant un enfant dans le ventre, éprouve la sensation d'être un homme. Elle retrouve son équilibre et sa satisfaction de vivre.

Après la naissance : la mère redevient une femme, son désir d'être un homme réapparaît, ainsi que ses troubles psychologiques. D'où le besoin d'une nouvelle gestation.

Une grave question se pose ici : *peut-on généraliser ?* Les femmes qui ne souffrent d'aucun trouble psychologique subissent-elles la même loi, sans le savoir ? Il est très difficile de le dire.

Il n'en reste pas moins que la plupart des femmes frustrées (mais en existe-t-il d'autres dans notre société ?) désirent par-dessus tout un garçon. Le résultat ? Si l'enfant est une fille, la mère se sent à nouveau grugée. Non seulement elle n'a pas réalisé son désir (avoir un garçon), mais elle a mis au monde un être qui représente ce qu'elle refuse : la féminité mutilée et castrée. Si l'enfant est un garçon :

— Il représente la masculinité inassouvie de sa mère ; comme si celle-ci pensait : « Ce garçon, c'est moi-même ! »

— Cette mère encense son fils, le vante, le porte aux nues, le couve.

— Elle refuse inconsciemment de jamais se séparer de son fils, qui est son « double » masculin. Selon Freud, elle refuse de se séparer du « pénis » qu'il symbolise et qu'elle désirait posséder.

Et on aboutit à la catastrophe bien connue : le garçon, au lieu de s'épanouir en homme, devient mentalement incapable de quitter sa mère.

Faut-il prendre Freud au pied de la lettre ?

Le monde entier fut toujours dominé par la pensée mâle. Dès le berceau, une fille en subit les conséquences. Le phénomène est connu.

Or aucune femme, dans une société purement mâle, ne peut s'épanouir totalement. Il lui est impossible de réaliser la partie masculine d'elle-même (son extériorisation spontanée, son travail et sa créativité propres qui doivent passer par le tamis des critères mâles).

Infériorisée *en tant que femme*, il est logique qu'elle désire un garçon, qui symbolisera ses ambitions perdues, qui réussira brillamment (à sa place), tracera librement sa route (ce qu'elle n'a pu faire), qui deviendra puissant (ce qu'elle n'a pu être).

Mais est-ce uniquement une difficulté de femme ? En effet combien d'hommes, ayant raté leur vie, désirent ardemment un fils qui puisse réaliser ce qu'ils n'ont pu accomplir !

Fait pénible : *jamais* ces mères ou ces pères ne chercheront à être « vengés » par leur fille. Ici encore elle est infériorisée et dévalorisée. On ne chargera la fille de la maison d'aucune « mission », telles que :

— C'est à toi de sauver l'honneur de la famille.

— Tu conserveras intact l'honneur du nom.

— Tu perpétueras le nom.

Au contraire, on chargera la fille d'une « fabrication » qui porte le label mâle :

— J'espère que tu auras un fils, sinon nos affaires péricliteront.

— Si tu n'as pas de garçon, notre nom s'éteindra.

— Tant pis si tu as une fille ; je l'aimerai tout autant ; mais un garçon ferait mieux notre affaire.

Et autres paroles à la Balzac…

En d'autres termes, la fille est considérée comme nulle. Elle ne perpétue rien. *Elle n'est que « metteuse au monde » : une simple usine à garçons.*

De même, on ne demande au garçon que d'être un étalon reproducteur, sous les justifications les plus diverses et les plus ronronnantes.

La sexualité féminine

Selon Freud, la sexualité de la femme serait pratiquement nulle. Sans vouloir entrer dans plus de détails (les livres sur la sexualité abondent), disons seulement que la femme possède bel et bien un organe sexuel *complet* et *d'une intense richesse*. La sexualité de la femme est plus profonde, plus « intérieure ».

Intérieure : c'est ici que le bât blesse. Car bien des femmes ont l'impression que leurs organes sont sales, incomplets (castrés !), honteux, effrayants. Outre les motifs mis en lumière par Freud, il existe une raison plus vaste : **l'homme ressent le ventre de la femme comme une caverne**

de mort. C'est le symbolisme le plus terrifiant qui ait enveloppé la femme : nous l'étudierons au chapitre 5.

Pour en revenir à Freud, beaucoup de femmes portent, dans leur esprit, une singulière équation : *bas du corps = castration = blessure sanglante = honte = refus = envie d'être un homme.*

Une femme me disait :

— *On sait actuellement que notre sexualité est infiniment plus dense, plus intense, plus générale qu'on ne le croyait. Une sexualité qui donne à la femme la sensation d'être reliée au cosmos... Mais il n'empêche que c'est une sexualité inférieure, femelle ! Notre sexualité ne comporte aucune action !*

Que signifient ces paroles ? Cette femme reconnaît sa richesse, mais elle lorgne la pauvreté de son voisin : l'homme. Parce que la sexualité masculine, beaucoup plus « localisée » et extérieurement active, lui semble plus puissante, visible, extériorisée. Ce qui signifie que le culte de l'organe mâle flambe toujours, de même que celui de la force apparente.

Cela montre aussi qu'un être humain préfère souvent être un monarque rutilant mais sans pouvoir réel, plutôt qu'une éminence grise extrêmement puissante, mais inconnue du monde.

Et la femme est plongée jusqu'au cou dans ce mensonge, cette imposture.

Les femmes-hommes

Le monde actuel est hyper-masculinisé, barbelé, tonnant, puissant à craquer.

Les femmes qui veulent être des hommes sont servies au-delà de toute espérance. Elles guerroient dans les industries, les affaires, voire le fusil à la main.

Nous savons aussi qu'il s'agit de la plus gigantesque escroquerie de tous les temps : la puissance réelle de la femme est annihilée par le plus beau tour de passe-passe qui se puisse rêver. Le tout étant inconscient, et le drame s'étendant à l'échelle des peuples.

Et voici les résultats :

a) Les femmes qui se trouvent en compétition viriloïde croient avoir atteint leur but. « J'ai envie d'être un homme ? Je suis donc normale, et ma démarche agressive l'est tout autant. En étant comme l'homme, je deviens ce que je suis réellement. »

b) Les autres femmes risquent de se croire anormales si elles désirent se réaliser en tant que femme.

En conséquence :

a) Les femmes-hommes s'appuient sur Freud pour mépriser la condition féminine, pour n'accorder de place qu'aux « valeurs » masculines : l'efficience, le rendement, la sécheresse des sentiments, l'argent, la réussite extérieure, le paraître, le combat. Elles rejettent tout ce qui tend à découvrir et à épanouir les grandes valeurs de la Féminité.

b) Ces femmes-hommes considèrent comme inutiles (ou comme ennemies) celles qui préfèrent choisir un travail, intérieur ou extérieur, qui corresponde aux sensations qu'elles ont de « la femme ».

c) Même si les femmes-hommes réussissent aussi bien qu'un homme, elles continuent de se croire biologiquement inférieures. Mentalement, elles conservent l'impression d'être « castrées ». Leur lutte est une tension permanente ; elles sont à la poursuite d'une condition qui ne sera jamais la leur.

L'absence tragique de la Féminité

La négation de la Féminité et la survalorisation des soi-disant valeurs masculines (que l'on prétend mettre sur le compte de Freud) aboutissent à ceci :

— Culte de la puissance extérieure, dure, perçante, agressivement dressée.

— Acceptation ou admiration de tout ce qui est violemment destructeur : la démolition de la nature, les armes, les guerres, les conquêtes fausses et ruineuses, et autres symboles du phallus.

— Mépris — qui cache un besoin inconscient — de tout ce qui est « intérieur » : les sentiments, les sensations, le foyer, les arts, l'amour.

— Mépris ou méfiance envers les médiatrices ou les médiateurs qui prônent la tolérance, la compassion, la compréhension (caractéristiques de ce qui est Féminin).

— Mépris de tout ce qui est « doux et arrondi » : la terre, l'agriculture, la paysannerie, la douceur de vivre, le respect du temps qui passe, la tradition, les vertus du cœur.

— Mépris de tout ce qui est « attente » (caractéristique du Féminin) ; d'où le rejet de la patience, de l'expérience, de la maternité, du foyer, de la main tendue, du silence...

Et je vous assure n'avoir pas envie de dire amen.

LA DIFFICULTÉ ACTUELLE

La femme tente de se faire reconnaître

Le monolithe Freud a été repoli de bien des façons, du moins en ce qui concerne la femme. Il n'est plus question de prendre à la lettre « l'envie d'être un homme », d'autant plus que personne ne peut savoir exactement ce que Freud a voulu dire.

On considère aujourd'hui que chaque cas est spécifique et diffère selon l'éducation reçue, la religion pratiquée, la morale enseignée. D'autre part, on souligne l'importance des facteurs culturels. Le simple bon sens nous dit que la Japonaise diffère de la Londonienne, la Parisienne de la Hollandaise, et que les réactions affectives d'une fermière ne sont pas celles d'une citadine.

Certains psychologues en arrivent même à conclure que cette fameuse « envie du pénis » n'existe pas. Nous verrons que, de toute façon, il faut bien distinguer entre *l'organe génital* de l'homme et *le symbole* que représente le phallus.

Mais continuons de graviter autour de l'énorme planète Freud et posons-nous cette question :

— Toute femme a-t-elle souhaité, au moins une fois dans sa vie, d'être un homme ?

Je crois qu'on peut l'affirmer pour plusieurs raisons. Le motif banal, que l'on répète à tout bout de champ, et à juste titre, est que l'homme a toujours bénéficié d'une primauté *apparente*. Dès lors, il semblerait logique que la femme, cette cousine pauvre, désire obtenir les avantages de son parent mâle, qu'elle combatte pour les obtenir, et que, en désespoir de cause, elle se tranforme en homme. La « libération » de la femme, telle qu'on la comprend actuellement, semblerait le prouver.

En réalité, si la femme avance à grands pas, c'est le plus souvent vers la perte de son affectivité propre et vers sa destruction systématique. Car, *en profondeur, elle n'est ni davantage respectée, ni plus aimée, ni moins crainte*.

Tel est le paradoxe, tragique, de notre époque moderne : *la femme se suicide avec l'homme afin d'être reconnue en tant que femme*.

Le nœud de vipères familial

On serait tenté de dire : Freud doit avoir raison puisque, dans des millions de ménages, la femme porte culotte, *ouvertement ou souterrainement*. La plupart des maris prennent la poudre d'escampette devant leur épouse. D'innombrables femmes agissent en mâles ; droites comme d'Artagnan, elles donnent des ordres secs à leurs servantes, leurs filles, fils et maris, régentent le couple, décident des loisirs, des placements d'argent, etc.

Est-ce la preuve que ces femmes ont envie d'être des hommes ? Il faudrait d'abord se demander :

— Pourquoi ces femmes sont-elles devenues « cela » ? Quelle angoisse les pousse à commander, à détruire, à mépriser les faibles et les apeurés, à saccager, en commençant par écraser leurs consœurs, les autres femmes ?

Le plus souvent, les motifs de ces attitudes sont familiaux. Par exemple :

— La fille fut élevée avec des frères favorisés.

— La fille a côtoyé un père qui n'accordait aux femmes qu'un rôle traditionnel et effacé.

— La fille a eu une mère tellement pâlie qu'elle a refusé de devenir comme elle ; du même coup la féminité lui apparut comme ridicule et elle en prit le contre-pied.

— La fille eut une mère dressée contre l'homme.

— La fille eut un père qui, par son attitude, l'a obligée à devenir un « garçon manqué ».

C'est ainsi que ces jeunes filles deviennent du « genre masculin » ; autrement dit elles sont des femmes manquées et des hommes ratés.

Consciemment, elles pensent :

— *Je passe à côté de ma vie parce que je suis femme alors que je voudrais être un homme.*

Mais une analyse profonde montre que, inconsciemment, elles se disent :

— *J'éprouve d'énormes difficultés à être femme parce que j'ignore ce que signifie « être femme ». Jamais on ne me l'a dit ni appris. Au contraire, on m'a toujours affirmé que la femme « n'est que... ». Et je refuse de vivre selon ces critères négatifs.*

Quand elles entreprennent un travail psychologique profond, elles ressentent enfin ce que signifie « être femme », et on constate que leur envie d'être un homme disparaît.

Même en ce qui concerne les ménages où la femme se voit obligée de jouer un rôle dont l'homme est incapable, il faut se rappeler qu'un couple ne se noue pas « par hasard ». Il existe toujours un choix, même inconscient. Si une femme présente des tendances viriloïdes avant son mariage, elle choisira un conjoint en fonction de ces mêmes tendances, qui par la suite se développent et s'entretiennent grâce à la carence de l'homme. Et ainsi le cercle se referme.

Le danger du préfabriqué

On ne saurait trop souligner combien les théories de *Freud* répandues dans le grand public peuvent être nocives.

Supposons une femme angoissée, apeurée, agressive, névrosée. Si un psychologue lui suggère : « Vos difficultés ne proviendraient-elles pas de votre envie irréalisable d'être un homme ? », il existe de fortes chances pour qu'elle réponde par un « C'est certain ! » qui semble indiscutable. *Mais son empressement est trop grand pour n'être pas suspect.* A y regarder de plus près, elle a sauté à pieds joints sur une explication toute faite.

Pourquoi ? Parce que cette interprétation lui permet de passer à côté de sa véritable difficulté. Elle happe l'hameçon pour ne pas subir l'épreuve, toujours douloureuse, de se voir telle qu'elle est, avec ses angoisses *de femme*, ses désirs *de femme*, sa névrose *de femme*.

Bref, une explication préfabriquée lui sert de fuite. Aussi bien, lorsque l'analyse sera terminée et que cette femme sera réconciliée avec elle-même, on ne trouvera plus trace de cette « envie d'être un homme », puisqu'elle sera devenue pleinement heureuse d'être femme.

Drôle de micmac : la femme a joué un rôle pour plaire à l'homme, en être aimée et éviter la solitude. Elle se transforma en Faible Femme, permettant ainsi à l'autre de se croire Grand Malabar.

L'homme gonfla alors ses thorax physique et mental, afin de ne pas perdre la face devant cette femme qui l'attendait au tournant.

Le Grand Naturel, comme vous voyez.

Les gorilles des forêts manifestent une affectivité. Les mâles d'Occident ont appris à la cacher, au nom de la virilité et de la volonté de puissance.

Ils seraient donc plus virils et davantage puissants que les gorilles ?

Un comble : si on dit que les hormones femelles provoquent une tendance à la passivité, à la sédentarité et à l'intériorité, on conclut que la femme est inerte, immobile et incapable de créer. Et on la juge.

Si on déclare que les hormones mâles poussent un être vers l'agressivité, la conquête et l'instabilité, on en déduit que l'homme est brutal, égoïste et volage. Et on le juge.

Autrement dit : on moralise les hormones.

Bien entendu, on oublie que les femmes et les hommes sont nantis des deux catégories d'hormones, double capital qu'ils ont bien mal géré.

CHAPITRE IV

L'ORGANE DE L'IMPOSTURE

Comme chante le chapelain,
Ainsi répond le sacristain.

LEROUX de LINCY.

Il s'agit d'une nouvelle duperie, dont l'inconscient humain est seul responsable. La femme renâcle, mais — paradoxe — elle s'en fait la parfaite complice. Comme si, reniant le soleil, elle lui rendait en même temps un culte.

Songeons simplement à ceci :

— une femme dominée par un homme « viril » se rebiffe ;

— cependant, elle méprise l'homme qui n'est pas « viril » ;

— en même temps elle entretient le culte du héros indomptable et invincible ; elle demeure admiratrice de la puissance, de la force extérieure.

Que signifie donc, pour elle, « un homme » ? Que représente-t-il, puisqu'elle semble malgré tout le placer sur un pavois comme s'il était le sommet de la création, quitte à le détrôner pour s'y hisser elle-même, non pas selon des critères de femme, mais d'homme ? Pourquoi ce jeu dans lequel *l'homme est honni s'il est « mâle », mais honni tout autant s'il ne l'est pas ?*

Revenons à Freud. Il semblerait donc que la femme se sente « castrée » et incomplète pour n'avoir pas de pénis. Elle déplore d'être femme, et désire être homme. Son rêve s'avérant irréalisable, s'installent une revendication et un regret permanents.

Tout cela commence dès l'enfance. Pourtant, qu'est le pénis d'un garçonnet ? Peu de chose, une sorte d'appendice.

Pourquoi cet organe prend-il ensuite une telle importance ? Pourquoi le pénis fut-il, de tous temps, un symbole quasi glorieux, qui alors change de nom pour s'appeler Phallus ? On comprend dès lors que l'homme, possesseur d'un pénis, subisse ce symbolisme. Du même coup il prend une majuscule : l'Homme.

C'est ici que tout bifurque. Continuons donc, mais en arpentant d'abord un chemin pour le moins inattendu.

QUE SYMBOLISE LA FONCTION URINAIRE ?

Quelques associations de mots

La fonction urinaire est banale, en soi, mais présente symboliquement une grande importance. Je suis d'ailleurs certain que nombre de lectrices, en cet instant même, ont déjà traduit « fonction banale » par « fonction gênante, honteuse, dégoûtante, etc. ». Et que déjà elles se sont comparées à l'homme, privilégié physiologique.

Une question à première vue absurde : La fonction urinaire aurait-elle des retentissements philosophiques ? Ce n'est pas du Mark Twain, rassurez-vous. Freud et d'autres psychanalystes, Simone de Beauvoir, Jean-Paul Sartre en ont parlé.

C'est logique, après tout. *Car à travers quoi appréhendons-nous le monde, sinon par nos organes, quels qu'ils soient ?*

Voici quelques associations de mots, faites par quatre *femmes*, normales et intelligentes. Le mot proposé était « uriner », avec invitation de répondre le plus spontanément possible.

35 ans, profession libérale :
honte — accroupie — matière — subir — se cacher — laid — règles.

19 ans, étudiante :
être vue — se déshabiller — mouillée — s'accroupir — déféquer — debout.

43 ans, sans profession à l'extérieur :
se montrer — dessous du corps — carabine — pudeur — s'essuyer en cachette.

28 ans, sans profession à l'extérieur :
jalousie — passivité — cabinets — ne pas être vue.

Que trouvons-nous ? Des idées de :
Honte : honte, se cacher, laid, s'essuyer en cachette, dessous du corps.
Infériorité : accroupie, s'accroupir (cette même femme me dit : « Dans s'accroupir », il y a le mot « croupe »).
Matière : matière, mouillée, règles, dessous du corps, cabinets, déféquer.
Impuissance : passivité, subir, debout (= révolte contre le fait de devoir s'accroupir, jalousie envers les garçons).
Pudeur : pudeur, se cacher, être vue, se déshabiller, ne pas être vue.

Aucune impression positive ni glorieuse, en tout cas. Et trois associations à première vue bizarres : règles, déféquer, carabine.

La « puissance » urinaire

Une femme me disait (la troisième ci-dessus) :

— *Lorsque j'étais adolescente, j'aurais voulu uriner debout, dans un tuyau. D'ailleurs je faisais semblant.*

Si je lui en avais demandé le motif, elle aurait certainement répondu :

— *Pour faire comme les garçons.*

Mais *pourquoi ?*

Voici un rêve que fit une femme (la quatrième ci-dessus) :

— *J'ai rêvé que j'urinais immensément loin, jusqu'au-delà de l'horizon. Je me trouvais debout ; je le faisais sans effort, avec une impression de puissance et de liberté. Ensuite mon rêve s'est estompé ; j'ai aperçu une fusée qui montait dans le ciel clair.*

Ici, il y a une impression de « puissance » urinaire, suivie de la vision d'une fusée. Mais *pourquoi ?*

Une autre femme, de 23 ans :

— *Uriner a toujours représenté pour moi la honte et l'infériorité, surtout lorsque je suis en visite et que je sais que l'on sait. Les hommes ont de la chance !*

Pourquoi ? Et que cela représente-t-il ?

Une autre femme encore, de 54 ans :

— *Les hommes urinent parfois en pleine rue, se cachant à peine. Réellement, pourquoi est-ce interdit aux femmes ?*

En effet, *pourquoi* un policier ferait-il (et encore !) une simple remontrance à un adolescent urinant visiblement, alors qu'il embarquerait une jeune fille accomplissant en public la même fonction ? Pourquoi cette différence ? Que symbolise-t-elle ?

Chacun sait que les jeunes garçons font des concours pour qui urinera le plus *loin* et le plus *haut* (nous verrons que ces mots en italiques offrent de l'importance). Et l'on sait aussi que, sous leurs rires étouffés, les filles les envient. Ici encore si on les interrogeait, elles répondraient en chœur : « *Parce que nous ne pouvons pas faire comme eux.* »

Est-ce la réponse qui convient réellement ? Qu'envient-elles, en réalité ? La « liberté » du garçon ? Autre chose ? De quoi sont-elles jalouses (comme la femme de 28 ans, plus haut) ?

La honte des organes féminins

Jamais une fille normale n'urinera au vu d'autrui. C'est illogique si nous comparons avec le garçon.

Rectifions déjà : la fillette n'éprouvera cependant de la honte qu'*à partir d'un certain âge*. Plusieurs facteurs élémentaires entrent ici en jeu.

— *Le facteur culturel*. La fillette s'entend dire « C'est sale, cela ne se fait pas, cache ça, etc. ». Elle compare avec les garçons qui montrent une liberté quasi totale et un sans-gêne flagrant. La fillette acquiert — sans savoir pourquoi — une notion de honte liée à sa fonction urinaire.

— *La honte des mères*. Un nombre immense de femmes considèrent que leurs organes génitaux sont humiliants, effrayants, entachés de péché et de culpabilité. Elles transmettent cette sensation d'avilissement à leur fillette, par des paroles ou des attitudes qui montrent leur honte de la fonction urinaire ; mais elles transmettent en même temps à la fillette l'impression que le « bas du corps » ne peut être vu en aucune façon.

La fille est défavorisée par sa nature même. Pourquoi ? Qu'est la fonction urinaire pour le garçon ? Elle se produit par un organe *extérieur*, en quelque sorte différencié du corps, organe qu'il peut manipuler comme un objet. Le pénis du garçon semble n'avoir rien à faire avec l'intérieur du corps. C'est un organe qui peut *être vu*. Le garçon de plus urine debout.

Mais pour la fille ? Tous les organes génitaux se trouvent réunis, ensemble, à l'*intérieur* de son corps. Des femmes me disaient :

— *Si les gens voyaient totalement « en moi », ils apercevraient mon corps secret, caché, invisible.*

— *L'accroupissement est un geste humiliant.*

— *Les gens verraient que je suis une fille* (sentiment d'infériorité par rapport au garçon).

La proximité des fonctions urinaire et anale, ou le « cloaque ».

Voici, je crois, qui est important.

Une femme me disait :

— *J'ai l'impression honteuse que l'orifice urinaire et l'anus ne font qu'un...*

Et cette autre, citée plus haut :

— *Dans le mot « s'accroupir » on trouve le terme « croupe ».*

Une autre encore :

— *Les hommes sont enviables. Leur organe est différencié. Nous, nous avons la sensation que l'urine, les règles ont lieu par le même organe... C'est ce qui, je crois, nous donne un sentiment d'infériorité énorme.*

De plus, beaucoup de femmes confondent, en esprit, la fonction urinaire et la fonction anale. En esprit toujours, elles mélangent le tout dans un même « cloaque ». Faut-il rappeler deux associations précédentes : règles et déféquer ? Chez la fille, les deux orifices (urinaire et anal) ne sont séparés que par une simple cloison. On comprend fort bien cette humiliation de la femme.

Et ce n'est pas tout.

Dans des campagnes et quelques peuplades, des femmes urinent debout. Certaines le font visiblement, engageant une sorte de « compétition » avec les hommes. Mais quelle compétition ?

La proximité de la matière

Que signifie, *symboliquement*, s'accroupir ? Une fois encore, comparons avec le garçon.

En urinant, le garçon *projette* la matière. Il la lance loin de lui. Il en est *maître*.

Mais il y a davantage.

Obligée de s'accroupir, la fille reste *proche* de cette matière sortie d'elle. Elle demeure symboliquement « à quatre pattes », et près du sol.

Son urine coule *sous elle*. Symboliquement encore, elle reste « *dans* son liquide ». Elle ne peut la projeter loin d'elle, tel un garçon. Elle ne peut lui imprimer une trajectoire volontaire, ni diriger le jet. Elle le *subit*.

Revoyez les associations au mot « uriner ». Une femme répondait : *carabine*. C'est-à-dire un instrument qui permet de lancer un projectile, de le jeter au loin, de vaincre la pesanteur (comme un garçon le fait avec son jet d'urine). La carabine vainc la matière (la balle semble échapper pour un moment à la pesanteur).

Cette jeune femme me dit ensuite, d'ailleurs :

— *J'aurais voulu répondre « pisser fort ». Je n'ai pas osé. J'ai l'impression que c'est réservé aux hommes.*

Elle continua :

— *J'aime tirer à la carabine, surtout si la cible est lointaine. Je puis ainsi calculer une trajectoire courbe. Le mot « uriner » a évoqué pour moi cette carabine ; car je regrette — et toutes les femmes doivent être dans mon cas — que nous ne puissions...* (elle hésita et sourit)... *pisser, voilà, tout dru, contre un arbre ou un mur, en imprimant au liquide une trajectoire et un mouvement.*

Et voici la fille à nouveau handicapée. Elle n'éprouve aucune sensation de puissance. Elle ne peut pas « refuser » cette matière liquide qui coule ; le garçon, lui, la lance au loin, comme par défi.

Les parents jouent le jeu

Nous savons que beaucoup de mères, se sentant frustrées en tant que femmes, reportent sur leur fils l'ambition qu'elles n'ont pu réaliser. Leur fils devient leur « double » mâle : le tout étant inconscient. Elles portent le garçon aux nues. Ce faisant, elles se glorifient elles-mêmes, sans le savoir, et avec les dégâts que cela suppose.

Le garçon est porteur d'un pénis. Pour la mère, cet organe devient, dans ce cas, le « signe » de ce qu'elle aurait voulu être : un homme.

Que constate-t-on ? La mère traite le pénis de son enfant *comme un objet aimé*. Vous connaissez ces femmes qui donnent au pénis de leur garçonnet des noms ridiculement affectueux ? Le petit mâle acquiert alors l'impression que son pénis possède une valeur *en soi*, qu'il représente une chose admirée et admirable, qu'il ne s'agit nullement d'un organe comme un autre, mais de quelque chose de « grand », de « noble », d'enviable, de choyé, de précieux, etc.

Et les pères ? On connaît la rengaine : « Tiens-toi droit, comme un homme ! » ou bien « Urine comme un homme, debout ! » ou encore « Les filles, *ça* s'accroupit, pas les garçons ! », etc.

Bref, d'un organe, les parents font *un symbole*.

Il va de soi que le garçonnet mord à l'appât. Il possède donc « quelque chose » de si considérable, estimable et respecté ? Il *s'identifie* à son pénis. Il croit que la « puissance urinaire » représente sa puissance personnelle. Plus tard d'ailleurs il s'identifiera à sa puissance génitale, ou au nombre de chevaux de sa voiture.

Quant à la fillette ? Jamais ses organes génitaux ne sont dotés, par sa mère, de noms affectueux. Par son père non plus, bien entendu. Imaginez une fillette ayant un petit frère. Elle entend sa mère « choyer » l'organe du garçonnet comme s'il s'agissait d'un être vivant, mais s'entend dire, quant à elle, que son organe ne peut être montré, est indécent, sale, etc.

La fillette tombe dans l'infériorité ; quelle femme ne s'en souvient pas ? *La petite fille devient celle qui n'a pas d'organe glorieux, celle qui n'a qu'un « trou », celle qui ne possède pas la royauté d'uriner debout, loin et fort, mais qui n'est autorisée qu'à s'accroupir en secret, pour s'essuyer ensuite, honteusement.*

Et si la fillette, elle aussi, s'identifie à ses organes génitaux, je vous laisse à penser l'irrémédiable sentiment inconscient qui en résulte, toute une vie durant.

En résumé

Avant de poursuivre, je crois qu'il faut condenser tout ceci sous forme de schéma.

La fonction urinaire

Garçon	**Fille**
Debout	Accroupie
Visiblement	En se cachant
Lance son urine	Voit couler son urine sous elle
Action rapide	Action lente (se dénuder, se rhabiller)

Garçon	Fille
Action considérée comme naturelle	comme humiliante ou sale
Activité volontaire	Passivité, soumission à la matière
Phénomène extérieur au corps	Phénomène ayant lieu à l'intérieur du corps
Ne peut confondre l'orifice urinaire et l'orifice anal	Peut confondre, en imagination, les orifices urinaire et anal
Pénis valorisé par les parents	Vagin ignoré par les parents et méprisé par les garçons
Sensation de puissance et de « noblesse »	Sensation d'impuissance et de honte
S'identifie glorieusement à son organe génital	Ne peut s'identifier de façon positive à son organe génital
Visiblement dressé comme un vainqueur	Secrètement accroupie comme une vaincue
Supériorité	Infériorité

C'est là le début d'une nouvelle imposture qu'on serait tenté d'appeler ridiculement grandiose. Elle nous fait mieux comprendre l'éternelle tenaille refermée sur la femme.

Car la situation est assez terrifiante pour la femme. Elle en a fait les frais jusqu'à présent, et l'on ne voit pas la fin de ce phénomène d'autant plus dangereux qu'il est inconscient.

La peur (toujours elle !) en est responsable. Elle déploie une sorte de symphonie en deux mouvements : je décrirai le premier dans les pages suivantes ; le second plus loin. Le chef d'orchestre ? L'inconscient humain. Les exécutants ? Toutes les femmes et tous les hommes du monde, collés à leur partition depuis toujours.

Ici encore les apparences extérieures de la condition féminine ne modifient en rien le fond du problème.

LE BESOIN D'ÉTERNITÉ ET DE PUISSANCE

La peur de la mort

La constatation populaire est nette : nous sommes peu de chose et tout a une fin. Cette simple vérité fut enrubannée par la philosophie, la poésie, la morale. L'idée de la mort est le noyau de toutes les religions, de tous les mythes. Il n'est pas une femme ou un homme qui ne soit poursuivi, consciemment ou non, par la certitude de devoir mourir, avec le sentiment de faiblesse et d'impuissance qui en découle. Toutes les pensées et actions humaines gravitent autour de cet axe unique, que ce soit de façon directe ou détournée, médiocre ou sublime.

Une notion est liée à cette certitude de mourir : celle *du temps qui passe et pourrit*. Et l'être humain refuse. Car ses acceptations de la mort, ses résignations « héroïques », ses défis sont des refus déguisés.

Contre cette certitude et cette peur, il faut des antidotes. Ils ne manquent pas, dans leur élémentaire simplicité. Il suffit de trouver des contraires du genre :

La certitude	**L'antidote**
Faiblesse	Puissance
Infériorité	Supériorité
Vulnérabilité	Invulnérabilité
Temporel	Durable
Disparition	Continuation
Terrestre	Céleste
Mort	Résurrection
Mortel	Eternel

Trouver la sécurité est donc aisé. L'appliquer l'est autant. Il n'y a qu'à dénicher des comportements qui protègent de ces angoisses. Mais que fait la femme en tout ceci ? Attendons : elle se présentera bientôt.

L'antidote religieux

Je passe très rapidement : une histoire des religions serait nécessaire. Disons simplement que l'horreur du temporel conduit au besoin de croire en une éternité, sous diverses formes possibles selon les peuples et les époques. Se déroulent alors les grands thèmes de l'immortalité de l'âme et du corps, des renaissances après la mort, des ascensions vers l'éternité, de la gloire des mortels devenus immortels et partagée avec les dieux.

La peur du temps qui passe conduit aux thèmes de la durée. On prend ainsi le contre-pied de ce qui fait peur : c'est normal. Voici toutefois une variante qui nous intéresse : si la religion est dominée par un dieu, on y trouve les symboles de :

GLOIRE PUISSANCE CRÉATION

qui sont les caractéristiques traditionnelles du *Mâle ;* si la religion est dominée par une déesse, on trouve les symboles de :

FERTILITÉ FÉLICITÉ ABONDANCE

qui sont les caractéristiques de la *Femelle.*

On pourrait croire que la (ou les) divinité(s) ne seraient que la transposition dans l'absolu de l'image du père et de la mère terrestres. Donc, un gigantesque mirage. C'est vrai pour un nombre incalculable de personnes. C'est pourquoi toutes les religions du monde présentent tant de légendes strictement identiques. Mais cela est compréhensible : les peurs, les désirs, les souffrances et les espoirs furent les mêmes, de tous temps, au sein de l'espèce humaine. Cependant l'existence éventuelle de divinité(s) ne pourrait avoir de commune mesure avec les transpositions humaines. Les rêves psychologiques humains ne peuvent prétendre affirmer ou nier l'existence de divinité(s) métaphysique(s).

Les substituts d'éternité

Ici encore, la femme fut toujours prise entre l'arbre et l'écorce, pour plusieurs raisons.

Pour combattre l'horreur du temps qui passe, il faut trouver des substituts d'« éternité » terrestre. L'être humain charge quelque chose (ou quelqu'un) de le prolonger, afin que, mort, il ne soit pas « tout à fait mort ».

La femme est-elle parfois investie de cette tâche ? *Jamais.* Nous l'avons déjà vu : la femme est reléguée ; elle n'a pas droit au « culte de l'éternité ». Pourquoi ?

Les petites éternités quotidiennes sont en nombre infini. On les trouve dans tout ce qui tente d'effacer le temps, en édifiant des choses qui durent. Mais combien dérisoires sont ces gravures dans le sable, rappelant crûment aux êtres ce qu'ils sont : promis à une rapide disparition dans le vent !

Angoissé, l'être humain recherche ces substituts d'éternité à travers n'importe quoi. Ce sont les discours officiels, assurant que la pensée du disparu demeurera impérissable (= non pourrissante), que son œuvre le prolongera parmi les hommes (= non temporelle). La peur du temps qui passe édifie les flammes du souvenir, les cathédrales dressées, les dolmens orgueilleux, les marques dans la pierre. On la retrouve dans la passion pour les arbres généalogiques et les fouilles archéologiques. Ainsi, les êtres éprouvent la sensation de se placer hors de la rive passagère, de remonter le temps, de traverser les siècles comme le feraient des dieux.

La femme démunie de semence

« Ils partiront sans descendance : ils n'ont que des filles ! »

Et la famille, dont *le nom* est promis à la mort, baisse la tête. On voit alors les pères traiter leurs filles comme *des inutilités reproductrices*. Les filles ne prolongeront pas le nom ? Diable ! Ainsi ce nom s'éparpillera pour sombrer dans le néant ? La peur monte : la famille n'aura pas son petit lopin d'éternité terrestre.

Vous me direz que ce n'est pas vrai. Que cela n'arriverait pas si la fille conservait son nom ? Eh bien, pas du tout. Car même si les enfants endossaient le nom de leur mère, la situation demeurerait inchangée. *La femme serait alors porteuse de nom ; mais elle ne serait pas porteuse de semence*. Symboliquement et culturellement, la femme ne représente pas la reproduction. Elle ne possède pas en elle de potentialités pouvant assurer à l'espèce des bonds successifs, de génération en génération.

Démunie de semence, elle ne peut lutter contre le temps. Elle meurt avec lui. Du même coup, elle se voit reléguée parmi les accessoires, petite, obscure, sans gloire.

Le dogme de l'Assomption

Un exemple en passant. Dans la religion catholique, Marie ne descendait pas d'« en haut », comme son fils. Elle était pure terrienne, femme-matière. Elle eut un fils-dieu, mais dut subir malgré tout la purification des relevailles. Son fils-dieu ressortit de la terre en renaissant. Il échappa ainsi à la matière et à la terre (thème de l'ascension *du corps* vers l'éternité).

Quant à Marie, on lui accorda *une âme* bienheureuse. Mais on laissa officiellement son corps dans la terre. Ainsi elle restait une femme-matière. Il fallut attendre quelque 2 000 ans pour qu'un pape (en 1950) édictât le dogme de l'Assomption, selon lequel le corps de Marie était, lui aussi, monté au ciel. Il était donc décrété que Marie avait également, et bien qu'elle fût femme, vaincu la matière, la mort, le temps qui passe.

La croyance en l'Assomption, qui n'était que populaire, devenait ainsi obligatoire pour tous les catholiques. *Une femme pénétrait dans le paradis réservé aux dieux mâles*. Mais à inégalité toutefois : car le dogme refusait à Marie le « statut » de déesse créatrice, ne lui accordant qu'un rôle de médiatrice entre son fils et les terriens.

N'est-il pas significatif que ce dogme catholique ait été lancé au moment ou montait la libération de la femme, mais sans que l'égalité *psychologique* avec les hommes lui soit reconnue ?[1]

ÉCHAPPER À LA TEMPORALITÉ

L'homme, symbole de l'éternité terrestre

Revenons à ce qui nous occupe. Les femmes célibataires sont suspectes. Les femmes stériles aussi, de même que celles sans enfant. Les « vieilles » filles, davantage encore. On dit souvent d'elles : « Elles ne remplissent pas leur rôle de femme ! » Ainsi, faisant claironner la vertueuse indignation, on proclame qu'elles n'assurent pas le renouveau de l'espèce.

Mais tous ces gens se moquent bien du renouveau de l'espèce ! Ce qui les inquiète est inconscient et symbolique. Ces femmes-là, sans enfant, n'ont pas lancé un défi au temps. Elles n'ont même pas aidé à le prolonger. Et elles déclenchent la peur parce que, à travers elles, l'être humain ressent combien il est mortel et passager.

On dira : un célibataire chaste ne se reproduit pas non plus. C'est

1. Je vous conseille de lire *Réponse à Job* de C. G. Jung, traduit par le Docteur Roland Cahen (éditions Buchet-Chastel).

vrai ; mais il demeure *un reproducteur potentiel* et permanent. Le symbole de l'éternité terrestre est sauf.

Imaginons la terre peuplée uniquement de femmes. Objectivement, ce serait la mort de la planète. Or une terre remplie de seuls hommes serait vouée au même sort. Mais, pour beaucoup, le son de cloche serait tout autre parce que, symboliquement encore, la vie demeurerait sous-jacente.

Voici trois questions d'apparence absurde :

Si une femme se sent incomplète pour n'avoir pas de pénis, organe mâle	pourquoi un homme ne se sent-il pas incomplet pour n'avoir pas de vagin, organe femelle ?
Si demain et pour toujours, le monde devait être conduit par les femmes s'arrogeant tous les droits	les hommes, infériorisés, désireraient-ils devenir des femmes ?
Si le phallus fut toujours un symbole de gloire	pourquoi le vagin fut-il toujours objet de méfiance ou d'horreur, de la part des femmes et des hommes ?

Questions ridicules ? Que non ! Elles s'ouvrent sur ce qui va suivre, et sont d'une grande importance pour la compréhension de la « guerre des sexes ».

Le culte du phallus

La femme est donc mise « hors-service » en tant que remède contre la peur. Reste l'homme, symbole de virilité reproductrice et de puissance indestructible. Un très beau piège auquel se laissent prendre les femmes et les hommes depuis toujours.

Rappelons-nous le rêve évoqué plus haut. La femme se voit uriner *debout* et *loin*. Elle éprouve une sensation de *puissance*. Elle aperçoit ensuite une *fusée*.

Est-ce un rêve anormal ? Pas du tout. Des millions de femmes pourraient avoir le même songe, avec les mêmes symboles sous des formes différentes. Que trouvons-nous dans celui-ci ?

Debout : être dressée, en position verticale, en attitude de défi ; le « corps » est en érection.

Loin : lancer le jet, échapper à la pesanteur (comme la balle de la carabine, page 82), être maîtresse de la trajectoire et du mouvement.

Puissance : échapper à la sensation de l'impuissance humaine.

Fusée : instrument permettant de défier la matière (quitter la terre), de narguer la pesanteur (s'envoler), de trouer l'atmosphère (la fusée symbolise un pénis puissant).

On peut donc dire que cette femme se prend pour un homme.

Mais l'homme, pour qui se prend-il ? C'est ici que nous débouchons dans l'imposture.

L'humanité, nous le savons, a toujours cherché à échapper *à tout prix* à sa peur de faiblesse et de temporalité. Le remède courant ? Fabriquer des mâles, puisque les femmes ne sont pas reproductrices en soi. C'est donc un premier point qui assure la « primauté » de tout ce qui est mâle.

Ensuite, un glissement s'opère. Il part du petit homme quotidien pour aboutir à l'Homme-symbole, avec la totale complicité de la femme. Pourquoi cette complicité ? Parce qu'il s'agit d'une peur de l'être humain, quel que soit le sexe. C'est ainsi que, tentant d'oublier sa peur, cet être humain obéit à certains mots d'ordre :

— Refuser la matière et le temporel.

— Haïr la faiblesse et l'inertie, symboles de mort.

— Par conséquent, adorer tout ce qui bouge et agit puissamment, tout ce qui va vite, fonce, percute. Cela s'étend du cow-boy à la voiture de course, en passant par les imputrescibles héros des muscles ou de l'esprit, parmi lesquels nous remarquerons que la femme n'a aucune place, sinon celle d'admiratrice.

— Rechercher tout ce qui « éclaire » (et permet de fuir l'obscurité, symbole de mort). Donc : adorer la lumière (le soleil, l'intelligence, la force, etc.), aimer ce qui « brille » (la gloire, les exploits sportifs, l'argent, le paraître, etc.).

— Défier le danger (la mort possible) : exploits risqués, alpinisme, etc.

— Vénérer, dans la nature ou chez l'être humain, tout ce qui est dressé (symbole de défi), vertical (qui se hisse au-dessus de la matière), tout ce qui est durable ou invulnérable, tout ce qui domine, troue, perce, éclate, jaillit, explose... Songeons à l'admiration pour les défilés militaires, chars et canons en tête, symboles d'invulnérabilité, donc d'éternité.

Or ces mêmes femmes et ces mêmes hommes manifesteront, le lendemain, contre la guerre. Car le défilé militaire représente le Phallus d'un pays, symbole auquel chacun se laisse prendre avec « enthousiasme ».

— **En un mot : vénérer tout ce qui symbolise l'organe mâle.**

On peut également se demander ceci : beaucoup de femmes n'adorent-elles pas le phallus parce qu'elles refusent inconsciemment leurs propres organes génitaux qui, à leurs yeux, ne symbolisent rien du tout ? A moins qu'ils ne leur rappellent qu'elles sont sorties du ventre de leur mère, c'est-à-dire du néant ?

De toutes manières, le phallus fut, au long des âges humains, le « signe » de la victoire sur le temps et la matière. Un glissement logique s'est opéré dans l'inconscient humain :

1

Le pénis, organe mâle,
devient
le Phallus, symbole de puissance et de gloire.

2

Le pénis, organe de la prolongation de l'espèce,
devient
le Phallus, symbole d'un intarissable jaillissement de vie.

3

L'homme, être humain reproducteur,
devient
l'Homme, héros supérieur et déifié.

Le fait est que les femmes ont suivi « le mouvement », aussi bien que les hommes.

La compétition hommes-femmes

Les hommes croient que le seul fait d'être homme (= posséder un pénis) leur donne *automatiquement* gloire, force, logique, intelligence, créativité, domination.

Quant aux femmes, elles se divisent en deux branches :

1. Celles qui, dépitées de ne pouvoir prétendre au « glorieux » symbole de l'Homme, attaquent le mâle, mais jouent le même jeu que lui en galopant vers le culte de la puissance.

2. Celles qui, frustrées pour la raison ci-dessus, tombent dans le piège et se croient démunies de capacités d'intelligence, d'action et de grandeur. Beaucoup en arrivent à béatement admirer la « raison » mâle, sans se rendre compte à quel point cette même raison est fréquemment glaciale, inhumaine et sans racines intérieures.

Cependant nombre de femmes sont d'accord sur un point : l'homme *doit* correspondre à l'image de puissance qu'elles se sont faite de l'Homme. Et gare à lui s'il est apeuré, affaibli, vaincu. Symboliquement, il ne possède plus de phallus. Il est alors piétiné, déchiré, méprisé, débris éparpillés aux quatre vents.

Le « culte du phallus » ? C'est l'adoration inconsciente de la puissance élémentaire, de la force et de la « supériorité » *qui vainquent la menace de la mort*. Et ainsi ces femmes sont anti-hommes (« h » minuscule) tout en plaçant l'Homme (« H » majuscule) sur un piédestal, comme parfait représentant d'un symbole éternel.

Vous étonnerez-vous alors que la compétition tourne en rond ? Le schéma suivant (qui complète le précédent) résume les sensations amarrées dans l'inconscient :

Homme	**Femme**
homme réel = reproducteur	femme réelle = non reproductrice
Homme symbolique = créateur défiant le temps	Femme symbolique = non créatrice, tributaire du temps
Homme symbolique = éternité	Femme symbolique = temps se dégradant, avec retour au néant
Dieu traditionnel, mâle créateur absolu et symbole absolu du Phallus.	

Décidément, il n'y a pas de quoi rire lorsqu'on est femme, prise automatiquement dans les filets de cette imposture.

Et tout cela continuera...

— Tant que l'être, n'étant qu'humain temporel, cherchera à devenir un dieu éternel.

— Tant que l'être humain s'identifiera à la religion de la puissance, quelle qu'en soit la forme.

— Tant que la femme exigera de l'homme qu'il soit ce qu'il n'est pas : invulnérable.

— Tant que l'expression courante « Ça, c'est un homme ! » correspondra à la dureté sans souplesse, à l'autorité sans appel, à la dictature sans bonté ; tant que cette expression habillera les aventuriers, les héros de cinéma, les champions, les boxeurs, les malabars, et tant qu'elle ne s'adressera pas à des Einstein, des Beethoven, des Schweitzer, des Le Corbusier, des Stravinsky.

— Tant que la force primaire ne glissera pas vers l'intelligence du cœur et l'action qui en découle.

— Tant que la femme sera complice de cet état de choses.

Et, pour être pessimiste :

— Tant que dureront les sentiments de faiblesse et d'impuissance de l'être humain, c'est-à-dire toujours... ou du moins tant que cet être humain refusera d'être démuni et éphémère comme le papillon.

Une femme me disait : « Les hommes s'entre-tuent ; les femmes s'entre-dévorent ».

Des milliards d'hommes dominant des milliards de femmes, à travers les siècles.

Une sorte de génocide affectif.

Cela signifierait qu'il existe autant de criminels, et autant de victimes. Ce qui est absurde.

Quel est donc le motif profond qui a pu entretenir pareille situation ?

Par ses caractéristiques femelles, la femme est capable de cruautés implacables qui épouvanteraient l'homme le plus monstrueux. C'est probablement pourquoi tant de femmes se haïssent mutuellement : la jungle vit dans leur tréfonds, sans pitié ni merci.

L'homme doit fabriquer des dieux artificiels et extérieurs, qui le rassurent et le protègent. Pour la femme, reliée aux choses, un dieu est toujours naturel et intérieur, ou il n'est pas.

CHAPITRE V

CARNAGES ET FRATERNISATIONS

Si la femme n'existait pas, les hommes l'auraient inventée.

SIMONE DE BEAUVOIR.

L'homme pris de panique devant la femme

J'ai suivi attentivement nombre de débats sur la femme et en ai gardé une sorte de stupéfaction. Car *jamais* ne sont exposés les fondements de *la guerre entre les sexes*. Probablement ne sont-ils même pas ressentis. On ne parle que de faits sociaux et juridiques qui, pour être exacts et essentiels, n'en sont pas moins secondaires en regard des motifs qui les ont engendrés.

Jamais, au cours de ces débats, je n'ai entendu citer la seule et unique raison de cette lutte passée, présente et, croyez-le, future.

Un jour, cependant « le » motif montra le bout de l'oreille. Un homme dit :

— *Mais enfin, il doit exister un « irrationnel » quelque part !*

Ce fut tout. Personne ne releva ces paroles. On repartit de plus belle dans les passions, les ironies pimentées, les joutes faussement courtoises, les fleurs épineuses et autres grâces.

La clé est simple cependant :

Tout homme a peur de la femme. Il éprouve une profonde phobie de ce que la femme représente pour lui.

On dit souvent que la femme, en accédant à l'autonomie, a détruit le vieux mythe de la « féminité ». Que l'homme « moderne » ne considère plus la femme comme un être idéal, un rêve inaccessible, un démon bien-aimé, etc.

En réalité ces mythes-là se portent à merveille. La femme n'est pas désacralisée : elle est simplement prisonnière du monde masculin, ce qui est la plus belle forme d'esclavage qu'on lui ait réservée. Quant aux créatures « de rêve », l'industrie se charge d'en fabriquer.

Parce que l'inconscient des hommes et des femmes est aussi ancien que l'espèce, le monde actuel n'est moderne qu'en surface. Le plus formidable des remue-ménage dans un jardin ne signifie nullement que la terre bouge à cent mètres de profondeur. Si la cause reste inchangée, pourquoi l'effet serait-il différent ?

Quand il s'agit de la femme, il n'y a pas de demi-mesure. Son histoire est celle des serpents et des chats : honnie, méprisée et rejetée d'une part ; encensée, admirée, adulée d'autre part.

Dès sa puberté la femme est écrasée sous un symbolisme à deux faces. Elle représente à la fois la vie et la mort, la lumière et l'obscurité, la germination et la pourriture, la bénédiction et l'horreur.

Les femmes ne rient pas, d'ailleurs. Cette énorme subjectivité ne leur a-t-elle pas barré la route depuis toujours ? On peut se demander combien de fois, dans le courant de sa vie, une femme est vraiment considérée, aimée ou détestée *pour ce qu'elle est objectivement*.

Les civilisations ont bougé, les lois basculé, les modes évolué ; mais, depuis des siècles, la façon dont « la femme » est ressentie par l'homme habituel n'a pas changé.

Or la femme est généralement l'objet de deux peurs essentielles, ressenties surtout par l'homme :

a) Une peur *animale*, qui est inconsciente mais se traduit par de nombreux comportements. Cette peur se situe au niveau de *l'espèce* : l'homme n'a pas peur de « la femme », mais de ce qu'elle symbolise pour lui.

b) Une peur *psychologique :* la femme est crainte pour certaines attitudes (regards, silences, paroles, etc.).

Par quel bout prendre la difficulté ? Les sentiments ressentis par *l'espèce* mâle sont si variés et contradictoires qu'il faut rechercher avant tout les immuables jalons de l'inconscient humain. Aussi vous proposé-je d'emprunter quelques routes secondaires avant d'aborder l'axe principal.

L'homme est-il conscient de sa peur ?

En général, les hommes se rendent simplement compte que certaines femmes les intimident, les mettent mal à l'aise. Ils ressentent un vague « malaise » devant certains regards de femmes, certaines attitudes ironiques ou hautaines, arrogantes ou indifférentes. La peur varie selon l'âge de la femme, sa beauté, son intelligence, la couleur de ses cheveux ou de ses yeux. Chez beaucoup d'hommes, la peur disparaît si la femme est douceâtre, stupide ou « bonne camarade ».

Un homme me disait :

— *Je dois certainement avoir peur des femmes. Mais desquelles ? De toutes, probablement. Lorsqu'une femme approche, je change automatiquement d'attitude. Je deviens hostile, ou méprisant, ou vantard, ou charmeur, ou désinvolte, ou courtois. Mais je sens que tous ces comportements sont faux. Je ne puis définir les femmes qui me font le plus peur : les très jeunes ? Les très jolies ? Les intellectuelles ? Tout ce que je puis dire est que je n'ai pas peur des femmes âgées ; devant elles je reste naturel. Au fond, je crois que ma peur apparaît devant les femmes qui sont très jeunes, jolies, qui semblent inaccessibles, ou indifférentes à ma personne ; également devant celles qui paraissent glaciales…*

Cet homme cernait parfaitement sa difficulté profonde.

Or, toujours, la peur provoque chez l'homme une méfiance, un recul « instinctif », un état d'alerte, une certaine manière d'être sur ses gardes. Autrement dit, cette peur engendre des réactions.

Pour mieux approcher la difficulté, voici quelques associations de mots faites par des hommes et des femmes. Je leur ai demandé de faire abstraction de tout contexte social et de répondre le plus spontanément possible.

Mot proposé : femme

Une femme de 30 ans :

— *En Amérique, les typhons, les cyclones et les bombes portent des noms de femmes. Sommes-nous tellement dangereuses et destructrices ? Il est vrai que je n'aime pas les femmes. Beaucoup pourraient accomplir des atrocités qui feraient reculer le pire des hommes. Quand la femme devient cruelle, c'est une bête enragée, une furie aveugle.*

Un homme de 40 ans :

— *Femme ? Holà ! Cela oscille en moi. Bon ou mauvais ? Méfiance,*

méfiance ! Femme ? Immense, impressionnante, dangereuse, perfide, lumineuse... Tout ce qu'elle n'est sûrement pas en réalité. Mais que faire contre cette sensation ? Gloutonne. Du brouillard qui endort. Une terre glissante avec un grand trou d'eau.

Une femme de 25 ans :
— *Moi, un jour, j'espère. En attendant... Ma mère. Qui surveille, qui toise, qui tisse sa toile, qui dévore...*

Un homme de 42 ans :
— *Vide, le vide. Elles m'attirent comme l'eau, comme l'abîme. Peur. Désir. Etre étranglé. Etre foulé aux pieds. Bacchantes. Grand parc, avec une lumière d'or, mystérieuse. Bonté ou cruauté, je ne sais...*

Une femme de 40 ans :
— *Oui... nous sommes étranges... capables des plus grands sacrifices et des plus grandes destructions... Les femmes haïssent la guerre ; mais pourquoi sont-elles les premières à brailler lorsque défilent les soldats victorieux ? Comment nous comprendrait-on ?*

Une femme de 28 ans :
— *Les hommes s'entre-tuent. Les femmes, elles, s'entre-dévorent.*

Une femme de 21 ans :
— *Nous nous toisons et nous lançons des paroles empoisonnées : cela me décourage d'être femme.*

Un homme de 42 ans :
— *Fiancée blanche, Chevalier, Charité. Ame. Douceur.*

Un homme de 33 ans :
— *Se laisser couler dans les moments difficiles. Respect profond. Source de vie. Déesse.*

Un homme de 22 ans :
— *J'entre en panique quand ma fiancée est furieuse, elle me fait penser à un ouragan.*

Un homme de 36 ans :
— *Méfiance. Mystère. Incertitude. Et leurs ongles comme des griffes ! Fausseté. Besoin d'elles. Tendresse.*

Un homme de 38 ans :

— *M'énervent. Cheveux longs. M'énervent. Toujours prêtes à vous bouffer.*

Un homme de 25 ans :

— *Rêve inaccessible. Piège et repos. Contradiction en moi. Lente coulée de vie et d'amour. Force aveugle. Elles avancent lentement et elles avalent. Garder mes distances. Danger. Bonheur suprême.*

Une femme de 34 ans :

— *Regard glacial. Je n'aime pas la compagnie des femmes. Agissent en dessous, sauf celles qui sont très maternelles. Les très jeunes me font peur.*

Un homme de 27 ans :

— *Blancheur. Piédestal de lumière. Statue dans un jardin. Immense amour. Eternité.*

Un homme de 48 ans :

— *Capables de tout. Je dirige trois cents hommes, mais j'ai peur de mes secrétaires. Insupportables. Danger.*

Un homme de 25 ans :

— *Inconnue. Stop ! Compagne idéale. Paradoxe.*

Un homme de 29 ans :

— *Ventre. Néant. Bonheur et terreur. Immobilité. Regard sombre. Robe de lumière. Vierge bleue. Obscurité magique. Sorcière.*

Que ressort-il de ces associations, prises au hasard parmi des centaines ? Toutes se ressemblent. Ce sont les mêmes mots, les mêmes images, les mêmes sensations.

Mais il est aisé de constater que la femme est ressentie de façon *trop positive* ou *trop négative*. La balance monte ou descend de manière nettement exagérée. Il est évident que ce sont là des impressions très subjectives : nul être humain ne pourrait y correspondre. Mais déjà nous pouvons retenir que « la femme » évoque à la fois :

a) la méfiance et le danger ;

b) l'inaccessible et le rêve paradisiaque.

Ces mêmes associations auraient pu être faites au Moyen Age aussi bien qu'aujourd'hui. Elles surgissent des courants inconscients qui conduisent les femmes et les hommes. La vie sociale en est évidemment faussée.

La véritable libération de la femme restera impossible tant que dureront cette subjectivité et cette peur.

Comment procéder ?

Afin de lotir le terrain, nous examinerons tour à tour :

— Les sensations *négatives* provoquées par l'idée de « la femme ».

— Les sensations *positives*.

De plus nous devrons nous demander dans quelle mesure les femmes ont peur, elles aussi, des femmes. Est-ce pour la même raison que les hommes ? Cette peur est-elle aussi énorme, aussi profonde ?

LES SENSATIONS NÉGATIVES

Comment l'homme ressent la femme

Tout d'abord quelques questions.

— Pourquoi l'invective « sale femelle » constitue-t-elle une grave insulte, qu'elle soit glapie par un homme ou une femme ? Et pourquoi l'injure « sale mâle », si elle évoque un relent de brute suintante, n'offre-t-elle pas le même aspect d'horreur ?

— Pourquoi une ivrognesse semble-t-elle plus déchue qu'un ivrogne qui, même débraillé, n'appelle qu'une sorte d'irritation amusée ?

Voici une autre question que m'a posée une jeune fille :

— *Pourquoi une armée d'hommes en marche donne-t-elle une impression de puissance* contrôlée ? *Elle fait peur, par sa force même qui paraît glorieuse et invincible. Mais si je vois un groupe de femmes marchant au pas militaire, je ressens une sorte d'angoisse. C'est une puissance beaucoup plus souterraine, plus potentielle, en fin de compte plus menaçante. Elles donnent l'impression d'être capables de tout, de* pouvoir rompre le contrôle *à tout moment, de se transformer en furies aveugles, sans limite*...

Nous verrons qu'il y a dans ces paroles quelque chose de très important. Notons par ailleurs que, dans les associations de mots faites par des femmes, nous avons déjà rencontré ces termes : *furie, aveugle*.

S'il est vrai que *l'espèce* mâle se protège de *l'espèce* femelle, quelques associations de mots peuvent nous mettre sur la voie. Les réponses sont données par des femmes (F) et des hommes (H). Rappelons que nous n'envisageons, pour l'instant, que les réponses *négatives*.

Mot proposé : FEMELLE

Jungle (F)
Ecraser (H)
Posséder et rejeter (H)
Réduire en esclavage (H)
Pouah ! (F)
Férocité (F)
Furie (une fois de plus !) (H)
Repue (H)
Pieuvre (H)
Etre déchiqueté (H)
Non, merci ! (F)
Terreur (H)
Cruauté (encore !) (H)
Gélatineuse (H)
Colère Blanche (H)
Raz de marée (H)
Glu (H)
Yeux mi-clos et cheveux longs (H)
Araignée (H)
Tombeau (H)
Mort (H)
Neige (H)
Mante religieuse (H)
Etre dévoré (H)
Regard sans pitié (H)
Grosse vache (F)
Garce (F)
Pondre (F)
Marécage (H)
Enlisement (H)
Tempête (H)
Cela s'enroule (H)
Silence doucereux (H)
Puissance cachée (H)

Désolé, je ne fais que reproduire. On se croirait chez Dracula... Voici maintenant quelques associations d'idées, mais toujours *négatives :*

Une femme de 30 ans :

— *Femelle ?... pour moi, c'est... attendez... une sorte de très profond gouffre noir. Je veux être femme, mais je refuse d'être femelle. C'est absurde, puisque je le suis. Femelle ? Un vertige, une succion, un tourbillon où l'on s'enfonce sans merci. Je suis très jolie, mais dès que j'imagine la femelle en femme ou en adolescente, je la piétinerais...*

Un homme de 28 ans :

— *Femelle ? Un puma. Ça va, on peut se battre, dompter, enrayer le danger... Certaines jeunes filles très actuelles, avec une bague à chaque doigt et des bracelets partout... Ce qui m'effraie, c'est leur aspect sans expression. La mort, voilà. Je n'ai pas peur du puma. J'ai peur de ce qui est mort...*

Un homme de 34 ans :

— *Femelle ? Pas Femme ? Femme, ça va. Mais femelle ! Chair opulente, sans esprit. Matière à l'état pur. Indifférenciée, dangereuse, larvée. Parée, immobile. Ça vous guette. Colères terribles. Caprices. Soumise, soumise depuis toujours, esclave, femelle, quoi ! Vamp, femme fatale, bouffeuse d'hommes, quoi !*

Un homme de 37 ans :

— *Ce mot m'évoque un proverbe coréen : « L'homme naît de la femme, comme le sel de l'eau ; quand il s'approche, il est à nouveau absorbé, comme le sel dans l'eau. » Il y a de quoi se tenir à distance !*

Une femme de 40 ans :

— *Rien n'est plus horrible que deux femmes qui se battent, prêtes à se lacérer.*

Analysons cette angoisse

Une première approche

Les réponses citées ci-dessus ont été choisies parmi plusieurs centaines. Il aurait été inutile de tout reproduire, car les mêmes mots reviennent avec une régularité métronomique. Le terme « femelle » ne déclenche certes pas l'euphorie !

On constate cependant une différence : si les *femmes* manifestent de la répugnance, les réponses des *hommes* révèlent surtout de l'angoisse.

Quels sont les thèmes chez les hommes ?

L'hostilité anxieuse, et ses dérivés : écraser, réduire en esclavage, terreur, regard sans pitié, etc.

Le danger (non pas brutal, mais silencieusement menaçant) : jungle, araignée, immobile, yeux mi-clos (qui guettent), silence doucereux, puissance cachée, etc.

La cruauté (non pas nette mais incontrôlable) : férocité, furie, colère blanche, être déchiqueté, regard sans pitié, raz de marée, etc.

La mort (non pas brutale et précise, mais floue, silencieuse, enveloppante) : jungle, glu, araignée, tombeau, marécage, enlisement, engloutissement, cela s'enroule, être absorbé, neige, etc.

Il est évident que ces impressions, négativement outrancières, prennent leur source dans une profonde angoisse, inchangée depuis toujours, et *où la femelle en soi n'a rien à voir.*

Quelle est cette angoisse ?
Notons d'abord que l'homme habituel, bien qu'il prétende ou croie le contraire, *sent* que la femme possède des caractéristiques intérieures plus fortes que les siennes. Il devine en la femme une *puissance contenue,* perspicace, calme, parfois imprévisible, tenue en réserve, mais toujours présente.

Il ressent aussi que, si grande que soit la patience de la femme, il doit prendre soin de ne pas dépasser certaines limites. Notre époque le montre parfaitement : l'espèce mâle « lâche du lest », donne à la femme des droits, des responsabilités et des devoirs *jusqu'à un certain point,* jusqu'au moment où la femme, plus ou moins satisfaite, reprend son attitude de patience. Dès lors la sensation de danger cesse pour l'homme.

Ainsi donc l'homme concède à la femme beaucoup de choses, car il sent que, s'il allait trop loin dans l'asservissement, la puissance intérieure (la force femelle !) pourrait rompre les digues et tout emporter, sans contrôle.

Les réponses précédentes montrent très bien ce que *symbolise* la Femelle, dans son sens le plus « animal » : quelque chose qui « fabrique » de la matière vivante, qui est indifférenciée, informe, inerte.

D'ailleurs pourquoi un être stupide est-il insulté par un mot (en argot) qui désigne l'organe sexuel de la femelle ? Et *jamais* par un terme qui désignerait l'organe mâle ? Ce substantif méprisant désigne donc un être sans consistance, bête à pleurer, inerte, larvaire, informe.

On voit à quel point les êtres humains répugnent à accepter qu'ils n'ont été qu'une matière sanguinolente et informe avant d'émerger dans la vie consciente. L'invective « sale femelle » signifiait : « Matière indifférenciée, qui me rappelle que, moi aussi, je suis matière. »

Tous, femmes et hommes, nous avons commencé notre existence dans une caverne femelle ; mais tellement unis à elle, que nous *fûmes* cette femelle, avant de nous différencier. Tous, nous avons été obscurité et néant, avant de posséder notre lumignon de conscience.

Là est la racine du drame humain, le fondement de la phobie instinctive dont la femme a été, de tous temps, la victime.

La peur du néant

Le plus vieil ennemi de l'espèce humaine est le Néant.

Il est très difficile de savoir pourquoi l'homme craint et refuse puissamment le néant, alors que la femme, du moins à partir de la puberté, l'envisage généralement avec infiniment moins d'angoisse.

Il est vrai qu'elle sait alors ce qu'est la vie : elle est capable d'en faire. La matière ne l'effraye pas : son ventre en produit. Elle n'éprouve pas le besoin de lutter contre le temps : elle *est* le temps. Elle ne craint pas la nature : elle lui est reliée par toutes ses fibres physiques et psychologiques.

Tandis que l'homme ignore ce qu'est la vie « vivante ». Il ne la connaît que par sa raison. Aucune vie visible n'est jamais sortie de lui. L'homme n'a pas « un ventre » qui le relie à la nature et à la matière vivante. Il est hanté par l'angoisse de retourner au néant d'où il vient. Il a un compte à régler avec le temps qui passe. Son existence est une course contre la montre : sa néantisation future en est l'arbitre.

Chez le mâle, la vie et la mort sont intimement liées. Le néant est *sa* peur, la plus sourdement présente, la plus animale, la plus instinctive (mais aussi la plus refoulée).

Or, en lui tendant son billet d'entrée dans la vie, sa mère lui délivre fatalement son billet de sortie.

C'est ici que la femme entre en jeu. Restons-en pour l'instant aux profondes sensations *négatives* de l'espèce mâle, et tentons de les résumer.

La litanie de l'espèce mâle se déroule en deux temps principaux : *avant* que je naisse, c'était l'horreur sinistre du néant ; *après* ma mort, je m'engloutirai dans ce même néant. C'est pourquoi :

1. J'éprouve la phobie de ce qui me *rappelle* mon néant originel :
— avoir été une matière indifférenciée (dans une femme) ;
— avoir été en gestation (dans une femme) ;
— ma naissance (en provenance du néant) ;
— le ventre de la femme, et par extension de la femme en général, qui me rappelle ce que je fus.

2. J'éprouve la phobie de ce qui *m'annonce* mon néant futur :
— la mort ;
— la femme qui, témoin de mon néant passé, est automatiquement annonciatrice de mon néant futur.

3. J'éprouve la phobie de tout ce qui symbolise le néant :
— ce qui est froid, obscur, immobile ;
— ce qui est silencieux, mystérieux, inconnu ;
— l'Inconscient ;
— la femme, dont le ventre, caverne obscure, humide et mystérieuse, me rappelle la fragilité de mon propre destin ;
— certains comportements, attitudes ou regards de femmes qui m'annoncent une humiliation, une diminution, une dévalorisation, une mise en doute, un engloutissement de ma personnalité.

Si tout cela correspond à la réalité quotidienne, la femme a de quoi frémir, étant donné ce qu'elle représente pour l'homme. Or *cela est ;* et les effets qui en découlent, s'ils varient à l'infini, sont lisibles dans l'histoire entière de l'humanité.

En bref : *la femme symbolise le haut lieu de l'angoisse métaphysique de l'homme.* Et c'est pourquoi, si le culte du phallus a toujours régné, le « culte du vagin » n'existera jamais.

On comprend mieux, déjà, les comportements mâles. Ils sont fondés sur la peur la plus essentielle : celle de la mort. C'est ainsi que la femme zigzague entre ce qu'elle *est* (un être humain femelle) et ce qu'elle *représente* (la néantisation de la personnalité mâle).

Le salaire de la peur

Nous sommes au plein cœur de la guerre faite par l'espèce mâle à l'espèce femelle. Deux conséquences importantes découlent de la peur décrite ci-dessus :

1. Si la femme est brimée, elle attribue à l'homme de mauvaises intentions. Or il n'a généralement pas de telles intentions *à titre personnel.* C'est l'espèce qui commande en lui. Il faut bien comprendre que beaucoup d'hommes écrasent les femmes, non par désir de domination (telle qu'on l'entend couramment), mais afin de *contrôler* une espèce qui les angoisse. Ce qui n'est pas du tout la même chose.

2. Si la femme est « libérée », elle attribue à l'homme de fort louables intentions personnelles. Or, le plus souvent, l'espèce mâle « lâche du lest » afin de ne pas risquer la colère femelle qui, inconsciemment, le fait paniquer. D'ailleurs la femme libérée reste en réalité asservie, puisqu'elle travaille dans et pour l'univers mâle. Ce qui permet aux hommes, une fois encore, de garder le contrôle.

Le malheur est que l'homme ignore son angoisse profonde, ainsi que ses répercussions. Seule une prise de conscience (mais combien difficile !) lui permettrait de ressentir la femme de tout autre façon, c'est-à-dire objectivement.

De même la femme ignore à quel point elle est le « support » de la phobie mâle. Tel est sans doute le sens du mot de Simone de Beauvoir, placé en tête de ce chapitre. Si l'espèce femelle n'avait pas existé, l'espèce mâle aurait trouvé autre chose sur quoi projeter sa peur.

Les femmes non-dangereuses

Il est remarquable que les hommes craignent très peu les fillettes non-pubères et les femmes âgées. Il en est de même pour les femmes laides, ou tellement masculinisées qu'elles semblent « sans sexe ». Pourquoi ?

Les fillettes non-pubères et les femmes âgées ne sont pas (ou ne sont plus) réglées. Symboliquement, elles n'ont pas (ou plus) de « ventre ». Elles ne représentent pas les organes génitaux (= les grottes obscures où s'élabore la matière). De ce fait, elles ne provoquent pas la phobie de l'homme.

Donc, logiquement, plus une femme est « sexy », plus elle est crainte ? Exactement. La sensation de « Femelle » apparaît immédiatement, produisant chez l'homme de multiples réactions de surface. Il est logique également que les femmes laides ou « non-femelles » ne suscitent pas d'anxiété. Et l'homme se sent parfaitement à l'aise devant elles.

Devant une femme jolie et « femelle », l'homme est partagé entre *son désir physique* et *sa répulsion affective*. Il hésite entre :

aimer	et	dompter.
« prendre »	et	rejeter
se laisser aller	et	se défendre
attirer	et	repousser
conquérir, charmer	et	fuir

Une fois encore la femme ne sait pas à quel saint se vouer.

L'homme non plus.

De même la peur n'apparaît pas devant les femmes gentilles, douces (donc non-femelles, non-dangereuses), à condition qu'elles le restent ! Si l'attitude de ces femmes tourne à l'orage, l'angoisse de l'homme refait surface, entraînant diverses conduites aussi fausses les unes que les autres.

Sur le plan social, quand il s'agit de tâches subalternes, tout se passe à merveille (du moins en surface). Femmes et hommes cohabitent sans trop de difficultés. Mais dans les emplois de haute responsabilité, plus on monte vers la tête, plus disparaissent les femmes, telle la végétation en haute montagne.

L'homme actuel est harassé. Il le proclame. Pourquoi alors ne cède-t-il pas le gouvernail aux femmes compétentes dès que possibilité s'en présente ?

Deux exemples

Paul K. et la jolie blonde

Cet homme, directeur d'entreprise, me dit un jour :

— *Je suis fatigué et compte demander à ma secrétaire de me remplacer pour quelques mois.*

— Laquelle ? (Il avait deux secrétaires : la première, cheveux de jais, portait culotte et talons plats ; l'autre, belle et très blonde, se montrait aussi capable que sa collègue.)

— *Laquelle ? Mais voyons... Mlle* X (la « noire »).

— Pourquoi ce « voyons » ? Et Mlle Y (la « blonde ») ?

— *Je me méfie. Elle est trop belle, trop sexy.*

— Vous me disiez qu'elle était tout aussi intelligente et compétente.

— *Oui, mais... Je la nommerai adjointe de Mlle X...*

— Pourquoi ?

— *Je n'ai nullement l'intention de lui laisser la bride sur le cou. Elle me paraît d'une ambition à tout avaler.*

Or c'était faux, et Paul K. le savait. Jamais la secrétaire blonde n'avait manifesté d'ambition déplacée, contrairement à sa collègue.

Le cas de Jacques P.

Un autre jeune directeur. Ses caractéristiques : il s'acharne à réussir contre vents et marées, à ne jamais commettre d'erreurs, à gagner le plus d'argent possible ; il est incapable de prendre des vacances parce que, dès qu'il s'arrête de travailler, il se sent coupable et mal à l'aise.

Autres caractéristiques : la volonté farouche de n'être qu'un « cerveau » ; une haine des matières corporelles (urinaires, fécales) ; une répugnance envers le nombril des femmes (ne riez pas : c'est important).

Il me dit :

— *Dans mon service, travaille une jeune femme obèse. Cette personne est efficace, intelligente, dévouée. Or je la déteste. Je ne puis faire autrement. A tel point que je me suis toujours opposé à une promotion qu'elle mérite amplement. Je suis furieux contre moi-même, mais je n'y puis rien. Je suis injuste. Elle est obèse, et puis ? Ma raison est impuissante ; mais en moi, j'éprouve une sorte de nausée. La voir entrer dans mon bureau est un supplice. Vers trois heures, nous faisons une pause. C'est elle qui prépare le café, mais je ne puis supporter qu'elle touche ma tasse, alors qu'elle est la propreté même !*

J'ai invité cet homme à « laisser courir ses sensations » au sujet de cette jeune femme :

— *Un homme obèse ne me gêne en rien ; pourquoi une femme ?... je la ressens comme flasque, énorme, écrasée contre la terre, visqueuse... sans forme, oui, c'est cela, informe, une grande masse adipeuse... c'est complètement idiot : elle possède une grande valeur, cette fille !... suante, immobile... pourquoi immobile, puisqu'elle travaille aussi rapidement que moi ?... lourde méduse. Le début du monde, le fond de la mer, je crois que c'est cela, le fond de la mer, le grouillement de la vie primitive.*

Analysons les réponses de ces deux hommes : nous verrons qu'elles sont parallèles.

Méfiance : Nous retrouvons évidemment la peur devant l'espèce femelle. La méfiance permet à l'homme de se tenir à distance, de ne pas se laisser aller vers une femme qui représente un risque de perdition (la femelle).

Trop sexy. Nous l'avons vu : une femme génitalement trop attirante est, par conséquent, symboliquement « néantisante ».

Bride sur le cou. Ceci est important et montre que, pour cet homme, une « femelle » ne peut être laissée en liberté. Comme nous l'avons dit, elle semble capable de déchaînements aussi incontrôlables qu'un raz de marée. Il faut donc rester « prudent », et « asservir la femelle » (ici en l'empêchant de prendre les pleins pouvoirs).

Ambition à tout avaler. J'ai signalé que l'ambition de cette jeune femme n'avait rien que de normal. Que signifie donc cette expression ? Prenons quelques synonymes du mot « avaler » et tout deviendra clair. Ce directeur ressent cette femme « femelle » comme dévorante, engloutissante, néantisante (ce sont des termes que l'on retrouve à chaque pas : parce qu'ils marquent l'essentiel de la peur mâle).

Et ce que disait Jacques P. ? Rappelons-nous sa répugnance envers le nombril *des femmes.* Il lui rappelle évidemment le cordon ombilical qui, à son tour, évoque que l'homme fut embryon gélatineux dans un ventre de femme. D'où une angoisse inconsciente.

Jacques P. hait la matière corporelle. C'est pourquoi il tente de n'être « rien qu'un cerveau ». Sa secrétaire symbolise, évidemment, la

« matière femelle », larvaire, indifférenciée, qui absorbe tout ce qui l'approche.

C'est une illustration quasi caricaturale de tout ce que nous avons dit. Comme le premier directeur, il « asservit la femelle » en l'empêchant de monter en grade.

Un dernier mot : Jacques P. disait ne pas supporter que la jeune obèse touche sa tasse de café. On retrouve là un rappel de croyances universellement répandues : une femme en état de menstrues (donc femelle) gâtait ou faisait pourrir tout ce qu'elle approchait.

Comme on pouvait s'y attendre, Jacques quitta un beau jour sa femme et son foyer en compagnie d'une blondinette légèrement stupide. Heureusement, au bout de quelques mois, il décida d'entreprendre une analyse qui lui permit de prendre conscience de ses difficultés psychologiques. Il réintégra son foyer et perdit son « horreur des femelles ». La jeune fille obèse, sans savoir pourquoi, grimpa dans la hiérarchie de l'entreprise. La femme « tenue en laisse » était redevenue une femme dont l'intelligence n'était plus brimée par un représentant de l'espèce mâle, mais reconnue par un homme.

Femmes de la nuit…

Voici des extraits de quelques rêves d'hommes. On y retrouve la même angoisse : celle de retomber dans le néant. Aussi bien ces rêves symbolisent-ils la peur qu'éprouve le mâle d'être « repris par sa mère », de retourner « dans le ventre maternel », vers son inexistence originelle. Autrement dit, la peur de la mort.

Un homme d'affaires, 40 ans :

— *J'ai rêvé que ma barque, au moteur puissant, était aspirée dans un large tourbillon noir…*

Un instituteur, 28 ans :

— *Le volant de ma voiture s'est brisé en plusieurs morceaux ; le véhicule s'est dirigé ensuite, à toute vitesse, vers une carrière abandonnée, remplie d'eau…*

Un employé, 34 ans :

— *J'ai rêvé que j'avançais dans la jungle ; je me frayais un chemin à coups de hache ; mais les lianes m'entouraient, se tordaient autour de moi comme des bras de poulpe ; j'étouffais ; horrifié, je me réveillai en sursaut…*

Un cinéaste, 41 ans :

— *Avec ma caméra, je gravissais un pic rocheux et lisse ; très angoissé, je regardais un lac qui, cent mètres sous moi, semblait attendre ma chute...*

Un prêtre, 27 ans :

— *J'ai rêvé qu'une inondation montait dans ma maison ; réfugié dans la mansarde, je priais...*

Un industriel, 52 ans :

— *J'ai rêvé que je bâtissais une usine à l'intérieur d'une gigantesque excavation argileuse de laquelle on ne parvenait pas à chasser l'eau...*

Tout psychologue des profondeurs pourrait reproduire des centaines de rêves de ce genre. Sans entrer dans les détails, on y reconnaît :

- *Des symboles du « Moi » viril, qui conduit, bâtit et conquiert la vie :*
  — moteur puissant ;
  — volant de voiture ;
  — hache ;
  — gravir un pic rocheux ;
  — bâtir une usine ;

- *Le « Moi » est désemparé ; il se dirige vers le néant :*
  — barque aspirée par un tourbillon noir (= obscurité = mort) ;
  — voiture désemparée se dirigeant vers une carrière (= trou dans la terre = tombeau) ;
  — lac qui semble attendre la chute (pour « engloutir » le grimpeur) ;
  — gigantesque excavation argileuse (également « trou dans la terre » = tombeau) ;
  — inondation qui envahit une maison (= danger d'être étouffé par l'eau ; de plus cet homme s'est réfugié dans la pièce la plus haute = mon Moi, ma raison, ma tête, mon individualité sombreront à jamais dans cette eau qui monte dangereusement).

- *Des symboles de la femme :*
  — large tourbillon (symbole de l'eau) ;
  — carrière remplie d'eau (idem) ;
  — lianes qui s'enroulent (symbole de la « femelle » qui étouffe) ;
  — lac qui attend la chute (symbole de l'eau) ;
  — inondation (idem) ;
  — l'eau qu'on ne peut chasser de l'excavation (idem).

Remarquez que cet homme tente de bâtir son usine *dans* l'excavation : son avidité de vivre et son angoisse de mort sont intimement liées.

Si l'on se rappelle que l'eau est le symbole le plus élémentaire et le plus puissant de la femme, on comprend mieux l'angoisse permanente de l'espèce mâle et sa peur des femmes.

Quelques exemples encore

Une jeune femme me disait :

— *J'ai été stupéfaite par la réaction de mon mari, au sixième mois de ma grossesse. Il semblait heureux d'être futur père. Un jour il me demanda, mi-figue mi-raisin, en posant la main sur mon ventre : « Ça bouge ? Tu le sens ? Que se passe-t-il là-dedans ? »*

(Remarquons déjà ce « là-dedans », avec ce qu'il suggère de mystérieux, d'obscur, d'invisible.)

La jeune femme continua :

— *Il semblait éprouver une sorte de répulsion. Mais pourquoi ? Je lui répondis gentiment : « Là-dedans, comme tu dis ? Il se passe des choses, mon chéri ! » Puis, en riant, j'ajoutai : « Tu t'y es trouvé un jour, toi aussi, tu sais ! » Il me répondit brutalement : « Oh ! je t'en prie ! » Puis il s'éloigna ; il était proche de la colère... Il semblait me détester, tout à coup.*

Cette réaction « mâle » est-elle courante ? *Oui.* Certains l'extériorisent, d'autres la refoulent. Elle demeure alors inconsciente, mais peut néanmoins apparaître sous diverses attitudes.

Un homme me disait :

— *Je fais comme tout le monde. Je feins de m'extasier devant un nouveau-né, alors que je trouve horrible cette chose humide et plissée.*

Je lui demandai ce qu'il ressentait :

— *Je l'ignore. Ce n'est pas la laideur du nouveau-né qui m'irrite. J'éprouve d'ailleurs la même sensation devant un oisillon ou tout autre animal qui vient de naître. Ce qui me gêne ? Une anxiété vague. J'ai alors l'impression que tout ce que je fais ne sert à rien... Je deviens furieux, mais sans le montrer car je suis tout sourire, quand je vois les femmes bêler devant cette chose.*

Ces deux exemples présentent une profonde similitude. Je crois intéressant de reprendre certains mots :

Chose : ce terme apparaît deux fois. Sous-entendu : « Je méprise cet objet inerte que je fus, cette matière inconsciente (= morte) que je redeviendrai un jour. »

Humide : cet adjectif rappelle, évidemment, l'« humidité » dans laquelle est plongé le fœtus ; par analogie, il évoque le ventre de la mère, donc, une fois de plus, le néant.

Anxiété : cet homme l'explique lui-même : « à quoi bon agir et travailler puisque tout disparaîtra un jour ; cette « chose » me dérange (= m'angoisse) puisque sa seule présence me signifie la tragique finalité des efforts humains ».

Un homme disait, en me tendant la photographie d'un bébé :

— *Ça, ce fut moi. Ma mère montre souvent cette photo à ses amies, en se pâmant devant le beau bébé ! De rage, je ferais sauter la maison, tant elle me rend ridicule !*

Notez que cet homme accepte, par contre, que sa mère exhibe des photographies le représentant adolescent ou soldat, par exemple. Pourquoi ? Parce qu'à ces époques, son « Moi » était formé, de même que sa conscience. Il n'était plus cette « chose inconsciente » dont parlait un homme cité précédemment. Quand sa mère le montrait bébé (à d'autres femmes !), cela signifiait pour lui : « Voici ce qui est sorti de moi ; « cela » provenait de rien et « cela » redeviendra rien. »

Ce même mécanisme joue chez le jeune garçon qui se révolte contre sa mère. On dira qu'il veut conquérir son indépendance, voler de ses propres ailes. C'est vrai. Mais, plus profondément, les brutalités hargneuses de ce garçon sont des tentatives pour se libérer de l'angoisse décrite cidessus, sans cesse ravivée par la présence maternelle (plus exactement par la présence du « ventre » de sa mère).

Ce garçonnet pourrait dire :

— *Tu me rappelles que je fus matière en toi, alors que je lutte pour ME faire !*

On est donc en droit de suspecter les mâles qui s'extasient béatement devant les nouveau-nés. L'inconscient de la plupart n'en pense pas un mot, talonné qu'il est par le vertige des abîmes, originel et futur.

J'asservis ce que je crains

Haute stratégie

Si on demandait aux hommes en général : « Avez-vous peur des femmes ? Craignez-vous votre femme ? », la plupart répondraient dédaigneusement par la négative. Voyons, comment un mâle pourrait-il craindre cette faible chose qu'est une femme ?

D'autres souriraient, diraient qu'il ne faut pas « se laisser faire », qu'il suffit de « les mater ». Quelques-uns affirmeront que le caractère ou le comportement de *leur* femme justifie leur peur. Mais ils passeront sous silence leur angoisse devant les femmes *en général*.

Peut-être un sur cent mille répondra-t-il sincèrement. Il « avouera » sa crainte des femmes, sans en trouver le motif. Il recherchera quel type de femme l'irrite ou le fait fuir ; quelle attitude, chez *sa* femme, le met mal à l'aise.

L'homme refoule férocement toute sensation de sa peur des femmes. Elevé dans un monde masculin, selon les traditions de la-virilité-qui-n'a-jamais-peur, s'il s'avouait cette crainte, il chuterait de si haut à ses propres yeux, qu'il préfère s'en tenir aux apparences superficielles.

Même conscient de sa peur, l'homme ne peut la laisser transparaître devant la femme ; celle-ci en profiterait, reprendrait l'avantage ; et cela pour plusieurs motifs :

— Venger un sentiment séculaire d'infériorité.

— Libérer certaines tendances maternelles : garder son enfant pour soi, l'empêcher de grandir et de s'échapper. Symboliquement, elle veut reprendre « dans son ventre » l'enfant mâle qui en est sorti. Par rapport au mari, tout ceci se transforme en autoritarisme couvant ou acerbe. L'homme est véritablement englué, étouffé, castré.

— Succomber au paradoxe de beaucoup de femmes : elles seraient enchantées de savoir que l'homme les craint, et en même temps elles le mépriseraient pour cette peur.

Il faut donc que l'homme camoufle sa peur et tienne la femme à distance.

Cependant, même si cette angoisse est une loi générale, il est évident que ses retentissements varient dans la vie quotidienne suivant les types d'hommes et de femmes, et suivant les circonstances. Voici un exemple-type qui permettra d'entrevoir l'éventail des cas possibles.

La fille aux yeux verts

Ce type de femme — surtout si elle est blonde-décolorée[1], « émancipée », telles certaines actrices, chanteuses, certains mannequins — est probablement la plus *désirée* par les hommes, *génitalement,* et la plus *haïe, affectivement*. Pourquoi ? Voici quelques associations sur l'expression :

1. Voyez le chapitre « Les décolorées ».

Femme aux yeux verts

Un homme, 40 ans, professeur :
— *Chatte, griffes, flatter, dompter.*

Une jeune fille, 22 ans, étudiante :
— *Eau verte, glauque, algues.*

Un homme, 20 ans, mécanicien :
— *Fauve, argent, bijoux, étrangler, yeux mi-clos.*

Un homme, 28 ans, contremaître :
— *Opaque, femelle de luxe, mystère sans âme, ruine.*

Ces mots-réponses, que nous avons trouvés déjà plusieurs fois, montrent bien que le symbole est plus puissant que la réalité.

Les yeux verts évoquent : être guetté (chatte — griffes — yeux mi-clos) ; ils ont la couleur des *eaux mortelles* (glauque — algues — opaque) qui prennent au piège et attirent vers les profondeurs, vers la mort. C'est le symbole de l'eau, et celui de la sirène. Et nous voici donc confrontés de nouveau avec ce que représente la « femelle », dans son sens négatif.

Mais pourquoi ce type de femme semble-t-il, à la fois, si désirable, si haïssable et menaçant ? Une femme *normale*, aux yeux verts, ne provoquera certainement aucune de ces violentes réactions. Mais ce genre de féminité est souvent fabriqué de toutes pièces. Certaines modes ont utilisé, sans le savoir, le symbolisme des yeux verts. On a poussé les femmes à se décolorer les cheveux, à se colorier les paupières, à jouer les inaccessibles, les hautaines, les capricieuses, les mangeuses de fortune. On les a dressées à correspondre professionnellement à une certaine demande de l'Occident mâle américanisé. Le cinéma s'est mis de la partie. La haute couture aussi. Durant certaines présentations télévisées, on assiste souvent à un spectacle absurde : le mannequin aux yeux verts s'éloigne lentement de dos pour se retourner brusquement face à la caméra (en gros plan) comme si ses yeux mi-clos de femme fatale étaient prêts à engloutir le monde des mâles.

Comment l'homme pourra-t-il éliminer le « danger » que représente ce type de femme ? En l'empêchant d'être libre ou indépendante. En la domestiquant. En l'asservissant. En la neutralisant.

Reprenons les associations de mots.

Flatter. Cette association signifie : en amadouant cette femme, en lui faisant du charme, je l'adoucis. Je puis également la neutraliser en me montrant d'une exquise courtoisie. Si elle mord à l'appât, si elle se tranforme en un être que je ressens comme aimable, mon impression de danger se dissipe. Le fait qu'elle ronronne sous la flatterie brise son indépendance, la fait passer sous ma coupe et sous mon contrôle. Et mon angoisse disparaît.

Bijoux, argent, ruine. L'homme tente d'asservir la « femelle » en la comblant de cadeaux, ou en la gavant de richesses. De la sorte il la transforme en objet.

D'autre part la légende veut que ces femmes soit virevoltantes, passent sans vergogne d'un amant à l'autre après les avoir réduits à l'état d'épaves. Pris au piège, le mâle se tue ou étrangle la femme. Ce dernier geste marque l'asservissement définitif. C'est d'ailleurs la finale de *Nana*, le magistral roman de *Zola*, que notre mécanicien avait vu à l'écran : d'où cette association d'idées.

On peut résumer comme suit :

Femme esclave = femme asservie = femme neutralisée = danger éliminé.

Femme libre = « femelle » dangereuse = nécessité de la neutraliser.

Les barrages

Pour échapper à sa peur de la femme (la sienne y comprise), l'homme va édifier toute une série de barrages. Car l'homme ne désire nullement « dominer » la femme, au sens ordinaire de ce verbe. Mais, en tant que mâle, il éprouve le besoin instinctif de tenir la femelle loin de lui par crainte d'être « submergé » par elle. Le mâle va donc se comporter de manière telle que la puissance femelle ne puisse se manifester librement.

La neutralisation de la femme

Pour empêcher la libre expression de la femme, le meilleur moyen était de la tenir en esclavage. Naguère, cette méthode était brutale, précise, sans équivoque possible, et s'appliquant à tous les domaines.

Actuellement, le barrage subsiste, mais plus insidieux et subtil. D'autant plus que l'espèce mâle, en libérant faussement la femme, parvient souvent à se donner des airs de bon apôtre. Le tout étant d'ailleurs inconscient.

Quels sont, dans la vie quotidienne, les principaux moyens utilisés pour empêcher l'espèce femelle de prendre son essor, et pour la neutraliser tout en s'assurant ses bonnes grâces ?

Si l'homme craint profondément la femme, il est évident qu'il éprouve devant elle de puissants sentiments d'infériorité. Ces sentiments, il devra, soit les contourner, soit les compenser. C'est pourquoi les attitudes indiquées ci-dessous sont fausses, artificielles, encore que plus ou moins inconscientes.

Attitudes mâles d'apparence négative
(destinées à écraser la femme)

Mépriser.
Humilier.
Ignorer avec superbe.
Attaquer.
Dominer brutalement.
Ironiser.
Bafouer.
Rudoyer.
Collectionner (ceux qui « possèdent » un grand nombre de femmes, cherchent en fait à les salir et à les rejeter comme des objets sans valeur).

Attitudes mâles d'apparence positive
(destinées à amadouer la femme)

Faire du charme.
Prendre des attitudes de « garçon aimant » (comme envers une mère redoutée).
Aduler, encenser, flatter, lui donner raison, acquiescer.
Se faire admirer par elle, par tous les moyens possibles, du muscle à l'intelligence, de la vantardise à la richesse.
Etre désinvolte (substitut de l'attitude de mépris).
Etre d'une exquise courtoisie, prévenir ses moindres désirs, la gaver : de compliments, de présents, de bijoux, d'opulence.

Les réactions de la femme ? En ce qui concerne la colonne de gauche, elle se débrouille comme elle peut ; en ce qui concerne la colonne de droite, elle confond souvent le lampion et la fête, et prend pour argent comptant ce qui n'est qu'une tentative du mâle pour échapper à sa peur.

Le barrage du sentiment d'infériorité

La méthode a été impeccablement mise au point au long des siècles. L'espèce mâle *devait* se convaincre que sa peur de la femme était ridicule, d'autant plus qu'il n'en connaissait pas l'origine. Le meilleur moyen était de se persuader que l'objet de sa peur ne valait vraiment pas la peine de tant de craintes. La femme fut donc décrétée incapable, inerte, sans intelligence véritable. Ensevelie sous l'avalanche des mépris, la femme finit par croire, elle aussi, aux diktats mâles. Elle en vint à penser qu'elle était réellement inapte, et se tint coite dans son coin d'ombre, invisible et silencieuse.

Du coup, la peur masculine reflua. Le calme régna sur les territoires mâles ; puisque la femme ne se manifestait pas, le climat devenait rassurant.

Ce fut d'autant plus aisé que la femme, inconsciemment, adorait la puissance brutale, et se méprisait en tant qu'être démuni de Phallus.

Et cela continue de plus belle, encore que ce soit sous d'autres formes. Aujourd'hui encore, la *femme-eau* est soigneusement canalisée et coule entre des berges solidement délimitées.

Le barrage de la méfiance

L'espèce mâle a décrété — et décrète — que « l'on ne peut se fier à une femme »[1]. Même lorsqu'un homme ordinaire travaille en compagnie d'une femme compétente, il conserve la même attitude inconsciente : surtout si cette compagne est génitalement attirante (nous venons de le voir).

Le phénomène se comprend facilement. Puisque les organes génitaux de la femme symbolisent « l'entrée vers le néant », se fier à une femme signifie donc : « Si je me laisse aller envers une femme, je cours le risque d'être néantisé, avalé, dévoré, englué. »

Il n'y a pas à nous étonner de retrouver cette même notion à chaque détours : puisque c'est *le* fondement.

Le barrage du mystère

Imaginons un promeneur qui tienne le raisonnement suivant :

— *Cet animal que j'aperçois au loin me fait peur. Or je ne le connais pas. Je le crains sans savoir pourquoi.* Donc *cet animal est mystérieux.*

Ce raisonnement est évidemment absurde. Il se développe à l'envers. Le plus simple serait que l'homme s'approche de l'animal pour le reconnaître, examiner si sa peur est fondée et agir en conséquence.

L'homme, parce qu'il a peur, prétend qu'il y a mystère, sans vérification ni raison objectives. Il pense :

— *J'ai peur des femmes.*

— *Je ne les connais pas.*

— Donc *les femmes sont mystérieuses.*

1. Il est bon de rappeler que, ici, nous examinons uniquement les sensations *négatives* de l'homme.

De plus il en déduit : « Par conséquent, je ne puis leur faire confiance. » En réalité ce soi-disant raisonnement justifie le fait qu'il tient les femmes à l'écart, sans aucun véritable motif.

Ou encore, l'homme se dit :

— *La chimie obscure et invisible du ventre féminin me rappelle mon angoisse du néant. Je préfère demeurer sur mes gardes. Le ventre féminin est mystérieux,* donc *la femme l'est également.*

Ensuite, il tente de justifier cette méfiance :

— *La femme est dépendante et doit le rester.*

De la sorte l'angoisse de l'homme disparaît : ce qui est plus facile que de rechercher l'origine de cette peur.

Le barrage de la perfidie

Bien des hommes prétendent que la plupart des femmes sont perfides. A l'analyse, on constate qu'ils visent surtout — une fois de plus ! — les femmes « femelles », les femmes « sexy » et les femmes très jeunes. Nous retrouvons ici le vieux mécanisme : la sensation d'être guetté par la femelle, d'être menacé de néantisation et de destruction, comme nous avons pu le constater dans le paragraphe consacré à « la fille aux yeux verts ».

Par cette « certitude » de la perfidie féminine, l'homme renforce ses positions de défense. Et les femmes se trouvent dans l'impossibilité de contre-attaquer de front. Démunies devant la dureté du mâle conquérant, elles doivent biaiser, louvoyer, s'infiltrer. C'est leur seule possibilité de sauvegarder un semblant d'autonomie.

Ne pouvant faire exploser le rocher des positions mâles, elles le minent et le sapent. Pour ce faire, les femmes exploitent à l'excès leurs caractéristiques naturelles : la lucidité intérieure, leur facilité à trouver le défaut de la cuirasse, leur possibilité d'encercler patiemment l'adversaire : comme le ferait l'eau qui est leur symbole principal (voyez le chapitre consacré aux symboles de la femme).

De telles attitudes débouchent aisément dans les insinuations et, bien entendu, les comportements « perfides ». Mais d'autre part, ces conduites ne peuvent que renforcer la méfiance des hommes, en même temps que leurs défenses.

Et chercher la solution de ce cercle vicieux reviendrait à tenter la quadrature du cercle.

Le barrage de la matière

Il s'agit d'une autre forme de protection mâle, basée elle aussi sur un raisonnement inconscient :

— *Je refuse d'être matière. Or le ventre de la femme élabore la matière.* Donc *la femme est matière.* Donc *je la refuse.*

L'homme confond ainsi la partie et le tout. Ce qui l'arrange très bien car il devient ainsi seul détenteur des vertus de l'esprit, tandis que la femme stagne à mille pieds sous lui. De la sorte, l'homme se sent à l'abri. Rassuré, il se dit que la « femme-matière » restera inoffensive tant qu'elle se trouvera sous son contrôle.

Il n'y a pas à reprocher une telle attitude à l'homme, et lui-même n'a pas à s'en tenir rigueur. Personne n'est responsable de son inconscient profond. L'homme habituel croit et veut tout cela parce que, pour se protéger, il a besoin de le croire et de le vouloir.

La femme-objet

Rappelons la loi générale :

La peur apparaît chez le mâle dès que la femme est *un sujet libre.*

La peur disparaît chez le mâle dès que la femme devient *un objet asservi.*

L'astuce inconsciente est simple : la femme doit être transformée en objet. Autrement dit : *« Sois le plus bel objet du monde, paré et repu. Tu te tiendras tranquille et je n'aurai plus peur de toi. »*

Comment « repaître » la femme ? L'industrie regorge de possibilités : « gadgets », bijoux de pacotille, toilettes, appareils électro-ménagers. La comparaison n'est pas trop forte : on agit avec la femme comme les colonisateurs d'antan manœuvraient les « sauvages » ; les verroteries et autres présents neutralisaient les contre-attaques. Amadoués, flattés, comblés de sourires enjôleurs, les primitifs ouvraient la route à leurs nouveaux ennemis.

Les industries du bijou et de la couture font œuvres de virtuoses. Jamais la femme ne fut à ce point parée, comblée, gorgée. Symboliquement, on l'« alourdit » de garnitures, sans cesse changeantes au gré de la mode. On dirait vraiment qu'on tente de la contraindre à retourner à l'état de « femelle » inerte, immobile, occupée avant tout d'elle-même. *On l'asservit par la voie du narcissisme.*

On lui montre, par l'intermédiaire de mannequins humains fabriqués de toutes pièces, comment on se tient, comment on marche, comment on porte le ventre cette saison. On détermine le tour de taille, la grosseur des seins. Il existe même un terme assez horrible : la mode « accessoirise » la femme, comme on le ferait d'une voiture ou d'une lessiveuse.

Un homme me disait, en désignant une jeune femme très à la mode :

— *De cette façon, « elles » sont contentes et « nous » laissent en paix.*

Cet homme aurait dû être couturier. Car la « haute couture » fait d'une pierre deux coups : elle réduit en esclavage tout en faisant plaisir à l'esclave, qui a la sensation que l'on s'occupe d'elle comme jamais on ne le fit.

Même les femmes intérieurement adultes doivent suivre. Car il existe des courants de mode tels que la femme lucide est dans la quasi-impossibilité de s'habiller selon ses désirs personnels ; l'industrialisation vise la grande masse des femmes-objets, et néglige les autres.

Les apparences sont trompeuses. D'une part les hommes d'affaires offrent à la femme un choix immense de tissus, de couleurs, de modèles : ce qui donne une impression de liberté et de choix. Mais à chaque saison, d'un bout du monde à l'autre, la mode impose à des millions de femmes une même uniformisation.

On peut se demander si certains couturiers-hommes n'éprouvent pas une haine solide et inconsciente envers les femmes, pour les réduire ainsi à l'état de marionnettes obéissantes, et donc à l'état d'*objets inoffensifs*.

Il est remarquable que la mode « gave » surtout les très jeunes femmes (celles qui, symboliquement, sont les plus « craintes »). Il est rare que les couturiers s'intéressent aux femmes ayant atteint un âge physique adulte. Il est vrai que les très jeunes femmes, en tant qu'objets de consommation, représentent un pouvoir considérable d'achat ; mais la masse des autres femmes est tout aussi grande, et leur pouvoir d'achat plus important encore. Faut-il en déduire que les couturiers appliquent inconsciemment la loi générale : « Seule la femme « sexy » fait peur à l'homme, et seules, ces femmes doivent être asservies ? » Tout porte à le croire.

La mode utilise une autre arme : elle calcule sur l'infantilisme. En effet, beaucoup plus que les hommes, les femmes risquent d'être bloquées au complexe d'Œdipe (voyez le chapitre « La fille coincée »). Leur besoin essentiel est alors d'être remarquées, vues, à n'importe quel prix : même celui du ridicule. *Le fait d'être « regardées » leur donne l'impression d'être aimées.* Il est donc logique qu'elles obéissent aux ordonnances masculines de la couture industrialisée.

Apparemment, tout le monde est content. Les affaires vont au mieux ; nombre de femmes confondent esclavage et liberté, l'espèce mâle est rassurée.

Cette uniformisation de la femme va plus loin qu'on pourrait le croire. Depuis quelque temps, la demande mâle en est à la femme « hyper-douceâtre », eau-dormante rêveuse. Ici encore les femmes ont répondu par vagues immenses. La chimie de la coiffure (qu'elle ait lieu dans un salon spécialisé ou une bassine domestique), les produits de beauté opèrent l'adoucissement de la femme. Traduisez : plus elle *semble* douce, diaphane, et donc « effacée », plus elle est ressentie comme non-dangereuse par l'espèce mâle.

L'industrialisation a provoqué un phénomène collectif. Toute femme se doit de passer par la décoloration — des cheveux ou de la personnalité. Car on peut tenir en laisse, sans risque d'être mordu, un être dont la personnalité est inexpressive.

Il s'agit d'une « espèce » nouvelle de femme, pur produit des technocraties et des intellectualismes. C'est un des phénomènes les plus étranges de notre époque. Je l'analyserai plus loin. Il vaut la peine que l'on s'y attarde, puisque même des Etats en ont fait leur mascotte...

La peur psychologique envers la femme

Je rappelle, une fois de plus, que je n'envisage pour l'instant que le côté *négatif* des choses.

Quelles sont les attitudes de la femme qui provoquent « la grande peur » de l'homme ? Car le nombre est énorme d'hommes actifs et intelligents, professionnellement respectés ou craints, qui dès leur rentrée au foyer redeviennent de petits garçons devant leur femme. Leur « gêne » est visible, surtout devant témoin. Ils ressentent les silences de leur épouse comme inquisiteurs. Ils perdent pied devant une bouderie, même anodine. Des colonies de mâles tremblent devant le moindre regard « noir » de leur bout de femme. A moins qu'ils ne se conduisent comme des enfants attentionnés, ou se confondent en compliments éperdus. Parfois le tableau change : l'homme devient matamore, fier-à-bras, bravache. Mais toujours ces hommes sont incapables de se « laisser aller » en présence de la plupart des femmes, leur épouse y comprise.

Si la crainte de l'homme à l'égard de la femme est une loi universelle, tout cela est logique. Cela signifie que le règne de la femme, dans la plupart des ménages, est celui de la peur.

— *Quand elle se tait, j'ai l'impression qu'elle m'attend au tournant...*

— *Je ne sais où me fourrer quand elle me regarde ironiquement...*

Voici quelques attitudes de la femme que l'homme redoute particulièrement :

Le regard de la femme

scrutateur	perspicace
froid	hautain
arrogant	provocant
foudroyant	coléreux
indifférent	mystérieux
méprisant	ironique

Le silence de la femme

boudeur	menaçant
dubitatif	ironique

coléreux (colères blanches, silencieuses)

La parole de la femme

les colères furieuses et incontrôlées
les insinuations dévalorisantes
les attaques doucereuses
les sarcasmes
les critiques harcelantes
les mots méprisants

En résumé, fait profondément peur à l'homme :

Tout ce qui, dans l'attitude d'une femme, semble humilier, dévaloriser (c'est le thème de la castration, de la « mise à mort » de la personnalité mâle).

Tout ce qui semble mettre en doute la force, le courage, le paraître de l'homme. L'homme le ressent comme une provocation à laquelle il répond généralement par un « redressement » de sa personnalité (agressivité, mépris, vantardise, indifférence hautaine).

Tout ce qui met en doute l'intelligence de l'homme. « Si elle se montre plus intelligente que moi, elle me submergera » (c'est le thème de la « femelle engloutissante »).

Toute attitude, toute parole qui semblent démasquer l'homme, le mettre à nu, qui constate que son paraître ne correspond pas à son être (thème de la castration).

Toute attitude qui semble préluder à un déchaînement de la « furie femelle » que l'homme ressent comme impitoyable et sans recours (thème de la « femelle engloutissante »).

Toute attitude qui donne à l'homme la sensation d'être guetté, surveillé, épié, critiqué (thème de la « femelle destructrice »).

Ces mêmes attitudes font-elles peur à une autre femme ? Sans aucun doute, mais il s'agit d'un plan beaucoup moins profond. Car cette autre femme appartient également à l'espèce femelle ; elle possède les mêmes armes d'attaque et de défense ; son inconscient profond est identique.

Là où une femme vacillera momentanément devant une autre, un homme perdra ses moyens devant ces comportements qui réactivent sa phobie essentielle.

On devine combien peut être foncière l'attitude éducative des mères, qu'il s'agisse de filles ou de garçons.

Nous retrouverons plus loin certaines caractéristiques de la femme, avec ce qu'elles comportent de positif aussi bien que de négatif. Car il faudra nous demander : *qui est la femme,* lorsqu'elle est dégagée des subjectivités dont on l'affuble ?

LES SENSATIONS POSITIVES

La femme adulée

Jusqu'à présent, nous n'avons examiné que les sensations suscitées chez l'homme par la femme. L'espèce mâle la revêtait de noir et d'obscurité. C'était le recul instinctif, la méfiance outrancière.

Cependant l'histoire de l'humanité montre que cette femme-là a été *en même temps* portée aux nues comme jamais déesse n'aurait pu le rêver. L'espèce mâle fait virevolter la femme du noir opaque au blanc étincelant, sans transition, sans juste milieu. Objet de mépris, la femme devient sujet d'adulation.

Si le mâle n'a aucune raison objective de craindre ou de haïr « la » femme, il n'a de même aucun motif *plausible* pour la transformer en tabernacle, en amphore et autres exagérations qui, pour poétiques qu'elles soient, ne correspondent évidemment pas à la réalité.

De même, il n'existe aucun mobile réel pour que « la » mère, et « la » maternité, soient chargées d'horreur ; mais le « culte » dont on les entoure parfois n'est pas plus justifié. *Lorsque la femme est idolâtrée, ne serait-ce pas également la peur qui soutient cette autre façade de l'édifice ?*

Voici tout d'abord quelques associations de mots, *positives,* et faites par des hommes. L'exagération y règne, tout aussi suspecte.

Mot proposé : femme

Homme, 28 ans :
— *Transfiguration, calme, réceptacle, chaleur douce.*

Homme, 40 ans :
— *Amphore, bénédiction, émergence, sacrée.*

Homme, 19 ans :
— *Repos ineffable, germination, miracle.*

Homme, 34 ans :
— *Source fécondante, tabernacle, éternité, vase de lumière.*

Homme, 52 ans :
— *Déesse, blancheur, piédestal de bonté.*

Homme, 25 ans :
— *Vierge du ciel, fontaine de jouvence.*

Trois grands thèmes se dégagent de ces quelques associations, choisies parmi des centaines :

La mort et la renaissance : transfiguration — repos ineffable — vase de lumière — vierge du ciel — miracle — fontaine de jouvence — éternité.

La mère (symbolisée par le ventre) : réceptacle — amphore — tabernacle — chaleur douce — source fécondante.

La magnification de la femme : bénédiction — sacrée — blancheur — piédestal — déesse.

L'angoisse aux deux visages

Il est inutile de poursuivre, la disproportion saute aux yeux. Quand il s'agissait de sensations négatives, le décalage était facile à comprendre. L'argument était simple : *la femme symbolise* le néant dont on émerge ; *or* le néant fait peur ; *donc* la femme fait peur.

Mais ici ? Pourquoi ce retournement hyperpositif de la situation ? Pourquoi cette adoration ? On peut d'ailleurs se demander : parmi ces hommes, un seul pense-t-il profondément ce qu'il dit ? Ou tente-t-il de s'en convaincre ?

La question peut être élargie : parmi les milliers de poèmes, de chansons, d'œuvres picturales qui idolâtrent la femme, combien traduisent sincèrement l'inconscient de leur auteur ? L'outrance et l'hyperbole sont évidentes dans toutes ces œuvres ou œuvrettes, présentées autrefois par les troubadours et aujourd'hui par les chanteurs télévisés[1].

Imaginons qu'un homme, démuni de toute lumière, se trouve plongé dans l'obscurité. Supposons encore que cette obscurité, ce « néant » l'effrayent. La meilleure façon d'effacer la peur sera de trouver un motif qui transfigure l'obscurité : « *Comment pourrais-je craindre cette obscurité alors qu'elle me permet de méditer, d'être seul, et que cette obscurité me fait rêver de la lumière ?* »

N'est-ce pas ce qui se passe avec la femme ? L'homme se dit, inconsciemment : « *J'ai peur de la femme. Je dois trouver de bonnes raisons de n'avoir plus peur. Pour cela, je la transforme en un être magnifique et blanc comme neige. Je transforme son obscurité en lumière. Je m'en convainc en la célébrant par mes chansons et mes poèmes. D'ailleurs pourquoi avoir peur d'un être aussi beau, aussi agréable au regard, et indispensable à la continuation de la vie ?* »

Ceci confirme ce que j'ai dit et répété : nombre de « courtoisies » masculines ont pour seul but inconscient d'amadouer la femme et, ainsi, de n'avoir plus peur d'elle.

Ainsi débute une autre litanie de l'espèce mâle, qui est le renversement total de la première :

— *Avant que je naisse à la vie consciente, c'était la paix, absolue et bienheureuse du néant.*

— *Après ma mort, je me retrouverai dans ce même néant pacifique ; je serai fondu dans le grand Tout, pour l'éternité.*

1. On pourrait rétorquer que les poèmes traduisant la méfiance ou le mépris de l'espèce mâle sont relativement rares. Il est évident qu'ils ne « passeraient » pas. Mais l'histoire des femmes nous apporte la preuve quotidienne de la phobie mâle.

— *Je bénis la femme dont le ventre me tira du néant et qui symbolise mon futur néant bienheureux.*

On pourrait croire qu'il s'agit d'une opération « sauvetage » ! Pour échapper à son angoisse, l'espèce mâle magnifie le néant, et le symbole de ce néant : la femme. Il n'empêche que la racine n'a pas cessé d'être la peur : qu'elle fleurisse de façon positive ou négative.

C'est pourquoi aussi, en l'occurrence, l'espèce mâle *généralise*. L'homme ne chante pas la noblesse ou la grandeur de telle ou telle femme, de telle ou telle mère, mais de « la » femme et de « la » mère. (Il généralisait de même en honnissant ou méprisant la femme.) C'est pourquoi on ne saurait trop répéter qu'il s'agit d'une peur *en soi*, où la femme réelle n'a rien à voir... tout en subissant les conséquences.

La femme a toujours été l'objet des contradictions profondes de l'espèce mâle. Femelle destructrice ou amante éternelle, l'homme l'accable d'opprobres ou la comble d'honneurs. Parce qu'il a peur.

Existe-t-il une amorce de solution ?

Il est évident qu'aucune fraternité authentique entre les sexes n'existera tant que le mâle craindra la femelle, et aussi longtemps que cette sourde crainte suscitera des comportements (négatifs ou positifs) faux. Tant qu'il aura peur, le mâle n'acceptera pas que la femme « monte à son niveau ». On ne saurait trop redire qu'il ne s'agit nullement d'un besoin superficiel de supériorité.

L'homme doit changer et retrouver (mais quand et comment ?) ses racines, ses liens avec la terre et la matière, avec la vie et la mort. Alors seulement cessera sa peur du néant et, du même coup, de la femme.

Et que les femmes ne crient pas victoire : elles aussi devront virer de bord. Sinon les féminités infantiles ou agressives continueront d'entretenir l'angoisse et l'hostilité du mâle.

Le rôle des mères équilibrées serait ici d'une portée incalculable. Car c'est la mère qui, la première, construit l'image de la femme que le mâle emportera avec lui toute sa vie.

C'est pourquoi aussi il nous faut maintenant connaître les symboles de la femme. En effet, parce qu'ils sont la transcription des sensations inconscientes, les symboles l'emporteront toujours sur la raison.

C'est la femme qui fait l'homme, le réconcilie avec la durée, la matière, l'animalité profonde, la vie et la mort.

La femme est la mère-patrie de l'homme, vers qui il revient toujours entre deux voyages, et sans laquelle il est perdu.

A ses invraisemblables destinées, la femme a survécu grâce à ses qualités et défauts : sa souplesse fluide, son énorme patience, son adaptabilité flexible, son besoin d'être aimée, son appétit de bonheur à tout prix, son narcissisme, son masochisme, voire sa perfidie.

Elle a surnagé, là où l'homme aurait disparu.

Si une femme se montre intelligente et active, elle se voit rapidement bloquée par l'homme, qui craint d'être démasqué de ses fausses virilités et rodomontades.

Pour échapper à ce danger, l'homme a limé la femme, jusqu'à la transformer en chose ou en femelle pure.

Mais cela fait, il la méprise ou la hait.

Quand donc la connaît-il vraiment, hors des symboles dont il la revêt ?

CHAPITRE VI

LES SYMBOLES DE LA FEMME

L'eau et le miroir n'ont pas la même limpidité.

SAADI MOUCHARIFF ED-DIN.

LA FEMME MISE EN IMAGES

Comment naissent des symboles

Une scène de cinéma : un grand voilier sombre, bascule à la verticale, coule à pic. Au moment où l'eau le recouvre, la piste sonore du film reproduit *des chants de femmes* ; musés, ils planent dans un aigu rendu étrange par la chambre d'écho. Pourquoi des voix de femmes (et non d'hommes) accompagnent-elles le navire dans les abysses ?

La télévision présente des vues d'une haute montagne silencieuse, couverte de neige immobile. Ici encore, des incantations de femmes.

Un extrait de film consacré à la quatrième dimension montre un vaisseau spatial glissant dans le cosmos. A nouveau, des femmes musent une mélodie, dont on ne sait si elle est promesse ou menace. Pourquoi ?

La femme est devenue un tel « symbole ambulant » qu'il est difficile de la connaître autrement qu'à travers la vitre floue des sensations humaines.

Car les symboles de la femme sont nés, non seulement à partir de ce qu'elle *est*, mais de ce qu'elle *paraît être*. Aussi bien pour saisir la beauté (et le danger !) de ces symboles, il nous faut examiner quelques exemples très banals.

La femme est « fertile ». Or l'eau fertilise. La terre en est fécondée. L'émotion engendrée par la femme s'est déplacée sur l'eau et sur la terre ; il était donc normal que ces éléments naturels deviennent de puissants symboles de la femme.

La femme est ressentie par l'espèce mâle comme une menace silencieuse ? Dès lors : est logique que tout élément naturel, *réellement* dangereux ou menaçant, devienne symbole de la femme. D'où ces chants de femmes qui enveloppent le navire en perdition, ou illustrent la montagne (qui est silencieusement et potentiellement menaçante).

La femme symbolisera également ce qui semble *absorber* (engloutir !) pour l'éternité : le cosmos où s'enfonce le vaisseau, la quatrième dimension (hors du temps), la montagne mystérieuse, les horizons perdus, l'invisible : tout ceci étant renforcé par « un écho sonore » (= qui semble venir de l'éternité), et par le fait de muser (le manque de paroles précises augmente l'impression d'irréel, d'indifférencié).

Au cinéma encore, on voyait une gigantesque raie (image de « mort ») survoler les fonds marins (symbole de la femme). Un de mes élèves me glissa : « *Aurons-nous droit aux voix de femmes ?* » Nous y eûmes droit, cinq secondes plus tard.

Ces metteurs en scène savent-ils pourquoi ils utilisent ces images et ces voix ? On peut en douter. Mais la fréquence du phénomène prouve la permanence du symbole.

Ainsi donc les sensations profondes que suscite la femme ont fait naître d'innombrables symboles. Il faudrait mille pages pour les décrire ; voici les plus fréquents.

Si la femme semble mystérieuse et inconnaissable, elle sera symbolisée par des éléments naturels tels que l'eau, le brouillard, les villes endormies dans la nuit, les forêts crépusculaires, les espaces cosmiques.

Si la femme semble inaccessible, ce seront les châteaux et châtelaines de rêve, les déesses lointaines, les horizons infinis, les jungles aux clairières de brume, les sommets bleutés. Il ne viendrait à personne l'idée que ces éléments puissent symboliser l'homme.

Si la femme est identifiée à son ventre, les symboles seront soit négatifs soit positifs. Ce qui est obscur, étouffant, caverneux, noir, cahotique, magique. Ce qui donne une impression de chaleur accueillante : les jardins embaumés, les grottes lumineuses, les villes éclairées, les océans où l'on s'enfonce pour un sommeil bienheureux. Le ventre ? Ce sera la chaleur du foyer familial, la maison fleurie par des mains féminines, le renouvellement de l'accueil, la « patrie », la terre nourricière. Peut-on imaginer que l'on dise : « je retourne vers mon père patrie ? » ou « la terre père ? ».

Si la « femelle » provoque de l'angoisse, ce qui, dans la nature, montre des caractéristiques femelles fera sourdre l'anxiété : tout ce qui est puissance cachée et imprévisible (orage qui s'accumule sans éclater, eau qui monte en bouillonnant derrière le barrage, volcan qui gronde en « ses flancs », etc.).

Puisque la femme « fait » de la vie, le symbole l'a promue au rang de fée ou de sorcière (dont la perspicacité est sans limite, qui connaît les secrets de la vie et de la mort, à moins qu'elle ne soit maîtresse des destinées humaines). Les *Walkyries* sont les dispensatrices du destin. Elles aident les chefs à vaincre et désignent les combattants qui doivent mourir. Ce sont des cavalières magiques. Parfois elles sont représentées en vierges au plumage de cygne. Elles volent dans les airs. Elles se posent parfois sur les *étangs,* près des *forêts* ; et elles deviennent les esclaves de l'homme qui parvient à leur dérober leur plumage (ici transparaît la sensation masculine que nous connaissons bien : échapper à la femelle — ou à sa mère — pour réaliser son propre destin et n'être pas anéanti par elle). On trouve un écho de cette croyance dans la *Chanson des Niebelungen,* poème épique de l'Allemagne médiévale. Le plus important est que ces femmes sont *le destin* (rappelons-nous les associations au sujet du mot « femelle »). Chez les Anciens, *les trois Parques* étaient chargées de ce même rôle, et ce n'est pas par hasard qu'elles étaient « femelles » !

Tout symbole est agissant

Si les nombreuses caractéristiques de la femme sont devenues des symboles, ceux-ci ont rejailli sur elle. Ils font tellement partie d'elle que, si l'on pense à une maison dans la brume épaisse, on ne sait plus où se trouvent la maison, ni le brouillard.

Cela reste vrai aujourd'hui. On ne croit plus aux Walkyries, mais l'homme habituel continue de ressentir la femme de la même manière. Les sensations inconscientes, concernant la vie et la mort, subsistent.

Tout symbole est agissant : la raison n'y peut rien. Mais le symbole est une chose ; ce qu'on en fait en est une autre. *Actuellement, le symbole se traduit à travers des images décadentes pour sociétés de consommation.* Le cinéma, les publicités murales, télévisées ou écrites s'appuyent, sans le savoir, sur le symbole. Mais on dispense ainsi aux consommateurs des sensations dégradées, qui entretiennent inlassablement certaines impressions sur la femme. Elle est devenue floue, insaisissable, supermystérieuse telle une fumée, avec photo-montages à l'appui. Au cinéma, les chants de femmes dont je parlais plus haut et que les gens entendent quasi inconsciemment alimentent les sensations qui sont en eux depuis toujours. J'ai devant moi plusieurs photographies ; on y voit des femmes, cheveux tombant jusqu'aux hanches, naviguant en barque sur un *lac (brumeux !)*, enveloppées d'un *brouillard (humide !)*, vaguement hagardes et stupides : tout cela afin de vanter l'excellence d'un produit pour *décoloration* des cheveux[1].

Ainsi donc le symbole conduit le publicitaire qui, à son tour, accentue l'aspect « mystérieux » (donc redoutable) de la femme, laquelle devient un fantôme sans consistance, sorti du brouillard pour y retourner.

Même jeu en ce qui concerne *la chanson*, devenue produit industriel, où sont vantées des femmes de plus en plus leucémiques. Et le disque, vendu par tonnes, fait rêver à travers le monde des millions de « consommateurs ».

C'est ainsi que les gens en arrivent à confondre le produit de consommation et la femme elle-même. Comme si un chrétien croyait que la statue en plâtre bleuté achetée dans un quelconque bazar est réellement Marie.

Le destin futur de la femme dépendra largement de la façon dont on la séparera de ses images, avilies par le monde moderne. Et les symboles, alors, pourront reprendre leur place dans l'inconscient humain. Cependant, parce qu'un symbole profond est une sorte d'astre inconscient, n'imaginons pas que ce sera pour demain.

LE SYMBOLE DE L'EAU

Treize associations d'idées

De la femme, l'eau est le symbole le plus classique, le plus tenace, et souvent le plus vrai. De nombreuses caractéristiques féminines, positives ou négatives, font immédiatement penser à l'eau.

1. Voyez le chapitre « Les décolorées ».

Voici quelques associations d'idées. Elles sont faites par des *femmes*. Voulez-vous revoir également les rêves d'hommes, proposés au chapitre précédent, et où l'eau apparaît régulièrement ?

Mot proposé : eau

1. Secrétaire, 28 ans :

— *L'eau ? Ah... moi, dans mes bons jours ! Moi, souple. Moi, m'adaptant bien, coulante et bonne. Fluide. Féminine. L'eau est merveilleusement féminine. Glisser sur la terre. Bonheur de l'eau. Fleuve qui porte les bateaux. Informelle... oui, pas de forme et toutes les formes. Adaptation facile et douce. L'eau, c'est la femme, c'est la vie qui chante entre les berges... L'homme meurt avant nous...*

2. Directrice, 43 ans :

— *Instable, trop instable. Déferlante. Averses. L'eau tue le feu.*

3. Vendeuse, 40 ans :

— *L'eau, mais c'est la femme ! En bon et en mauvais. Vous savez, ces lacs glacés qui craquent sous le pied ? Terre sèche qui revit. Le désert se couvre de fleurs. Tout est sorti de l'océan ; cela me fait plaisir.*

4. Sans profession extérieure, 32 ans :

— *J'imagine une source. Elle bouillonne de plus en plus, monte à la verticale. Elle retombe, s'étale, devient ruisselet, fleuve, delta, océan... Elle recouvre la terre qui a besoin d'elle.*

5. Etudiante en droit, 23 ans :

— *Oh ! il faut que j'élimine la jurisprudence ! L'eau, de l'eau ? Les sources dans mes mains, mon image dans l'eau, reflet, simple reflet, miroir changeant comme un visage de femme. Je suis trop sèche ; je devrais devenir plus eau... Infinie souplesse de l'eau...*

6. Sans profession extérieure, 35 ans :

— *Calme. Déluge. Recouvre la terre, presque toute la terre... Plate, horizontale, sans ride, perfide. Perfide ? Mais les femmes sont perfides, en général ! Est-ce notre âme, cela ? L'eau cependant suit un chemin ; elle descend sans jamais pouvoir remonter. Comme moi, peut-être ?*

7. Sans profession extérieure, 57 ans :

— *Ah, monsieur, l'eau ! Je songe aux inondations de Hollande, et aux ruisseaux de montagnes. L'eau est terrifiante et fascinante. Je n'ose jamais longer un fleuve ; j'y éprouve une attirance mystérieuse, quasi heureuse... Il faut que je fasse attention ; l'eau est comme le vide. L'eau, monsieur, est pour moi la féminité du monde, la nature intérieure...*

8. Etudiante, 19 ans :
— *L'eau ? Partout et nulle part, versatile, volubile, charmante. Charmante, mais envahissante comme... euh... mais comme l'eau, voyons ! Mon fiancé en sait quelque chose !*

9. Sans profession extérieure, 38 ans :
— *Prince charmant, clairière, source. Insouciance. Joie de courir, alimentée par sa source. Bondir de pierre en pierre. Plaisir intérieur...*

10. Sans profession extérieure, 24 ans :
— *Sauvée des eaux, sortie des eaux de sa mère... Nager, nager sans trêve, jusqu'au grand repos. Où est l'autre rive ? Ne pas regarder en arrière, ni aller sur l'océan...*

11. Employée, 37 ans :
— *L'eau est la Nature. Elle s'infiltre si on n'y prend garde ; danger. Variations de couleurs, de formes, rapidité. Imprévisible, mais les hommes veillent.*

12. Etudiante, 20 ans :
— *Ah non ! Pas l'eau ! Je hais la mer. On lui fait confiance, jusqu'à ce qu'elle se gonfle à l'horizon pour détruire les maisons. Les fleuves aussi : ils semblent bonasses, jusqu'au dégel et aux pluies ; eux aussi sont sans pitié ! L'eau, je l'aime et la déteste.*

13. Employée, 33 ans :
— *Tourbillons, sucée, aspirée jusqu'au fond. Poissons visqueux, froids... J'ai été vidée de ma moelle par ma mère...*

Que signifient ces associations ?

Dans chacune de ces associations faites par *des femmes*, on constate sans peine que l'eau évoque pour elles la féminité, dont elle est d'ailleurs le symbole parfait. Je ne parlerai pas ici du symbolisme concernant la naissance, la fécondation, l'éternelle jeunesse, les mythes agricoles, les cultes de l'Eau Mère ou de l'Eau vive, etc.

Cantonnons-nous dans ces associations. L'eau *se laisse* diriger par les accidents de terrain. Elle est *incapable de mouvement actif* (elle ne peut remonter une pente, n° 6). Elle court, glisse, se glisse, sourd, fertilise, détruit. Elle est menaçante et joyeuse, mouvante, ondulante, changeante. La surface calme cache des fonds dangereux. Elle fascine et horrifie. Elle est indifférenciée. Elle est étale, d'une énorme *puissance potentielle*.

Nous retrouvons donc ici ce que nous avons dit précédemment. Remarquons en outre que l'ancien signe de l'eau est ∇, *identique à celui de l'organe génital féminin*, dont il est la représentation géométrique. C'est pourquoi j'ai estimé intéressant de présenter ce symbole essentiel de la femme ; nous y reviendrons d'ailleurs en définissant certaines caractéristiques de la féminité.

Reprenons les treize associations qui précèdent. Comment ces femmes ressentent-elles l'eau, qu'elles associent immédiatement à la féminité ?

1. Cette secrétaire ressent la féminité comme une souplesse joyeuse, capable d'adaptation à toutes les circonstances. La féminité est pour elle une puissance intérieure de bonheur. Elle est utile, on peut compter sur elle ; les hommes y trouvent appui et sécurité *(elle porte les bateaux)*.

Brusquement, une association inattendue : « *les hommes meurent avant nous* ». Cette femme sous-entend que la féminité est stable et durable, par son adaptabilité même et son laisser-aller aux circonstances *(pas de forme et toutes les formes)*. Pour cette personne, la féminité semble être invincible et heureuse, mais insaisissable et non active.

2. Peu favorable. Il s'agit d'ailleurs d'une personne assez « durcie » par la vie. Elle se méfie de l'eau, instable et changeante. Elle craint l'imprévisibilité destructrice de l'eau *(averses, déferlante)*. Il est évident qu'elle associe l'eau à une sensation négative de la féminité, refoulée en elle. Nous retrouvons le thème de la « femelle qui détruit le mâle » *(l'eau tue le feu)*. Ou, si nous traduisons autrement : une féminité instable empêche l'action. Pas plus qu'au n° 1, cette réponse ne montre un équilibre entre l'activité et la passivité.

3. L'association entre la femme et l'eau est immédiate. La féminité est ressentie comme redoutable malgré les apparences *(la glace craque sous le pied)*. C'est également un thème que nous connaissons déjà : celui de l'*engloutissement*. La féminité féconde et fertilise le monde *(terre sèche qui revit, fleurs dans le désert après la pluie)*. On pourrait traduire : la

féminité authentique abreuve et vivifie le monde aride des hommes. Cette femme aborde le thème de la maternité *(toute vie est sortie de l'océan)* ; mais la phrase peut signifier aussi : la féminité réelle est essentielle à la survie du monde. A moins qu'ici, je ne confonde ses intentions avec ce que je pense moi-même ?

De toute manière, pour cette personne la féminité comporte deux faces : danger et grandeur.

4. Aucune allusion directe à la féminité. Ces associations montrent cependant une image assez idéale de la femme : une féminité puissante *(source bouillonnante)*, qui débouche sur une activité créatrice *(monte à la verticale)*. Puis de nouveau c'est le thème de la féminité essentiellement utile et fécondante *(la terre a besoin d'elle)*.

5. Cette jeune femme souhaite développer ou recouvrer sa féminité profonde. On y retrouve « la femme qui varie ». Elle envisage cependant la féminité sous un aspect favorable *(infinie souplesse de l'eau)*.

6. Identification négative de la femme et de l'eau, de la féminité et de la perfidie. Cette femme déplore que « sa » féminité soit quelque peu inerte *(elle descend sans pouvoir remonter)*. Aucune allusion à la capacité de créativité qui se trouve en toute femme.

7. Revoici des caractéristiques souvent rencontrées : la femelle destructrice qui, en même temps, attire les êtres vers une éternité de repos ; la peur du « ventre » et du néant, et une attirance « mystérieuse » vers ce même néant. Mais ensuite, la féminité est rétablie dans sa grandeur profonde *(la nature intérieure)*.

8. Immédiate identification à elle-même. La féminité encercle, envahit mais ici tout en conservant un aspect de spontanéité joyeusement capricieuse.

9. C'est le thème du Prince Charmant et de la Belle endormie. Puis d'autres associations sur la féminité profonde *(courir, alimentée par sa source)*.

10. C'est le grand thème de l'eau et de la naissance. Veut-elle dire qu'elle a dû s'éloigner de sa mère pour vivre ? Qu'elle se sent obligée de ne jamais regarder en arrière, sous peine d'être « reprise » par sa mère ?

Le thème de la naissance se retrouve fréquemment dans les rêves nocturnes. Naguère, existait la coutume de plonger le nouveau-né dans l'eau courante. Il s'agissait d'une simple pratique d'hygiène, en même temps que d'une épreuve de résistance physique. Si l'enfant sortait indemne de ce « baptême », il était déclaré « sauvé des eaux », autrement dit : bon pour le service (de la vie, bien entendu).

Revenons à cette femme. Ses associations montrent sa peur de retourner au néant (sa mère !). Mais on y voit aussi le « grand repos de l'eau », que nous avons rencontré lors des sensations positives envers la femme.

11. Une fois de plus, transparaît le « danger » de la féminité imprévisible. Puis surgit un thème intéressant : *« les hommes veillent »*. Sous-entendu : les hommes sentent qu'ils doivent prendre garde à la puissance potentielle de la femme. Malheureusement, cette personne ne fait aucune allusion à sa propre activité ; elle reste « coincée » dans un aspect négatif de la féminité.

12. On croirait entendre un homme. Nous retrouvons en effet, point par point, les sensations négatives de l'espèce mâle face à l'espèce femelle. L'attaque de l'eau se fait sans avertissement, après certaines apparences calmes auxquelles on ne peut faire confiance (comme au n° 5, où la glace craque sous le pied). Il y a également une sensation de « perfidie », comme au n° 6.

13. Revoici la peur d'être aspirée par le néant. En l'occurrence, c'est compréhensible, étant donné ce que fut la mère de cette jeune femme.

Symbole positif et symbole négatif

Symbole négatif et attitudes négatives

L'eau ressentie négativement	**Attitudes négatives** de certaines femmes
● S'infiltre et s'insinue dans les moindres fissures.	● Insinuent des paroles ou des actes, infiltrent insidieusement le « poison » (sous-entendus, calomnies).
● Creuse lentement et tenacement les pierres dures.	● Par leur patience harcelante, viennent à bout de toutes les résistances, sapent l'énergie de ceux qui s'opposent à elles.

L'eau ressentie négativement	**Attitudes négatives** de certaines femmes
● Forme, de façon invisible, des poches souterraines.	● Agissent de façon souterraine, hypocrite, invisible.
● Encercle, englobe, enrobe.	● Pratiquent la guérilla. Arrivent à encercler autrui, à l'englober, avant de frapper au point faible.
● Noie par étouffement, aspire dans ses tourbillons.	● Etouffent la personnalité d'autrui, « aspirent » leurs enfants, empêchant leur développement ; engloutissent affectivement.
● Charme en surface, demeure inquiétante en profondeur.	● Charment les hommes pour les mieux attirer à la ruine et à la déchéance.
● Est mystère, ne montre qu'une surface rassurante.	● Sont potentiellement menaçantes. Sont des « eaux dormantes », narcissiques sous un masque de douceur. Sont parfois comme des marais absorbant lentement leur proie (mari, enfants), sous un aspect de docilité et de neutralité apparentes.
● Accumule sa puissance avant de déferler.	● Accumulent silencieusement les rancœurs et les projets de vengeance, jusqu'à la colère aveugle et sans pitié.

Symbole positif et attitudes positives

L'eau ressentie positivement	**Attitudes positives** de certaines femmes
● Est une puissance potentielle stable et souple.	● Rien de durable ne peut être accompli sans l'appui de la féminité, souple et adaptable aux circonstances. Leur intuition et leur bon sens guident et redressent les actions des hommes.

L'eau ressentie positivement	**Attitudes positives** de certaines femmes
● Fertilise, féconde.	● Elles sont inspiratrices par leur seule présence ; elles deviennent source de la vie intérieure.
● Est joyeusement bondissante et spontanée.	● Elles accueillent avec une authentique spontanéité, poussent joyeusement à l'action. Sont médiatrices, compatissantes et compréhensives.
● Lave et purifie.	● Leur compréhension maternelle lave de la honte. Elles peuvent opérer de véritables renaissances affectives. Elles régénèrent les actions desséchées des hommes.

Et voici encore deux autres symboles de la féminité, classiques eux aussi. Nous y épinglerons des aspects connus.

LE SYMBOLE DE LA MONTAGNE

Symbole négatif et attitudes négatives

La montagne ressentie négativement	**Attitudes négatives** de certaines femmes
● Est immobile et menaçante avant l'avalanche (thème de l'eau).	● Leur immobilité et leur silence présagent un déferlement de colère.
● Semble inaccessible et lointaine ; elle doit être vaincue, asservie, conquise, neutralisée.	● Sont orgueilleuses, défient l'homme qui réagit en cherchant à les asservir, les vaincre, les réduire à l'état de trophée ou d'objet.

La montagne ressentie négativement	**Attitudes négatives** de certaines femmes
● Le grand silence blanc après l'avalanche (thème de l'eau qui recouvre et étouffe silencieusement).	● Englobent et enveloppent insidieusement autrui jusqu'à l'étouffement de sa personnalité. La Mère, qui semble « s'infiltrer » dans les moindres « pores » de la personnalité.

Symbole positif et attitudes positives

La montagne ressentie positivement	**Attitudes positives** de certaines femmes
● Le grand silence blanc après l'avalanche.	● La Mère et la Femme, lumineuses et calmes, referment leurs bras sur le repos des hommes (thème positif de la féminité).

LE SYMBOLE DE LA TERRE

Symbole négatif et attitudes négatives

La terre ressentie négativement	**Sensations négatives** envers certaines femmes
● Contient de la pourriture qui prépare la gestation et la renaissance de la nature.	● Le chaos sanglant du ventre, qui prépare la gestation et la naissance.
● Est en friche et sans moissons ; n'a pas été ouverte par le soc de la charrue (symbole du pénis).	● Les « vieilles filles » souvent moquées pour n'avoir pas été labourées et ensemencées par le pénis mâle.

La terre ressentie négativement	**Sensations négatives** envers certaines femmes
● Gronde sourdement avant un tremblement de terre.	● Semblent gronder intérieurement avant un déferlement destructeur (thème de la « femelle dévorante »).
● Le tombeau.	● Les profondeurs du ventre de la femme, où la mort régna avant la gestation et qui, par analogie, annonce la mort future (thème souvent rencontré précédemment).
● Les grottes humides.	● Le ventre de la femme, qui rappelle le néant humide d'avant la naissance.
● Qui s'entrouvre (tremblement de terre).	● Les femmes qui « engloutissent » leurs proches (thème du retour au néant).

Symbole positif et attitudes positives

La terre ressentie positivement	**Sensations positives** envers certaines femmes
● Est fécondée (par le soc et la semence).	● La femme fécondée par le pénis mâle, donne des moissons pour la vie et l'avenir.
● Le tombeau (thème de l'eau ou de la montagne).	● La Mère éternelle, se refermant à jamais sur les êtres qui retournent au grand Tout.
● Le pays où l'on est né, et vers lequel on revient toujours, en pensée ou en acte ; la mère patrie.	● La femme et la mère, « patries de l'homme », vers qui il revient après les combats (de la vie). La douceur du foyer, de la maison, « centre » de la personnalité de l'homme.

Des centaines de pages seraient nécessaires pour passer en revue le symbolisme de la femme. On pourrait ajouter les femmes-fleurs, les femmes-fruits, les gardiennes éternelles noires et blanches, les sirènes à longs cheveux, les Antinéas qui tuent les mâles égarés, les femmes vengeresses et autres Erynnies, les druidesses, les prophétesses des clairières sylvestres, les oiseaux enchantés, toutes les lunes de pâle lumière, toutes les femmes de vie ou de mort, de déchéance ou de dépassement de soi, les femmes terribles ou lénifiantes, les Furies ou le repos du guerrier.

Cependant, si tout ce qui précède était nécessaire, nous n'avons pas encore trouvé « la femme », telle qu'elle est, avec ses os, sa chair, sa vie intérieure.

LES SYMBOLES, SÉDIMENTS ACTIFS

La nécessité de prendre conscience

Les symboles ne disparaîtront jamais ; ils fleuriront tant que les hommes et les femmes posséderont un inconscient. Est-ce un bien, est-ce un mal ? Vaut-il mieux que nos actes s'alimentent à notre affectivité inconsciente, ou qu'ils deviennent aussi glacés qu'un ordinateur ?

La seule chose qu'on puisse faire est de rendre un symbole *conscient*. Pour cesser ainsi d'être mené par lui, et pouvoir alors le ressentir comme un joyau intérieur. Tant que l'être humain refusera d'être ce qu'il est, faible et éphémère, il cultivera en lui des images d'éternité, de héros ou d'héroïnes invincibles et immortels, de déesses et de dieux imputrescibles, de coureurs cyclistes invaincus et qui, « ailés comme des dieux, s'envolent vers des sommets éternels et inviolés » (dixit une revue à grand tirage !).

Tant qu'il craindra sa petitesse, l'homme entretiendra des symboles, noirs et blancs, de la femme. Tant qu'il gardera la nostalgie d'un paradis perdu, où régnaient l'éternité, la douceur ineffable, l'entente avec les bêtes, il ira vers les pays que les marchands de voyages appellent « de rêve ». Fuyant sa maison où il tremble devant la solitude des vacances, il continue de s'en aller, avec des millions d'autres, vers des lieux « bénis » pour y déplorer les moustiques, la chaleur, l'ennui en commun, voire la laideur de femmes qu'il espérait inoubliables.

Qu'importe : il aura grignoté sa part de paradis terrestre avant de retrouver ses enfers.

Tant qu'ils vivront de nostalgies et d'angoisses, les gens, de Paris à Budapest, de Hanoï à Londres, du Labrador à la France, feront des rêves nocturnes où apparaîtront les mêmes symboles ; et ils les transposeront dans des chansons sous des aspects apparemment différents. Des milliers de poètes croiront découvrir de nouvelles images, alors qu'une bulle, vieille de cinq mille ans et resurgie de leur inconscient, aura éclaté dans le texte.

Les symboles sont les sédiments actifs de l'humanité. L'être humain en a autant besoin que de pain.

S'ils disparaissaient demain, les chanteurs se tairaient, les poètes se tariraient, les cinémas fermeraient leurs portes, le Tour de France des « héros ailés » ferait faillite, les champions invincibles chausseraient leurs pantoufles, les stades se couvriraient d'herbes folles, les îles de rêve se videraient, les westerns retourneraient aux accessoires, la conquête de l'espace stagnerait dans des cartons poussiéreux.

Les peurs et les angoisses auraient disparu ; et avec elles, les symboles. Ce serait, sur terre, la banquise de l'objectivité et de la raison pure, aussi inexistantes d'ailleurs qu'une fumée sans feu.

Et la femme redeviendrait ce qu'elle est. Mais qu'est-ce à dire ?

La difficulté de prendre conscience

L'histoire de la femme, subjectivement haïe ou adulée, montre le danger des symboles. Tout être humain (surtout l'homme) porte en lui le symbole de la « femme idéale », de la Grande Mère ; mais aussi de la Femme dévorante et anéantissante.

Il serait trop long d'expliquer comment ces symboles se sont déposés dans l'inconscient collectif, identiques chez tous les individus, à travers tous les siècles et dans toutes les parties du monde.[1]

Mais nous savons que ces symboles de la femme sont nés à partir de la peur humaine du néant. La femme (la mère) qui donne la vie est devenue la représentante et le symbole de la vie, et par analogie, de la mort. Cette mort avait une double face : l'anéantissement absolu ou le bonheur éternel. Du même coup, la femme, symbolisant ces deux visages du néant, fut ressentie de façon outrancièrement négative ou positive.

Si l'inconscient collectif est identique pour chacun, l'inconscient personnel varie évidemment d'un individu à l'autre. Le symbole de base demeure,

1. Voyez à ce sujet : *Les prodigieuses victoires de la psychologie moderne* (Marabout).

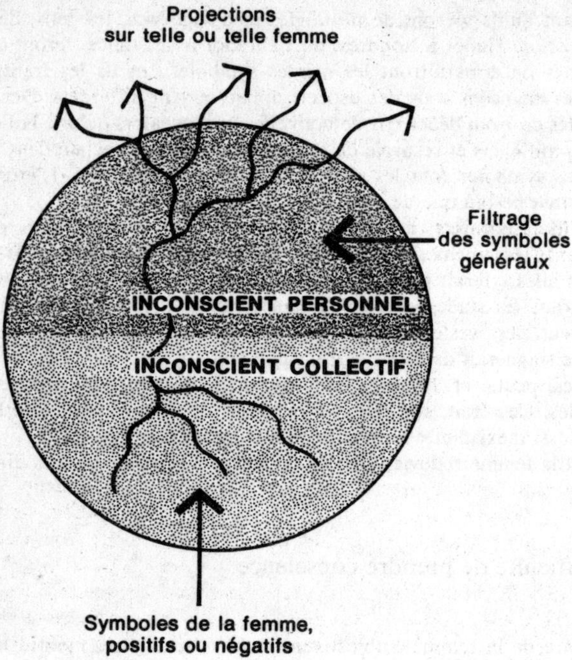

mais ses « traductions » diffèrent après qu'il ait passé par le filtre des expériences vécues par chacun au cours de son enfance et de son adolescence, le filtre de nos complexes ou refoulements, de notre morale personnelle.

De même « la femme », symbole général, traverse le tamis des inconscients personnels et se projette vers l'extérieur sur tel genre de femme qui devient la représentation particulière du symbole général.

Plus un inconscient est rouillé, bloqué, infantile, encrassé, plus les extériorisations du symbole seront *dégradées* ou *frelatées*.

C'est ce qui se passe actuellement. D'innombrables femmes, dont la personnalité est aussi inerte qu'une eau morte, sont devenues des symboles déchus pour bien des hommes. Or ces femmes sont très recherchées. Elles font partie des femmes-objets, et sont d'ailleurs les involontaires complices des hommes.

La femme-objet

Le thème de la femme-objet revient avec une régularité de motif wagnérien. La femme est un objet « sexuel » : telle est l'accusation la plus fréquente du Ministère Public de la Femme. Et les images qu'exhibent de nombreuses revues, les photos publicitaires et autres, les films, semblent le démontrer.

Mais à parler de la sorte *on commet une grave erreur*. On confond sexualité et génitalité. Car si la génitalité est un *acte mécanique*, la sexualité est un *état d'âme*. La sexualité et l'affectivité sont une seule et même chose. Tous rapports affectifs avec quoi ou qui que ce soit — la nature, les animaux, les autres êtres humains, Dieu — sont des rapports « sexuels » (affectifs).

Devant un être humain, il faut donc se demander : dans quel état de santé ou de maladie se trouve son affectivité ? Vers quel genre de femme est-il poussé inconsciemment par cette affectivité ?

Supposons un garçonnet : sa personnalité est nantie, comme chacun sait, de deux étages : le conscient et l'inconscient. L'inconscient est une plaque photographique ultra-sensible, plongée dans l'obscurité, l'obturateur étant à sa plus grande ouverture.

Si, dès l'adolescence, le garçon plongeait la plaque dans un révélateur, qu'y apercevrait-il ? Le nombre infini de ses sensations de vie, mais un visage envahirait la plaque : celui de sa mère. Comment l'a-t-il *inconsciemment* ressentie ? Comme bénéfique ? Maléfique ? Apaisante ? Apeurante ? Déesse ? Sorcière ? Comme une mère de lumière, ou d'ombre ?

Mais ces images restent latentes. La plaque demeure dans le cabinet noir de l'inconscient.

D'autres femmes passeront dans le champ de l'objectif, imprimées à jamais. Certaines, violemment éclairées par l'émotion du garçon, prendront la prépondérance. Toute une sarabande s'inscrit : visages d'actrices, femmes « de rêve » entrevues sur des affiches, héroïnes de lectures, de bandes dessinées, jeunes filles croisées dans la rue.

La plaque sensible devient un magma. *L'âme du garçon est la résultante de ses sensations, de ses sentiments, des visages de femmes entrevus, de ses refoulements, de ses complexes, de ses peurs.*

Ou encore : supposons que l'on place en batterie, à côté de vous, durant quinze ans, un magnétophone et une caméra. Lorsque ensuite, vous projetteriez et écouteriez ce film, qu'auriez-vous entendu et vu, comparé à ce que les appareils auraient capté ?

L'homme à la recherche de femmes-objets

Parfois, l'homme se sent comme tranché en deux. Il pressent que son unité est perdue, son âme égarée, mal entretenue, malade, en friche.

Il cherche alors à s'unifier, à retrouver son âme, *par n'importe quel moyen*. Et il risque de déboucher dans le monde des femmes dites « objet ». Elles représentent pour lui la traduction littérale d'une affectivité déformée, la part du rêve, dégradé comme son affectivité.

Les hommes, chaque jour, entretiennent d'innombrables phantasmes « érotiques » ou « amoureux ». Ils n'en parleraient pour rien au monde. C'est leur part de rêve, l'impression de retrouver un coin d'âme.

A travers les femmes-objets, en fin de compte, les hommes cherchent désespérément un simulacre de vie. Ils sont à la recherche de leur nature profonde, pour autant qu'il en reste. Les prostituées le savent bien.

Ainsi toute orgie, tout érotisme, toute pornographie sont des recherches de spiritualité, aussi pourrie et désespérée soit-elle. L'homme se dit alors : *« Avec cette femme, je redeviens ce que j'ai oublié d'être : relié à la Nature »*.

Ces hommes savent-ils ce qui leur arrive lorsqu'ils rôdent dans les temples de la pornographie ? Savent-ils qu'ils sont à la recherche de leur âme abîmée ?

Les femmes auraient grand intérêt à le comprendre. Car si les mères forment ou déforment l'affectivité, la dureté de beaucoup de femmes détruit le peu qui en subsiste.

Le travail de la psychologie — *et des femmes réalisées !* — est de développer et de faire resurgir l'âme des hommes modernes. Mais il faudrait également que les hommes prennent *très au sérieux* leurs phantasmes et rêveries, au lieu de les repousser honteusement. Toute rêverie possède une signification ; elle amorce la route vers l'inconscient.

Femmes-objets ? Erotisme ? La demande est grande parce que l'âme des hommes ne fut jamais aussi malade et séparée de la vie. Cet érotisme représente une sorte d'assurance contre la mort affective, parce que beaucoup y trouvent une unification, fût-elle nauséabonde.

Femmes-objets ? Leur chair est le témoin de la dégringolade et de l'ennui mortel des hommes. Sans doute est-ce pour cette raison que la viande humaine, à travers l'érotisme, ne fut jamais aussi vendue, exposée, triturée, dépecée et, finalement, haïe.

LES SYMBOLES EN COUR MARTIALE ?

Faut-il condamner les symboles et leurs traductions ? Faut-il tenter de les extirper ? L'entreprise est impossible. Ils continueront de fleurir tant que les femmes et les hommes posséderont un inconscient.

Est-il possible d'en devenir conscient ? Certainement. Mais il s'agit d'un long travail, en profondeur, qui ne peut se faire qu'en psychanalyse. Ce qui signifierait que tout homme doit être psychanalysé ? Peut-être serait-ce possible si le service militaire était remplacé par une psychanalyse obligatoire ; mais il existe infiniment moins de psychanalystes que de colonels. Donc le jeu continuera, puisque la plupart des êtres humains ne pourront pas prendre conscience des symboles qui les mènent, obscurément.

Néanmoins l'homme peut se rendre compte, me semble-t-il, de sa faiblesse naturelle ; comprendre que *tout* besoin de puissance ou d'éternité est la compensation d'une angoisse. Si l'homme parvient à affronter son angoisse, le culte (noir ou blanc) de la femme disparaîtra : *tout simplement parce que la femme n'est pas en cause*. Son seul tort est d'être une image toute faite et à portée de la main.

Aussi bien il n'existe que deux possibilités :
1. Croire que l'on « sacralise » la femme ou qu'on la méprise, en ignorant qu'il s'agit de l'extériorisation d'un symbole très simple, mais inconscient. *C'est la solution fausse,* qui est d'application depuis toujours.
2. Bénir (ou rejeter) une femme, à travers l'amour (ou l'hostilité) qu'on lui porte : à condition qu'il s'agisse de sentiments authentiques, provenant d'un inconscient décrassé. Alors seulement un couple pourra être réellement « sacralisé » : non plus parce qu'il s'est formé à partir d'un symbole, mais parce qu'il devient peu à peu, par la fusion de deux êtres, une sorte de rituel. *C'est la solution vraie.*

Il ne faut pas nous hérisser devant ceci ou cela ; il s'agit de chercher si c'est vrai.

En Occident, le polytechnicien pur devient souvent un critère d'humanité.

Le Spitzberg serait-il le haut lieu des luxuriances terrestres ?

Il ne faut craindre ni les physiciens, ni les mathématiciens ; la plupart ont gardé le contact avec leur âme. Mais il faut redouter les adeptes de la technologie, les hommes d'affaires internationaux sans vie intérieure, et ceux des hommes politiques qui ne sont que des Idées en marche.

Il ne s'agit nullement de dire : « J'irai cracher sur vos techniques et vos rationalisations » ; ce serait aussi absurde que de refuser le fil à plomb et l'équerre pour construire sa maison. Mais il faut écarter comme dangereux ceux des mâles modernes qui, coupés de leurs racines, se sont égarés dans d'inadéquates et inhumaines abstractions. Et le plus grand péril est qu'ils soient inconscients d'être inconscients.

CHAPITRE VII

LES « DÉCOLORÉES »

Auprès de ma blonde...

(Chanson de guerrier.)

Un phénomène collectif

Je voudrais présenter ici un type de femme fabriquée et assemblée de toutes pièces, et qui représente en titre l'Occident américanisé. Il s'agit d'un phénomène collectif, important, passionnant... et fort décourageant.

Cette femme est *décolorée,* dans le sens large du terme. Je veux dire qu'elle est atteinte de décoloration : des cheveux, la plupart du temps, *et* de la personnalité.

Cet être articulé est né avec la technique envahissante. Au début, le tirage fut réduit à peu d'exemplaires. Certaines d'entre elles, célèbres, ont commencé à symboliser des états affectivement malades : Marilyn Monroe, par exemple. La femme décolorée s'est mise ensuite à pulluler au fur et à mesure de la déshumanisation progressive d'un trop grand nombre d'hommes.

Elle est la courtisane involontaire de cette fin du XXe siècle, dont elle fait partie au même titre que l'infarctus, les bulldozers, les autoroutes, les ordinateurs, le pétrole et les affaires.

C'est une femme de sérail moderne, sans le savoir. Elle est la « copie » de ceux qui, ayant l'âme morte, ont la mort dans l'âme. Elle n'est qu'une sorte de duplicata ; il me faudra donc parler de l'homme qui en fut le manufacturier psychologique.

Le plus stupéfiant est que des millions de personnes, mâles et femelles, se laissent ainsi conduire par une longe dont ils n'ont pas conscience.

La fiche signalétique de la décolorée

Ses pseudonymes : belle poupée, animal de race, douce colombe, caprice d'un soir, femme de rêve, créature vaporeuse, statue ineffable, mystère languide, bel animal, repos du guerrier... etc.

Ses habitats : surtout l'Occident et l'Amérique.

Ses copies : dans les films, les romans, les magazines. Parmi les chanteuses, les présentatrices, les actrices. On la trouve dans la rue, les salons, les affaires. La poésie populaire en fait une consommation effrénée. On la déniche aussi sous forme de dactylo secrétaire pour hommes d'affaires, ou de « petite amie ». Dans les westerns, elle est lascivement accoudée aux comptoirs des saloons. Souvent espionne préférée des téléspectateurs. On l'aperçoit parfois sous forme (télévisée) de chef de bande, qui réduit les mâles à un état quasi hypnotique.

Particularité : certaines actrices de cette catégorie décolorée sont devenues des mythes vivants. Beaucoup d'entre elles, ayant une personnalité, des cheveux noirs, ont été « retravaillées » jusqu'à la décoloration totale et la niaiserie, véritable ou apparente. Parfois, c'est une femme-enfant, transparente et fragile. Parfois une femme-statue, narcissique et figée.

Yeux : généralement bleus ou verts. Parfois artificiellement obliques, à l'orientale ; ces derniers sont très recherchés. Obligatoirement mystérieux, ils prennent même un aspect glauque. Le maquillage des paupières passe par toutes les teintes, suivant la demande du jour.

Sourire : soit enfantin, soit figé à mi-course.

Mimiques et paroles : sans couleur ni résonance ; généralement d'une pauvreté qui dépasse les bornes. La femme fait songer à une algue qui, parfois, s'anime pour retomber rapidement dans l'inertie ou l'immobilité statufiée. Sa spontanéité est soit enfantine, soit bloquée. Elle *semble* souvent diaphane ; elle joue la comédie, mais sans le savoir. C'est une ombre, un brouillard, un être indifférencié.

Sous-catégories : on en trouve par millions dans toutes les villes et sur les plages. Généralement très jeunes. Fantomatiques, déambulant mollement. Visages sans joie, ni animation, ni expression. Aspect d'indifférence absolue, de non-familiarité totale. Contact impossible. Font peur aux hommes et aux femmes spontanés. Font penser à de jeunes schizophrènes.

Les hommes fascinés

Quatre symptômes

1. Chaque jour, des hommes prennent le grand large avec ce genre de femmes. Ce peut être en actes : des maris abandonnent femme, enfants, foyer, situation même. Personne ne comprend pourquoi ; le mari non plus. Ce peut être en pensées : les hommes ruminent des rêvasseries sans fin, bâtissent des romans intérieurs, imaginent des scénarios utopiques, tournant autour de : « Ah ! si j'avais cette femme-là ! ».

2. Il n'est jamais question ni d'amour, ni d'attachement, ni d'affection, ni de tendresse réels. Ces hommes parleront de *« fascination »*. Ils sont hantés par ce type de femme. La plupart des hommes *en rêvent sans savoir qu'ils en rêvent*. Parfois cependant ils « refont leur vie » avec elle, cachés quelque part, anonymes comme la nuit.

3. Il n'est pas de sottise, pas de lâcheté, pas de turpitude que ce genre de femme ne puisse ordonner à certains hommes. Elles peuvent tout exiger d'eux, dès qu'ils sont pris au piège : argent, ruine, déchéance, déshonneur. On assiste alors au spectacle incroyable d'un homme d'affaires, riche comme Crésus, partant avec une « décolorée » qui, rapidement, s'avère croqueuse de diamants et de personnalité. Car l'homme avait oublié que la décoloration générale de la femme n'est qu'un paraître qui ne l'empêche pas de conserver un caractère personnel, dangereux parce que dissimulé. Mais l'homme se laisse dépouiller de son argent ou de son Moi. On dirait même qu'il le cherche… L'histoire est parfois moins tragique. Un couple se forme, au sein duquel l'homme se déforme. Le rideau se baisse d'ailleurs souvent sur la rupture, dont l'homme sort avec une personnalité plus mal en point qu'au départ.

4. Un certain type d'homme *adule* et *hait* en même temps ce genre de femme. Mais ce type d'homme *n'adule que lui-même* — pour son

efficience —, *et se hait lui-même* pour l'effroyable pauvreté de sa vie intérieure. Donc une question : *cette décolorée ne serait-elle pas l'image cachée de cet homme-là ? Ne serait-elle pas lui ?*

Fiche signalétique de ce genre d'hommes

Habitat : surtout l'Europe et l'Amérique.

Caractéristiques : n'accorde de valeur qu'aux choses matérielles, au paraître, à la réussite extérieure. Ne croit qu'à l'efficacité, au rendement, au travail sans repos dans lequel il se fuit. A prêté le serment de la rentabilité. C'est l'homme dont l'Amérique dit : « Il vaut tant de dollars ». C'est un homme en qui le symbole du Héros a pourri pour devenir le symbole du Riche Tout-Puissant. Il faut ajouter à cette liste ceux dont la raison et la logique sont hypertrophiées. Les ratiocineurs abstraits. Les fanatiques de l'intellect. Les technocrates purs.

La preuve en trois colonnes

Cet homme est devenu (ou paraît extérieurement)	*Son affectivité est*	*La femme qu'il recherche doit être (ou paraître)*
nerveux	inerte	lymphatique, inerte
criard	sans écho	sans expression, muette, soumise
acéré	molle	molle, languide
hyper-intellectualisé	stupide[1]	stupide[1], sans spontanéité
en état d'alerte	sans résonance	de tout repos, docile
hyper-perçant	informe	diaphane
sûr de lui	capricieuse, coléreuse	capricieuse, impulsive

1. Dans le sens étymologique : frappée de stupeur.

Cet homme est devenu (ou paraît extérieurement)	*Son affectivité est :*	*La femme qu'il recherche doit être (ou paraître)*
robot	indifférenciée	indifférenciée
américanisé	assoiffée de douceur	orientalisée (parfois)
hyper-individualisé	larvaire	larvaire, floue, mal définie, impersonnelle
en mouvement	figée	figée
brillant	terne	terne (sous un aspect attirant)
de raison hypertrophiée	atrophiée	sans personnalité, chatte, très nature
sec, dur	faible	faible, brumeuse, sans contours
« de couleurs vives », faussement mâle	décolorée, faible	décolorée ou blonde, faussement femelle, femme-enfant
schizophrène agité	sans contact avec la vie	schizophrène inerte

Conclusion. Ces hommes sont intérieurement *le contraire* de ce qu'ils paraissent extérieurement. Or, *un homme vaut exactement ce que vaut son affectivité*. En l'occurrence, peu de chose ici.

D'autre part, la femme « décolorée » représente, point par point, l'âme de ces hommes. Elle est donc le contraire de ce qu'ils paraissent extérieurement, et la copie exacte de ce qu'ils sont réellement.

La mise en fabrication de la décolorée

Comment des hommes ont-ils réussi à mettre tant de femmes « en chantier » pour les transformer en décolorées ? Il est aisé de le comprendre. Ces hommes, industrialisés, technologiques, financièrement puissants, actifs par leur seule raison hypertrophiée, forment la partie dictatoriale des populations américanisées. D'une part l'industrie a lancé sur le marché les produits de beauté, les chimies sans limites. Puis la publicité, le cinéma, les magazines, ont répandu l'image d'une femme soi-disant « très féminine » et qui, réellement, n'est que *larvaire*. C'est l'image de la *femme-algue*.

Il existe même des pêcheurs et des pêcheuses de filles-à-rêves. A travers le monde, ces gens cherchent celles qui présentent le don d'être mannequins vedettes. Inutile de dire que cette industrie brasse des fortunes colossales. La publicité y contribue largement car ces filles, transformées en « anges de rêves », deviennent la « preuve vivante » de l'excellence d'un produit. Elles certifient que telle ou telle marchandise en vaut la peine. C'est une des répercussions directes et fort écœurantes du phénomène de la décoloration de la femme, prostitution ultra-moderne où l'offre faite par les filles dépasse la demande.

Il n'est que de regarder autour de soi, dans la rue, sur les écrans, partout : telle femme aux cheveux noirs se métamorphose brusquement en fausse blonde (la gamme des coloris allant jusqu'au blanc).

Pourquoi ? A cause de la mode ? Non. Beaucoup ont répondu machinalement parce que, au fond d'elles-mêmes, stagne une peur terrible de n'être pas remarquées, d'être seules ou abandonnées. Elles savent que, dans notre forme de société, une femme seule ou non remarquée est considérée comme nulle et non avenue. D'autres adoptent la décoloration par infantilisme. Car l'infantilisme n'a pas d'âge, non plus que le besoin de plaire à tout prix.

Ainsi la demande des mâles est comblée, de façon inconsciemment soumise.

Et les femmes aux cheveux noirs ?

Pourquoi la plupart des femmes « actives » (meneuses de débats, dirigeantes, ministres, etc.) sont-elles de cheveux noirs ? En ne suivant que les joutes publiques ou télévisées, 686 sur 700 femmes étaient dans ce cas, soit 98 pour 100.

Pourquoi ? Je ne sais pas. Elles semblent plus puissantes, moins apeurées, moins agressives que les blondes (je parle ici des femmes *naturellement* blondes et non des « décolorées » de pure fabrication). Les femmes à cheveux noirs semblent davantage « androgynes » et, de ce fait, tendent moins vers des réactions à prédominance femelle. Il est certain qu'elles se montrent plus authentiquement courtoises et compatissantes, moins chicaneuses et attaquantes.

Les femmes à cheveux noirs ? Elles sont, vraisemblablement, les descendantes de ces familles méridionales où régnait le matriarcat. Reines et maîtresses dans leur maison, ces femmes-là accueillaient l'homme à son retour, après qu'il ait, au-dehors, « chassé » le pain du foyer.

Elles ne semblent pas cruelles, comme le sont beaucoup de blondes. Dans leur œil, brille une malicieuse lueur. On dirait que, amusées, elles pensent des hommes : « Je vous aime bien malgré vos fredaines, vos calembredaines et vos erreurs ». Et vraiment on les jurerait prêtes à ajouter : « Sales gosses ».

En observant l'homme durant les débats, on le voit fréquemment réagir en garçonnet, pris sous le regard d'une mère à la fois sévère et bienveillante.

Mais le climat change totalement avec les blondes. La voix est plus aiguë. Elles se montrent moins sûres d'elles. Elles attaquent, louvoient, mordent avec le sourire. Sont-elles de constitution plus faible et, par conséquent, se sentent-elles plus vite en danger ? Moins « maternelles », sont-elles davantage séductrices, désirant être remarquées par l'homme ?

Dans les débats, toujours, on dirait que les hommes les ressentent comme plus dangereuses. Ils contre-attaquent rapidement. A moins qu'ils ne tentent de les « neutraliser » au moyen d'une courtoisie flatteuse et hautement suspecte.

Je crois intéressant de citer ici quelques associations d'idées faites par des hommes, invités à répondre le plus spontanément possible aux mots proposés :

Femme à cheveux noirs et femme à cheveux blonds

Homme de 28 ans.

Femme à cheveux noirs : netteté — action — efficience — dureté — sévérité — rivale.

Femme à cheveux blonds : douceur — nénuphar — rêve — tranquillité — un nom d'actrice.

Homme de 45 ans.

Femme à cheveux noirs : mère active et sévère — dureté — force — caractère — puissante.

Femme à cheveux blonds : facilité de vivre — passive — repos — torpeur — animale — molle.

Homme de 38 ans.
Femme à cheveux noirs : masculine — compétition — méprisante — bagarre — affaires.
Femme à cheveux blonds : eau calme — repos — sans vie — rêve — âme.

Homme de 45 ans.
Femme à cheveux noirs : attaque — imposante — dirigeante — braise ardente — vigoureuse.
Femme à cheveux blonds : inerte — fascinante — chair sans esprit — bijoux.

Homme de 28 ans.
Femme à cheveux noirs : force — lutte — énergie — résolue — spirituelle.
Femme à cheveux blonds : fascination — soumise — douce — reposante — fragile — protection.

Homme de 49 ans.
Femme à cheveux noirs : résolue — révolution — du feu — rocher — dirigeante — collègue.
Femme à cheveux blonds : séduction — calme — récréation — délassement — poupée — détente — rêverie — calme — inerte — facile.

Que ressort-il de ces associations ?

La femme à cheveux noirs, pour ces hommes, symbolise : l'action, la dureté, le feu ; elle est considérée comme davantage masculine que féminine.

La femme à cheveux blonds évoque, pour ces hommes : l'inertie, la douceur, le repos, le rêve, l'eau. Un homme répond : âme, ce qui est fort important. Un autre associe avec une actrice ; or cette femme était de cheveux noirs ; en même temps que des millions d'autres, elle devint « décolorée », non pour répondre à une mode comme on pourrait le croire, mais pour représenter, de façon inconsciente, l'« âme » des pays modernes. L'âme d'un peuple est toujours imagée par une femme. *Et si l'âme des pays technologiques est « décolorée » et sans saveur, on peut s'attendre à ce que les femmes symbolisant cette âme soient du même acabit.*

C'est ce qui s'est passé. Nous sommes en plein phénomène des femmes « décolorées », souvent pareilles à des eaux mortes.

Un emblème moderne

La prévision est inexorable, mathématique :

a) si l'âme d'un peuple est toujours symbolisée par une femme ;

b) si la femme décolorée est le signe des peuples décolorés ;

c) il est fatal qu'une femme décolorée symbolise un jour les états technologiques.

Ira-t-on jusqu'à resculpter la statue de la Liberté, et celle de Marianne ? Leur enlèvera-t-on leurs énergiques visages de Minerves pour remodeler, à la place, la figure inexpressive d'une décolorée?

Dans les temps anciens, fleurissaient quelques prénoms disparus aujourd'hui, mais définissant à eux seuls la femme profonde et active : Constance, Charité, Patience, Prudence, Clémence.

Ces prénoms sont partis avec le temps ; leurs qualités sont à recouvrer.

Ils feront ricaner les femmes non-femmes ; celles qui furent embrigadées de force dans les univers mâles pour y laisser leurs réalités essentielles. Celles qui ont tout perdu, jusqu'à l'expression du visage et qui, à dix-huit ans, déambulent déjà comme d'indifférents fantômes. Celles chez qui la force intérieure, la patience perspicace et le coup de gueule occasionnel sont devenus anémie intérieure ou grincement agressif.

On dit : un surhomme ; jamais une surfemme. Parce que la femme est, *du moment qu'elle existe. Mais l'homme tente sans cesse de se bâtir, morceau par morceau.*

La femme sait que la vie réelle n'est pas celle de l'instant, du chiffre et de l'agitation, mais de la durée, du silence et de la création.

CHAPITRE VIII

FÉMINITÉ ET MASCULINITÉ (1 = 2)

Tout est dans tout, dit le philosophe.
Et réciproquement, répliqua l'humoriste.

Je désire vous montrer que femmes et hommes sont moins étrangers qu'ils le croient. Nous verrons également que la plupart vont à cloche-pied, n'utilisant qu'une étroite bande de terre et ignorant leurs vastes domaines.

Quelle place tiendra ici la femme « traditionnelle » ? Minime. Et l'homme courant ? Pas davantage. A quoi serviront ces lignes ? A rien, pour celles et ceux qui n'y verront qu'une théorie plus ou moins séduisante.

On dit que notre civilisation a besoin d'une révision urgente. Certes. Mais par où commencer, si ce n'est par soi ? Qu'est-ce qui nous manque, qui pourtant se trouve en nous mais avec quoi nous avons rompu ? On discute ferme pour savoir qui « doit commencer ». Les femmes lorgnent du côté des hommes, et réciproquement.

Les femmes veulent devenir des êtres humains à part entière : tel est leur slogan. Mis à part leurs droits extérieurs, que signifient ces mots dans leur esprit ? Veulent-elles dire que les hommes y ont réussi… alors que ceux-ci, huit fois sur dix, vivent comme des amputés psychologiques ?

Les confusions.

Pourtant, au départ, tout semble d'une enfantine simplicité :
— Le garçonnet doit devenir un homme.
— La fillette doit devenir une femme.

Emue, la famille se penche et suppute l'avenir. L'enfant, femelle ou mâle, sera conditionné selon les images floues, imprécises, stéréotypées de « la femme » et de « l'homme ». Mais personne n'est capable de préciser ce que signifient être un homme, être une femme.

Observez les visages. Feuilletez les magazines et, sur les photographies, supprimez les marques extérieures de la femme ou de l'homme (chevelure, maquillage, etc.). Combien de fois pourrez-vous déterminer avec certitude qu'il s'agit d'un visage « féminin » ou « masculin » ?

Autour de nous, la vie quotidienne pullule d'hommes « femellisés » et de femmes « viriloïdes ». Dans tel ou tel ménage, qui joue le rôle actif ? La femme ? L'homme ? Qui se laisse guider ? Qui est « fort » ? Qui est « faible » ? Si l'on écoutait les voix sans apercevoir les visages, combien de fois ne dirait-on pas Monsieur à une femme, et Madame à un homme ?

LE POINT DE DÉPART

La question fondamentale

Observons cette puissante femme du peuple, active et énergique, aimante et donnante, féminine et masculine en même temps, de façon harmonieuse. Et notons au passage qu'au fur et à mesure que le niveau social « monte », les cloisonnements entre femmes et hommes se durcissent, à partir sans doute d'une organisation sociale stéréotypée et d'une psychologie intérieure dégradée.

Dans telle circonstance, telle autre femme réagit, dit-on, de façon « masculine ». Qu'est-ce à dire ? En une autre circonstance, elle se comporte de façon « très féminine ». Qu'est-ce à dire ? Est-elle féminine alors qu'elle devrait être masculine, ou l'inverse ? Emploie-t-elle sa féminité à bon escient ? Est-elle maîtresse de sa féminité et de sa masculinité ? Peut-elle passer de l'une à l'autre, sans difficulté et suivant que les événements le demandent ?

Voici une femme-enfant, engluée dans une sorte d'inertie humide, faisant du charme à coups de longs cheveux et de faux cils. Les hommes s'extasient : « Comme vous êtes féminine ! » Or elle n'est ni féminine, ni masculine. Et cette autre femme, hérissée dans une agressivité qui se décharge par jets discontinus ? On la dit « virile » ou « masculine ». En fait elle n'est ni féminine ni masculine. Alors ?

On classe les êtres comme, en comptabilité, on aligne les chiffres : sur deux colonnes. Les hommes d'une part, les femmes de l'autre. Et l'on accumule les différences entre les deux sexes.

Il n'y aurait rien à dire si ces différences étaient tranchées. Sans doute la communication entre les sexes serait-elle alors impossible. Mais du moins le blanc serait clair, et le noir obscur. On s'en ferait une raison, et voilà tout. On se résoudrait à ce qu'une femme ne comprenne jamais un homme, et vice versa. Ce qui est d'ailleurs le cas, neuf fois sur dix, pour les raisons que nous verrons. Il est vrai, d'ailleurs que :

Les hormones femelles prédisposent à :	*Les hormones mâles prédisposent à :*
la stabilité	l'instabilité
la passivité[1]	l'activité
la réceptivité	le raisonnement, la logique
la sédentarité	le nomadisme
la gestation	l'extériorisation
l'être	le paraître

Si les femmes ne pouvaient occuper que la colonne de gauche, et les hommes celle de droite, on n'irait pas loin. *Totalement contraires, femmes et hommes se tourneraient le dos une fois pour toutes,* figés dans l'espèce à laquelle ils appartiennent, et disant adieu définitivement à toute compréhension mutuelle.

Or la vie quotidienne nous montre que les femmes et les hommes ont un pied dans chacune des deux colonnes. Un mâle pur est aussi inexistant qu'une femelle pure.

Un mâle pur serait une sorte de monstre, explosant continuellement en agressivités, ruts et colères, un être infiniment stupide qui ne réagirait que par attaques et morsures.

La femelle pure serait une énorme larve indifférenciée, machine à reproduire, telle une reine de fourmis.

Pour qu'un mâle devienne un homme, et une femelle une femme, il faut donc qu'ils possèdent « quelque chose d'autre ». Or on sait depuis longtemps que chacun porte en soi des caractéristiques (et des hormones) de l'« autre sexe ». Et c'est ici que commencent les difficultés, car les définitions se heurtent à des schémas tout faits.

1. Passivité : ce terme « dangereux » sera expliqué plus loin.

— Voici une femme languide. On dira qu'elle est « très féminine ». Pas du tout. Elle est languide. Et la féminité est tout autre chose.

— Voici un homme qui se conduit comme un « gentil garçon », soumis, charmeur, aux gestes ondulants. On le dira féminin. Pas du tout. Il est un « gentil garçon », soumis et charmeur. Mais la féminité est tout autre chose.

— Voici une femme, exagérément agressive et compétitive. On dira qu'elle se comporte de façon masculine. Pas du tout. Elle est exagérément agressive et compétitive. La masculinité est tout autre chose.

— Voici une femme, capricieuse et petite fille. On dira qu'elle est délicieusement féminine. Pas du tout. Elle est capricieuse et petite fille. La féminité est ailleurs.

Que veut-on dire quand on affirme que telle femme agit de façon féminine ou masculine ?

Pour la plupart des gens, « la féminité » est une sorte de faiblesse, d'effacement, de sentimentalité cotonneuse, de docilité douceâtre ; quelque chose de gentil, mais qu'il vaut mieux ne pas avoir en soi sous peine d'anémie générale de la personnalité. Il n'est donc pas étonnant que les hommes refusent net qu'il y ait en eux une féminité, et que des femmes considèrent que leur féminité les condamne irrémédiablement à vivre à la traîne.

Si l'on confond Féminité et faiblesse, c'est que la plupart des féminités sont abominablement abîmées et atrophiées. *Si l'on confond Masculinité et agressivité,* c'est que la plupart des masculinités sont déformées.

C'est pourquoi il faut opter pour un nouvel éclairage et abandonner certaines conceptions sclérosées qui n'ont fait qu'épaissir la cloison qui sépare les hommes des femmes, et la femme d'elle-même.

La vie intérieure

Peu de gens savent que la vie intérieure (autrement dit l'affectivité) représente une énorme puissance. La plupart l'assimilent à la « sensibilité frémissante » du poète de mansarde. On conçoit alors la vie intérieure comme une fleur leucémique qu'on laisse aux fillettes, aux ratés de l'action et aux artistes du dimanche.

La vie intérieure ? On l'a cherchée jusqu'en Orient où, paraît-il, nombre de gens savent ce qu'elle signifie. Mais parmi ceux qui reviennent de « là-bas », beaucoup parlent de la vie intérieure avec de très suspectes attitudes d'initiés ; ils donnent l'impression que la vie intérieure exigerait que l'on reste immobile, un bâton d'encens fumant sous le nez.

En réalité, une vie intérieure en bon état constitue la réserve d'énergie sans laquelle aucune réalisation de soi n'est possible.

Loin de moi l'idée de « faire de l'orientalisme » ; mais il suffit d'observer des enfants ou des adultes japonais pratiquant la méditation immobile du Zen avant de passer à leur travail, leur vie quotidienne ou leurs arts martiaux, pour se rendre compte que la vie intérieure n'est pas une plaisanterie.

Or il se fait que la femme est véritablement douée pour cette puissance potentielle que représente la vie intérieure. Et qui dit force intérieure, dit possibilité de l'extérioriser dans des activités créatrices.

Qu'a fait la femme de cette richesse ?

La bi-sexualité

L'égalité 1 = 2, qui figure dans le titre de ce chapitre, recouvre la réalité la plus essentielle de l'être humain. D'elle, dépend la compréhension (ou la fraternité) entre les deux sexes. Comme toutes les vérités élémentaires, celle-ci a plongé, refait surface, disparu puis reparu au cours des siècles. Certaines civilisations la vivent comme une évidence : ce qu'elle est, d'ailleurs. Mais le plus beau est que chacun l'applique peu ou prou, sans le savoir et souvent fort mal.

Dans notre culture, cette vérité a émergé de l'ombre, depuis peu et sous forme scientifique cette fois. Freud et Jung l'ont très bien mise en lumière. Le premier affirme que l'être humain est bi-sexuel. Le second dit que l'homme possède une partie féminine, et la femme une partie masculine. La médecine en parle à l'envi. C'est un thème essentiel de la psychanalyse. Bref, c'est une vérité aussi indispensable que le pain : tout homme est mâle et femelle à la fois, toute femme est femelle et mâle à la fois.

Notez que ces déclarations n'ont rien changé. Une vérité énoncée et démontrée n'est pas pour autant vécue. Pourtant il suffirait de la vivre pour devenir ce que nous sommes. Mais encore cela exigerait-il que nous quittions nos chemins habituels. Et cela, voyez-vous...

UNE OPTIQUE NOUVELLE

Repensons-nous en termes d'énergie

Pour approcher la difficulté, disons d'abord que Féminité et Masculinité sont des *comportements*, des *attitudes*, des *façons de réagir* devant les circonstances. D'ailleurs, on dit couramment : une attitude masculine, un comportement masculin ; une attitude féminine, un comportement féminin.

Mais pour comprendre (et appliquer) ce que signifient ces expressions, *nous devons absolument nous repenser en termes d'énergie*.

Chaque être humain possède, à tout instant, une certaine quantité d'énergie. Il devra la gérer et l'utiliser comme il le ferait d'un capital argent. Bien ou mal utilisé, bien ou mal géré, ramassé ou dispersé, ce capital produira l'équilibre ou le déséquilibre, l'activité ou l'inertie, la santé ou la maladie, la réalisation ou la dégradation de la personnalité.

A aucun moment, un être humain ne peut dépenser plus d'énergie qu'il n'en possède. Nul ne peut dépenser 1 001 francs s'il n'en a que 1 000. Personne n'emportera 1 001 grammes si l'épicier des énergies en a pesé un kilo.

Lorsqu'un être parvient à « se dépasser » (comme on dit !), il ne fait que ramasser des énergies, éparses en lui et souvent insoupçonnées. *Une motivation puissante lui sert alors de détonateur*. Il agit comme un financier qui rassemble ses capitaux dispersés pour faire face à une situation imprévue.

On connaît les expressions : l'énergie du désespoir — la peur lui insuffla une énorme énergie — il tendit toutes ses énergies vers le but, etc.

Notons cependant que ce fameux « dépassement de soi » est généralement attribué à l'homme ; *rarement à la femme*. Or, étant donné les barrières dressées devant elle et qui augmentent ces tâches habituelles, *une femme doit, bien plus souvent que l'homme*, décréter la mobilisation générale de toutes ses énergies. Le fait que la médaille soit attribuée au seul mâle est compréhensible si l'on considère le « culte du Phallus »[1], qui continue de régner (avec la complicité de nombreuses femmes).

Dans un autre ordre d'idées, il est aussi absurde de posséder de l'énergie

1. Voyez le chapitre : « L'organe de l'imposture ».

sans l'employer que de laisser un capital improductif. C'est pourtant ce que font la plupart des femmes, parce que leur créativité est bloquée.

Malheureusement, *l'éducation n'est pour ainsi dire jamais fondée sur la manière d'utiliser notre énergie, mais sur une morale hâtive et a priori.* Au lieu d'envisager la « machine humaine » *d'abord* et sa morale *ensuite,* on fait l'inverse. On exige que la machine fonctionne de telle ou telle façon avant même de savoir si elle le peut, ou si elle n'est pas faite pour une autre forme d'utilisation de l'énergie. Puis, lorsque des énergies restent « bloquées » dans la personnalité, *on sanctionne moralement* la déficience. Nos éducations reposent sur des impératifs qui peuvent se ramener à « Tu dois ! » *Mais l'énergie répond : « Si je peux ! »*

On moralise, on admire ou on méprise l'énergie humaine, ce qui est aussi absurde que d'admirer ou de mépriser l'uranium et le charbon.

Si l'énergie a des « ratés », l'être humain est censé démériter. S'il demande en quoi il a démérité, on ne lui répond jamais qu'il a mal géré son énergie ; on ne recherche le pourquoi de cette insuffisance d'énergie qu'*après* avoir moralisé à partir de codes stéréotypés et de sonores abstractions.

L'énergie n'a pas de sexe

Traditionnellement, l'énergie serait d'essence mâle. Or c'est absolument faux. Il n'empêche que tout nous entretient dans cette croyance. Le cinéma a pris la tête, avec ses héros invincibles. Le sport a emboîté le pas. Et quand ils sculptent des statues de femmes — voyez les monuments aux morts, les Marseillaises de tout acabit qui entraînent les hommes à la victoire, les femmes qui représentent le travail, la moisson, les plans quinquennaux ou décennaux, etc. — les artistes se croient obligés de leur donner de colossales statures de sapeurs.

De la sorte, on confond le contenant et le contenu, le muscle et la vie intérieure. *Comme si on considérait qu'un verre d'eau, du fait qu'il est grand, pèse davantage qu'un gobelet de mercure.*

D'autre part, si l'on croit que l'énergie est mâle, on doit en déduire que la féminité est sans puissance, ou à peu près.

Tout cela est absurde ; l'énergie est ce qu'elle est : elle ne possède pas de sexe. Un simple exemple : il est évident qu'une mère de famille, active, possède plus d'énergie (intérieure et extérieure) qu'un employé incapable de faire autre chose qu'un travail bureaucratique. La seule manière — utopique — d'obtenir une comparaison serait d'évaluer les quantités d'énergie que recèlent les femmes et les hommes du monde entier.

Et encore le résultat n'aurait-il aucune importance. Car *si l'énergie dont nous disposons est une chose, notre façon de l'utiliser en est une autre*. Et cette utilisation, bonne ou mauvaise, dépend non seulement de notre éducation, mais de la manière dont nous avons réagi devant cette éducation.

On peut dire, *grosso modo,* qu'il existe deux attitudes face à l'énergie :

1. *Retenir cette énergie en nous.*
2. *Libérer cette énergie hors de nous.*

Comment une femme emploie-t-elle son énergie dans chaque circonstance de sa vie ? De manière adéquate ? A contretemps ? A contresens ? Dépense-t-elle trop étant donné le capital énergie dont elle dispose ? En utilise-t-elle trop peu alors que ses réserves sont excellentes ?

Pourquoi des millions de femmes, possédant une énergie qui leur permettrait une grande créativité intellectuelle, la bloquent-elles à l'intérieur, sans jamais passer à la réalisation de ces idées ? Quel est le barrage entre l'énergie intérieure et son extériorisation ? Et d'où vient ce barrage ?

Tout d'abord, il est essentiel de bien comprendre que Féminité et Masculinité sont deux termes qui n'ont absolument *rien à voir* avec le fait d'être une femme ou un homme. Comme je vais vous le montrer, il s'agit de deux attitudes devant notre énergie. Mais on a sexualisé l'énergie. On dit : la femme agit comme ceci, et l'homme comme cela ; la femme pense ainsi, et l'homme autrement.

Pourquoi une femme et un homme, qui possèdent une même quantité d'énergie, agissent-ils et pensent-ils différemment ? 1/46e de différence, sur le plan des chromosomes, ne saurait expliquer un tel décalage. Pour résoudre cette difficulté, il faut essayer de définir ce que sont la Féminité et la Masculinité, *quel que soit le sexe*.

Qu'il s'agisse de la nature, d'une machine, d'un animal ou d'un être humain, nous avons toujours affaire à une valse à trois temps :

quantité d'énergie — dépense d'énergie — recharge d'énergie.

Le malheur est que l'on a sexualisé l'énergie. Et nous débouchons ainsi sur une conception de la femme profondément erronée, et qui a provoqué de nombreux « ratages » de personnalité.

La « passivité » et l'activité

On dit que :

Féminité = Passivité **Masculinité = Activité**

Mais, en esprit, *on confond passivité et inertie.* C'est l'erreur fondamentale que l'on commet depuis longtemps. Et quand on dit que la femme est prédisposée à la passivité par ses hormones femelles, une traduction se fait instantanément dans les cerveaux humains : la femme est prédisposée à l'inertie. Ce qui est totalement faux.

La plupart s'étonneraient si on leur affirmait que cette lionne, qui est là, immobile, tous muscles bandés, ramassée sur elle-même dans l'attente de sa proie, *est passive.* Or, à ce moment précis, elle est passive.

La véritable passivité est un état de repos, d'attente, de tension progressive et harmonieuse, où l'on accumule des énergies en vue d'un mouvement, d'une activation de cette énergie.

Une passivité puissante exige un état intérieur harmonieux. Authentique, la passivité permet d'être « à l'écoute », de capter et d'emmagasiner des sensations et des informations. Toute accumulation d'énergie a comme source principale la passivité.

On peut donc en déduire que si la femme (ainsi que la féminité) est prédisposée à la passivité, elle est prédisposée à une grande puissance intérieure. Mais la manière dont on utilise cette puissance intérieure est une toute autre histoire, comme nous le verrons plus loin.

Ainsi donc :

Passivité = charge d'énergie, ou énergie potentielle

Activité = décharge d'énergie, ou énergie cinétique.

Il est évident que tout être humain possède ce rythme en lui. Pourquoi diable échapperait-il aux lois qui régissent l'univers, la nature et les saisons ? Que ce rythme puisse être perturbé à la suite de maladies ou de troubles de la personnalité n'y change rien.

Un excellent exemple serait celui de l'arc et de la flèche.

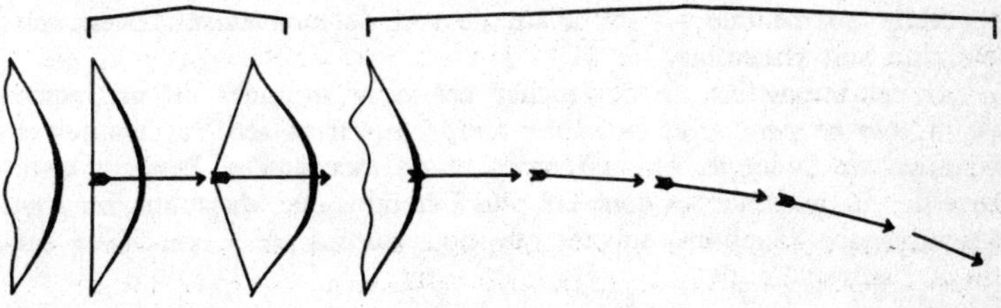

a) l'arc est totalement détendu, *en attente* de sa finalité (laquelle est : se tendre afin de pouvoir lancer une flèche) ;

b) l'arc se tend sans à-coups, de façon progressive ; il accumule de l'énergie ;

c) l'énergie emmagasinée est libérée et extériorisée ; la flèche est catapultée pour perdre ensuite, progressivement, l'énergie accumulée.

De même tout ce qui est femelle, dans la nature, est en état d'attente, de gestation, d'immobilité, d'accumulation.

Les deux pôles

On peut schématiser ainsi ce qui précède :

Le pôle féminin (la Féminité) comprend tout ce qui, en nous :	*Le pôle masculin (la Masculinité) comprend tout ce qui, en nous :*
— est en détente, en repos ;	— est en mouvement ;
— est immobile, en attente ;	
— est passif ;	— est actif ; ou mieux : en activation ;
— est « en puissance » ;	— est « en acte » ;
— accumule de l'énergie potentielle ;	— décharge de l'énergie accumulée ;
— prépare une action extérieure quelconque.	— agit extérieurement de façon quelconque.

C'est la prédominance de l'une ou l'autre attitude qui fera que nous sommes Féminins ou Masculins face aux circonstances.

Imaginons une heure de notre vie. Elle peut se découper en une infinité de circonstances, auxquelles nous réagissons (consciemment ou non). A chaque fraction de seconde, correspond en nous une réaction — corporelle ou mentale — soit d'attente soit de mouvement. Donc soit Féminine, soit Masculine.

Il est impossible de déclencher ces deux attitudes en un même instant. *On ne peut être, en même temps,* passif et actif, accumuler et décharger de l'énergie, être en repos et en mouvement. Pendant cette heure de vie, nous aurons donc été plus Féminins que Masculins, ou plus Masculins que Féminins, suivant que nous aurons été « branchés » sur l'un ou l'autre pôle.

Bien entendu, tout cela est invisible « à l'œil nu ». On n'aperçoit que l'attitude prépondérante, et rien de plus. On pourrait dire qu'un film de cinéma est de pôle masculin, puisqu'il *semble* en mouvement permanent ; mais l'œil ne perçoit pas les 24 obturations qui ont lieu par seconde (dont 24 arrêts du film, 24 « attentes »... et 24 pôles féminins).

Tout être humain peut donc prendre, envers son énergie, deux attitudes, exactement comme devant un capital argent.

Attitude n° 1

Elle consiste (comme pour l'arc) :

— à accumuler de l'énergie, la conserver en soi, l'engranger ; *ce qui implique :*

a) être en état d'attente, de repos, d'immobilité ;

b) prendre son temps, observer, réfléchir, être « à l'écoute » de ses sensations, de ses sentiments, de ses intuitions ;

c) accumuler ces sensations, sentiments, intuitions et informations, qui entrent grâce à cette réceptivité.

Cette attitude est de pôle Féminin.

Dit autrement : il s'agit d'une attitude de Féminité, mais qui n'a strictement rien à voir avec l'acception habituelle de la « féminité ».

Attitude n° 2

Elle consiste (comme pour la flèche) :

— à libérer et dépenser l'énergie accumulée ; *ce qui implique :*

a) être en état de mouvement, du corps ou de l'esprit ;

b) raisonner et agir extérieurement, exécuter une décision qui a pris corps durant la première attitude ; mettre en œuvre un travail dont l'inspiration s'est accumulée pendant cette première attitude.

Cette attitude est de pôle Masculin.

Dit autrement : il s'agit d'une attitude de Masculinité, mais qui n'a strictement rien à voir avec l'acception habituelle de la « masculinité ».

Quelques exemples

Ces deux attitudes, ces deux « pôles », ces deux manières d'utiliser l'énergie se retrouvent dans la nature entière.

Voici un fauve

1. Il est en arrêt. Tous ses muscles se tendent progressivement. Il prépare

son action. Il accumule non seulement de l'énergie musculaire mais également des milliers d'informations (vitesse et direction du vent, approche de sa proie, calcul du bond à accomplir, appréciation de la distance, etc.). Ce fauve, en cet instant, est « branché » sur son pôle Féminin. Son attitude est Féminine (elle est également passive, au sens défini plus haut).
2. L'animal bondit ; l'énergie accumulée se transforme en mouvement. En cet instant, il est « branché » sur son pôle Masculin. Son attitude est Masculine.

Voici un volcan
1. Il gronde sourdement. Il accumule un volume de gaz qui représente une énorme énergie potentielle. Ce volcan, en cet instant, « vit » sur son pôle Féminin. Son attitude est, si je puis dire, Féminine.
2. Le volcan explose, la lave jaillit. L'énergie potentielle devient cinétique. C'est le pôle Masculin, ou la « Masculinité » du volcan.

Voici un sculpteur
1. Il est immobile intérieurement. Il médite la forme qu'il donnera à la glaise. Il accumule son inspiration, ses sensations. Il prépare sa future « mise en œuvre ». Ce sculpteur est branché sur son pôle Féminin. Son attitude est Féminine.
2. Il saisit ses outils et travaille la glaise. Il passe à l'état de mouvement. Il décharge l'inspiration accumulée. La glaise prend forme. Le sculpteur a tourné le commutateur sur son pôle Masculin. Son attitude est Masculine.

On pourra me reprocher de me répéter. Mais cela me semble indispensable, étant donné que ces Féminités et Masculinités sont aux antipodes de ce que l'on croit généralement.

Les attitudes féminines et masculines

Comme tout être vivant, la femme peut donc adopter deux attitudes devant les circonstances :

1. Retenir (accumuler) son énergie. Ce sera son attitude de Féminité.

2. Lâcher (décharger) son énergie. Ce sera son attitude de Masculinité.

Trop souvent, ces deux attitudes sont distordues chez la femme. La Féminité est confondue avec la faiblesse, la dépendance, la soumission, etc. Quant à sa Masculinité, la femme ne sait qu'en faire, à moins qu'elle ne l'emploie fort mal.

Quand on observe l'arc et la flèche, il est évident que le projectile est infiniment plus *vulnérable* que l'arc. Son mouvement lui fait courir le risque de rencontrer des obstacles qui peuvent l'abîmer, le détruire, ou dévier sa trajectoire. De plus cette trajectoire, tendue et perçante, ne subsiste que pendant quelques instants, jusqu'à épuisement de l'énergie cinétique.

L'arc est pratiquement *invulnérable*, par l'immobilité de son énergie. D'où ce schéma, applicable à tout être humain :

Le pôle Féminin = stabilité, invulnérabilité, durée.
Le pôle Masculin = instabilité, vulnérabilité, instant.

En transposant l'exemple de l'arc, on observera dans la vie quotidienne :

— Des femmes chez qui l'énergie intérieure (le pôle Féminin) est

FEMME NORMALE
pendant une période donnée

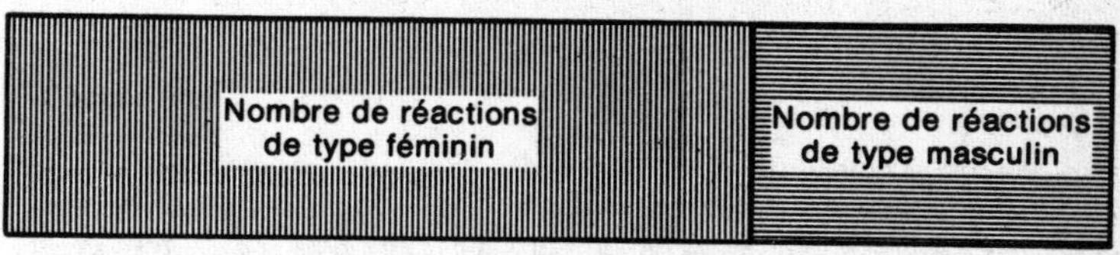

(Le pôle féminin est plus utilisé que le pôle masculin)

HOMME NORMAL
pendant une période donnée

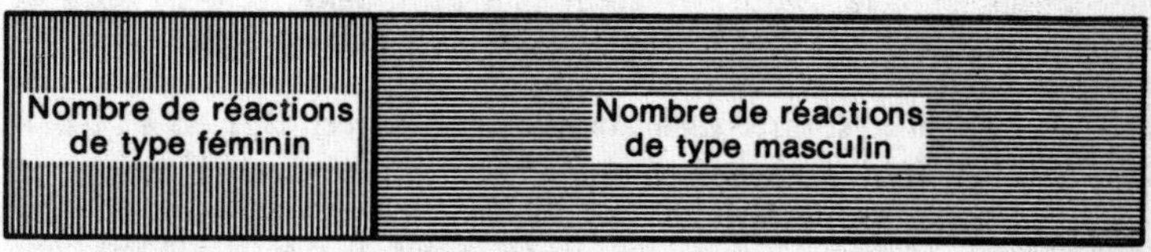

(Le pôle masculin est plus utilisé que le pôle féminin)

affaiblie ou bloquée. Elles ne peuvent tendre l'arc, même si elles disposent d'une bonne flèche.

— Des femmes chez qui l'énergie intérieure est bonne, mais qui ont peur de s'extérioriser, d'agir, de décider, de s'imposer. L'arc est en bon état, mais la flèche reste enfermée dans son carquois.

— Des femmes qui possèdent une excellente capacité d'action, mais dont l'énergie affective est « bouchée ». Elles possèdent une bonne flèche, mais un arc d'enfant.

Une femme normale montrera évidemment une prédominance d'attitudes de Féminité. Elle « retient » davantage son énergie. Elle est prédisposée à la réceptivité, l'intériorité, plus fréquentes que l'extériorisation.

L'homme normal extériorise davantage son énergie ; le nombre de ses attitudes masculines dépasse celui de ses attitudes féminines.

LE RÔLE DE LA FÉMINITÉ ET DE LA MASCULINITÉ

La Féminité

Les caractéristiques de la féminité découlent de ce qui précède. On pourrait d'ailleurs la définir par ce qu'elle n'est pas. La Féminité réelle *n'est pas* faiblesse, elle *n'est pas* impuissance, elle *n'est pas*... tout ce qui fut raconté à son sujet.

Il ne faut pas rechercher l'utopie. 9,9 féminités sur 10 sont aussi éloignées de la Féminité qu'une pile électrique peut l'être d'une centrale nucléaire. Il n'empêche que, en soi, *la Féminité est une puissance* ; elle représente *l'accumulateur* de la personnalité. Si cette force devient fréquemment lourdeur inerte ou vapeur sans consistance, cela est dû à de nombreuses causes qu'il nous faudra essayer de détailler.

La Féminité, parce qu'elle est puissamment passive, est automatiquement calme. Elle est directement branchée sur le réel. Elle est à l'écoute des choses et des êtres. Elle est liée au Temps.

Et ceci est capital : une femme ne saurait posséder une masculinité de bon aloi si sa Féminité est abîmée. De même qu'il serait impossible à un artiste d'extérioriser une œuvre importante, si son inspiration est pauvre.

On pourrait même dire que la Masculinité n'est jamais créative. Car toute créativité a lieu à l'intérieur de la personnalité : et donc dans la sphère du pôle féminin. On n'imagine pas une Marie Curie ou un Beethoven extériorisant leur travail sans d'abord avoir laissé s'accumuler l'inspiration. Ou encore : pourrait-on poser le toit d'une maison sur le vide ?

L'activité créatrice qui est extériorisée *dépend* de la réceptivité qui la prépare. La qualité de l'activité qui est extériorisée *dépend* de la puissance de la réceptivité. Telle est la loi fondamentale. Et quand une femme ou un homme créent extérieurement, ils ne font que « mettre en œuvre » leur créativité intérieure.

Il est essentiel d'ajouter que *la Féminité est une puissance indifférenciée.* La Palice dirait qu'avant de prendre forme, il faut avoir été sans forme. Il dirait aussi qu'il est impossible d'être statue avant d'avoir été matière informelle : glaise ou marbre.

Cela signifie qu'une femme ne peut être *réellement* masculine (forme) que si elle est d'abord *réellement* féminine (informelle).

La vie intérieure est indifférenciée. Elle capte. Elle est semblable à un radar qui accumule les informations et renvoie *tous* les échos, qu'il s'agisse de flocons de neige ou d'avions en vol. C'est l'opérateur qui doit faire le tri et différencier les échos.

La Féminité est aussi indifférenciée et informelle que la vie intérieure. Parce qu'elle se confond avec elle.

Mais quelle forme sortira de la matière informelle ? De cette terre argileuse, matière informelle, sortira-t-il une statue, un vase, une assiette, une vasque jaillissante, une maison fleurie ?

De cette matière informelle qui gît dans le ventre d'une femme, quelle forme surgira ? Un garçon ? Une fille ? De forme normale, ou anormale ?

Le silence, lui aussi, est informel. Quelle « forme » en sortira ? Un raisonnement ? Des cris ? Une colère ?

De cette passivité qui accumule les sensations, quelle forme éclatera ? Une œuvre d'art ? Une musique ? Une idée ? Une action constructrice ou destructrice ?

C'est pourquoi *une femme qui ne serait que Féminine est impossible.* Elle demeurerait informelle comme l'eau. Elle ne tournerait jamais le commutateur de l'extériorisation. Elle passerait sa vie à « accumuler » les signaux du monde, sans que jamais ait lieu une mise en œuvre. Elle serait semblable à un peintre perpétuellement assis et méditant un tableau qui ne verrait jamais le jour.

Nous verrons que ce genre de femme, dénuée de masculinité, existe néanmoins.

Enfin *la Féminité est une puissance stable.* L'exemple de l'arc et de la flèche montre bien que :

SI : Féminité = puissance potentielle = immobilité.
ALORS : Féminité = stabilité.

C'est pourquoi la véritable Féminité demeure égale à elle-même tout en s'adaptant aux fluctuations de l'existence ; elle est d'un inattaquable bon sens, d'une grande résistance à la souffrance. C'est pourquoi également une « vraie » femme est une sorte de « témoin » des agitations masculines.

La Masculinité

Elle est peu de chose *en soi.* La Masculinité ne fait qu'utiliser une énergie préalablement accumulée. Toute extériorisation — du corps ou de l'esprit — n'est qu'une résultante. *En soi,* une balle de plomb n'est rien : son efficacité dépendra de la charge et de la qualité de la poudre, de la perfection de l'arme et de la visée.

La Masculinité ne fait que « mettre en fabrication », qu'il s'agisse d'une œuvre géniale ou médiocre. La Masculinité n'est jamais géniale. Elle est le simple ouvrier exécutant de la Féminité (ou de la vie intérieure).

Nombreuses sont les femmes qui, incapables d'agir et de créer extérieurement, croient que leur Masculinité est en mauvais état. C'est parfois vrai. Mais le plus souvent c'est leur Féminité qui est dégradée ou « complexée », et qui de ce fait ne fournit plus l'énergie nécessaire à une activité créatrice soutenue.

Beaucoup de femmes, au début d'une psychanalyse, m'ont dit à peu près ceci :

— *Je ne parviens pas à m'extérioriser, ni à « faire » quelque chose.*

— *Je voudrais devenir plus masculine.*

Le plus souvent elles se trompaient et auraient dû dire :

— *Je voudrais que ma Féminité, bloquée quelque part, redevienne ce qu'elle est réellement. Ainsi ma Masculinité, normalement alimentée, pourrait s'épanouir.*

Et, à travers la psychanalyse, elles se rendaient compte peu à peu que là était leur vraie difficulté.

La Masculinité représente le stade ultime, la forme finale. C'est la

« statue » qui émerge de la glaise. C'est pourquoi elle est aussi *la sécurité* à laquelle aspirent les femmes et les hommes.

Si vous dites à une femme ou à un homme : « Vous possédez un talent très masculin », ils en seront flattés. Mais qu'on leur déclare : « Vos idées et votre talent sont très féminins », et ils rentrent la tête comme des hérissons.

On dira que c'est là une réaction « culturelle », puisque « la féminité » fut et demeure incomprise et déconsidérée. Mais, plus profondément, n'y a-t-il pas autre chose ?

Les deux étages de l'immeuble humain

Observez le dessin présenté page suivante. Etudiez-le ; j'en crois la signification fort importante.

Lorsqu'un être humain *extériorise* quelque chose (une idée qui prend *forme* sur le papier, un meuble qu'il assemble dans sa *forme* finale, une phrase qu'il prononce en la mettant en *forme,* etc.) on peut distinguer dans ce phénomène trois stades :

1. Le stade du *chaos,* pendant lequel les idées flottent vaguement, sans consistance ni direction.

2. Le stade de *la préparation* : l'idée reste intérieure, mais se détache du contexte. Un but commence à se dessiner à partir de cette idée. Autour de l'idée et du but, s'agglomèrent des sensations, des projets, des supputations, des observations. Ceci est aussi vrai pour le bricoleur qui « prépare intérieurement » son étagère, que pour le mathématicien qui assemble en lui toutes les données possibles avant l'équation finale. Ce stade correspond à *l'étage n° 1* du tableau. C'est *l'étage de la Féminité.*

3. Le stade de l'aboutissement, de *la réalisation* finale et extériorisée. L'être humain passe à la mise en forme. C'est *l'étage n° 2, celui de la Masculinité.*

Or ce qui est vrai pour une idée, l'est également pour toutes les circonstances de la vie. Le tableau montre que, *symboliquement,* on « monte » du chaos vers la Masculinité. Exactement comme on « monte » de l'inconscient vers le conscient, de la matière vers la forme, du bloc de marbre vers la statue, de l'indifférenciation vers l'existence individuelle.

L'étage de la Féminité se trouve à mi-chemin, entre le chaos et la Masculinité. L'étage de la Masculinité constitue le sommet.

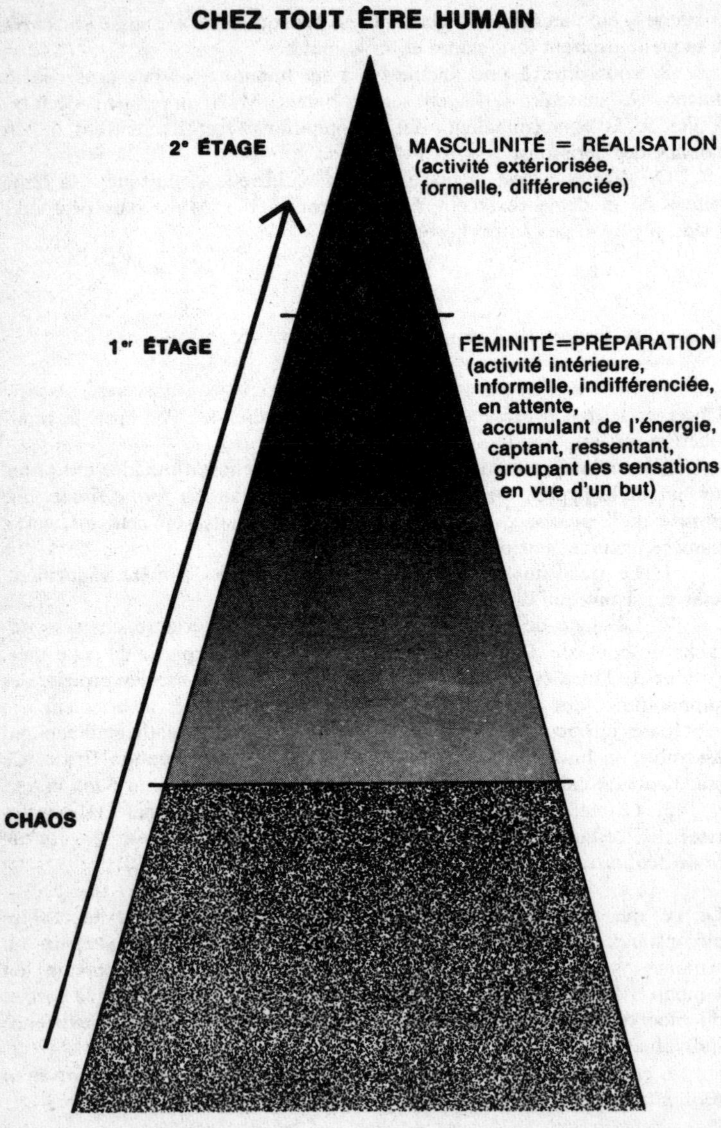
CHEZ TOUT ÊTRE HUMAIN
2e ÉTAGE
MASCULINITÉ = RÉALISATION
(activité extériorisée, formelle, différenciée)
1er ÉTAGE
FÉMINITÉ=PRÉPARATION
(activité intérieure, informelle, indifférenciée, en attente, accumulant de l'énergie, captant, ressentant, groupant les sensations en vue d'un but)
CHAOS

Et cela reste vrai quand il s'agit d'une femme. L'étage de la Masculinité représente le stade ultime, *le sommet de sa propre hiérarchie.* Il n'est pas question ici de valeurs, mais de « couches géologiques » de la personnalité humaine.

Et si l'étage de la Masculinité apporte la sécurité, c'est parce qu'un être humain s'y sent différencié, personnel, efficace.

Tout repose donc sur la Féminité

Il est clair que tout l'édifice de la personnalité dépend de la solidité et de la puissance de l'étage n° 1.

Or chez la plupart des gens, cet étage n'offre que peu de consistance. Leur vie intérieure est molle.

Que signifie en ce cas le compliment : « Vous possédez un talent très masculin » ? Observez le dessin. La personne n'est pas, comme on pourrait le croire, flattée ; mais elle est *rassurée.* Sa *féminité (étage n° 1)* étant peu solide, n'offre aucun point d'appui. Sous elle, se trouve le chaos, le vide ; et l'on comprend que l'individu désire échapper à cet étage n° 1, pour parvenir rapidement au sommet (*la Masculinité*) où disparaîtra la sensation de danger. Car si on peut monter de la Féminité vers la Masculinité, on risque, à partir d'une Féminité peu solide, de redescendre vers le chaos, le néant.

C'est pourquoi les êtres humains s'accrochent à l'idée de la Masculinité comme à une bouée de sauvetage.

Nous venons de retrouver une ancienne connaissance : la peur que l'être humain (l'homme surtout !) a du néant.

Dès l'enfance le garçonnet, angoissé par ce qui se trouve *sous lui* (le néant), n'a rien de plus pressé que de quitter l'étage de la Féminité pour accéder à l'étage de la Masculinité. Et c'est ici qu'il commet souvent de grossières erreurs. Il est semblable à un alpiniste qui ne prend pas le temps de vérifier ses attaches, d'enfoncer ses crampons, de tâter la paroi, d'observer le temps. *Il néglige de consolider sa Féminité.* Il se met à grimper sans appui suffisant. Et il en arrive souvent à devenir celui dont j'ai souvent parlé : l'homme moderne, privé de Féminité solide et ne possédant que de tristes énergies intérieures.

Malgré des apparences hyper-viriles, son âge affectif est de huit ans. L'étage n° 1 est miné de complexes et de peurs ; il est aussi inconsistant que le brouillard. Comment cet homme ne deviendrait-il pas impulsif, raidi, brouillon, agité, capricieux, coléreux, cassant, dominateur ? Il s'accroche à n'importe quoi pour *se prouver* sa masculinité, laquelle est aussi faussée que toute sa personnalité. *Il s'avance en équilibre instable sur l'arête glissante d'une masculinité ratée,* et il est d'autant plus angoissé qu'il lui est impossible de se laisser aller : l'étage du dessous est un magma flou qui, certes, ne l'arrêterait pas dans sa chute.

D'ailleurs, supprimez l'étage n° 1 et voyez ce qui reste : un vide vertigineux entre le sommet et le chaos.

Rectifions !

Il est nécessaire de remettre en question et de rectifier certaines idées reçues (et très erronées) qui séparent les hommes et les femmes en deux camps trop distincts.

On dit : la femme est intuitive, l'homme est logique.
On devrait dire : quel que soit le sexe, la Féminité est intuitive, parce qu'elle ressent les choses de façon indifférenciée. La Féminité capte en bloc, à travers les sensations. La Masculinité est logique, parce qu'elle trie les sensations reçues, et raisonne ensuite en passant consciemment d'un point à un autre.

On dit : la femme ressent, l'homme raisonne.
On devrait dire : la Féminité ressent, et la Masculinité raisonne (ceci étant vrai de tout être humain, quel que soit son sexe).

On dit : la femme envisage la vie autrement que l'homme.
On devrait dire : la Féminité est stable et immobile. Elle est semblable à l'eau profonde. Elle constitue toute notre vie intérieure. Elle ressent la vie telle qu'elle est, de façon concrète, immédiate, pratique, sans phrase. La Masculinité, qui est en mouvement instable telle une flèche, éprouve le besoin d'échafauder des théories et des morales qui lui servent de repères pour jalonner sa route, et de sécurité pour ne pas retomber dans le chaos. Ayant une Féminité plus vaste, la femme ressent évidemment la vie autrement que l'homme.

On dit : les femmes jouent mieux la comédie (ou sont plus comédiennes) que les hommes.
On devrait dire : quel que soit le sexe, la Féminité est indifférenciée, comme son symbole, l'eau qui peut prendre la forme de tout récipient

sans cesser d'être elle-même. Etant souple et fluide, la Féminité peut s'adapter à toute circonstance ; elle peut également s'identifier à tout personnage, à n'importe quel rôle, voire à tout mensonge. La Masculinité, par contre, est extérieure, en mouvement. De plus elle représente une « forme » achevée, moins adaptable, plus durcie, sans souplesse. On le comprendra mieux si l'on songe à tant d'hommes et de femmes modernes qui vivent sur une Masculinité hypertrophiée et sont incapables de s'adapter aux circonstances. Ils ne suivent pas un chemin, mais ils sont fixés sur un rail. Sans le savoir, eux aussi jouent une comédie, mais unique, stéréotypée. Bien entendu, le mot « comédie » doit être pris ici dans un sens très large, avec une série de graduations qui vont du normal (la Féminité est adaptable) à toutes les anormalités : car une Féminité

EN TOUT ÊTRE HUMAIN...

la Féminité et la Masculinité

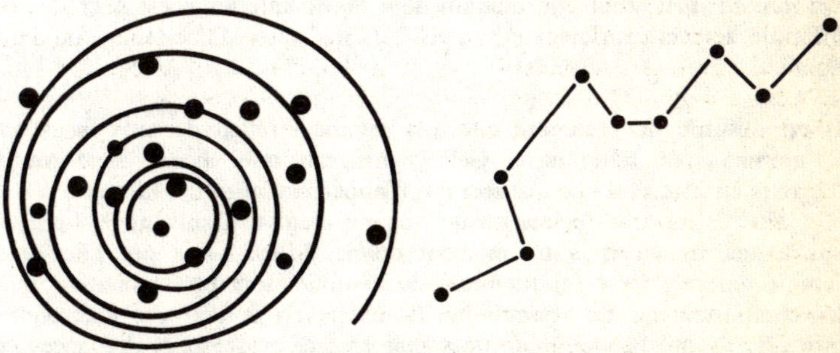

Les points figurent les circonstances de la vie. Ce peuvent être des faits, des sensations éparses, des observations, etc.

L'attitude de Féminité consiste à s'imprégner de façon globale, informelle, indifférenciée. La Féminité n'opère aucun tri. Elle accumule les impressions avant de les extérioriser en paroles ou actions précises (masculinité). La Féminité est courbe, non-euclidienne.

L'attitude de Masculinité consiste à aller d'un fait à un autre, de manière logique, formelle, différenciée. La Masculinité opère un tri. Elle est linéaire, euclidienne.

Et il en est ici comme en politique : la droite ne peut se passer de la gauche.

malade ou infantile est capable de toutes les « comédies », de toutes les fourberies, de tous les mensonges, sans oublier — nouvelle preuve de souplesse — la capacité de retomber immanquablement sur ses pieds.

On dit : les hommes ne comprendront jamais les femmes (n'est-il pas étrange que l'on affirme rarement le contraire ?).
On devrait dire : on ne peut rationnellement comprendre la Féminité, puisqu'elle est indifférenciée et donc irrationnelle. On ne peut que la ressentir, à travers la sensation et l'intuition. Mais jamais à travers la raison ou la logique. Un homme ne ressentira jamais une femme tant qu'il n'aura pas réalisé sa propre Féminité. De même une femme ne pourra comprendre la Masculinité d'un homme tant qu'elle n'aura pas accompli la sienne. Et ceci soulève une difficulté. Les femmes normales (dont la Féminité et la Masculinité sont normales) comprendront difficilement la plupart des hommes modernes, qui s'acharnent à se battre pour des idées abstraites plutôt que pour des faits humains et concrets.

On dit : la femme est capricieuse et impulsive.
On devrait dire : tout être humain dont la vie intérieure est dégradée et infantile devient capricieux et impulsif, qu'il s'agisse d'une femme ou d'un homme.

Il est absurde de prétendre que « la femme » réagit de telle façon, et « l'homme » de telle autre. Cela signifierait que chaque sexe réagit toujours en bloc et d'une manière qui n'appartiendrait qu'à lui seul.

En réalité, une femme ou un homme réagissent suivant le « pôle » sur lequel ils vivent à un moment donné. Mais, parce que chez une femme normale les comportements de Féminité sont plus nombreux que les comportements de Masculinité, *la femme est prédisposée* à certaines attitudes devant la vie, à certaines manières de ressentir et de concevoir l'existence, à certains modes de penser, de raisonner, d'agir. En un mot elle est prédisposée aux caractéristiques de la Féminité, telle que je l'ai définie.

En résumé, il faudrait une révolution...

● Etre une femme est évidemment le résultat d'une structure glandulaire. Mais la Féminité et la Masculinité sont, chez une femme ou un homme, deux manières d'utiliser l'énergie dont ils disposent.

● Les femmes et les hommes ne doivent pas être pensés d'abord en tant que sexes, mais comme des récepteurs ou des émetteurs d'énergie.

● Les termes anciens de supériorité ou d'infériorité, d'inégalité ou d'égalité perdent tout leur sens.

● Une femme normale réagit par un nombre d'attitudes de Féminité qui dépasse le nombre de ses attitudes de Masculinité. Elle est donc plus réceptrice d'énergie, qu'émettrice.

● C'est pourquoi une femme possède une série de caractéristiques profondes, stables, intérieures, souples.

● Une femme normale doit pouvoir passer sans difficulté de la réception d'énergie à l'émission, de l'intériorisation à l'extériorisation, de la créativité intérieure à une créativité qui éclate au-dehors.

● Beaucoup comprennent difficilement que la Féminité soit une puissance, bien qu'elle ait pour rôle d'accumuler l'énergie. Cette incompréhension provient d'une confusion entre la Féminité et « les féminités traditionnelles », qui ne sont que de pâles copies de la réalité.

● C'est pourquoi aussi l'homme et la femme comprennent difficilement qu'il faille *d'abord* être Féminin *avant* d'être Masculin. Mais ils admettent fort bien qu'il faut d'abord une énergie avant que la turbine puisse tourner.

● Les femmes sont dupées au même titre que les hommes. Les femmes parce qu'on leur a présenté toute créativité comme une tendance viriloïde ; les hommes, parce qu'on a culpabilisé chez eux tout laisser-aller, les empêchant ainsi de renoncer à l'image absurde du mâle hyper-viril.

● Tout bascule, s'il est vrai que la Féminité (énergie fondamentale) doit passer au premier rang et que la Masculinité est simplement la décharge de cette énergie.

On dira que tout cela est idéal et utopique, et qu'il faudrait une révolution ? Eh bien, oui : il faudrait une révolution dans les esprits, dans la conception que chacun a de soi-même. Même si cette révolution n'est pas pour demain et qu'il faille temporairement amener le drapeau, cela ne signifie pas qu'on doive le mettre en berne.

Le fait que bien des femmes et des hommes aient la nausée du rôle qu'on les contraint de jouer, représente un atout important. La Féminité a été déconsidérée pour répondre aux besoins des cultures, des morales, des religions et, aujourd'hui, des technologies. L'énergie intérieure s'est vidée, est devenue inertie. Le commun dénominateur des femmes modernes est *une terrible insécurité intérieure.* Dès lors que la Féminité perd sa puissance, c'est l'énergie fondamentale qui disparaît. Et vous en connaissez le résultat.

DEUX EXEMPLES

L'histoire de Nelly

— *J'ai trente-cinq ans, je suis célibataire parce que j'ai dû soigner mon père après que maman fut morte. Je n'ai pas pu trouver un mari... Mais j'ai un ami ; il est marié. Il trompe sa femme avec moi, mais il me trompe aussi avec une autre.*

— Vous travaillez à l'extérieur ?

— *Je suis dactylo.*

— ...

— *Voyez-vous, Monsieur, j'ai essayé de « me » trouver à travers mon ami... J'ai tenté de savoir ce que j'étais, ce que je pouvais faire... C'était un homme ; peut-être aurait-il pu me guider, me révéler à moi-même ? Mais il est aussi instable que moi ; je ne puis que m'accrocher à ce que je voudrais qu'il soit. Alors quand il ne vient pas au rendez-vous, je vais au cinéma. C'est mon refuge.*

— Vous me disiez avoir étudié le dessin ?

— *Oui ; je voudrais peindre, mais je ne puis m'y résoudre. Chaque jour, je me dis : demain, j'achèterai le matériel nécessaire ; je fais quantité de projets, sans jamais réaliser quoi que ce soit. Je compte sur mon ami pour m'aider à sortir de moi-même ; mais c'est sans espoir, je le sais. Il me trompe sur tous les plans, moralement surtout. Il me trompe. La société me trompe. Durant des mois, j'ai essayé de me marier ; je suis suffisamment jolie, pourtant ! Alors je voudrais qu'on me dise pourquoi je ne parviens à réaliser tout ce qui gonfle en moi, toutes les créations artistiques que j'imagine sans aller plus loin. Je voudrais qu'on me dise pourquoi je suis reléguée...*

Nelly me disait cela durant la première prise de contact, avant d'entreprendre une psychanalyse. Elle était en proie à une angoissante insécurité affective ; l'avenir lui paraissait bouché ; elle se sentait condamnée à la solitude intérieure. Pourtant, rien qu'en France, une femme sur quatre, *passé 25 ans,* garde une chance sur quatre de se marier. Ce qui fait, à chaque fois, trois femmes abandonnées dans l'arrière-boutique des amours humaines.

Leur cas est rarement l'insécurité matérielle. Et leur grand espoir est de rencontrer un mari. Or, statistiquement, à cet âge, neuf hommes sur dix sont mariés.

Nelly dit être trompée par cet homme. C'est vrai, mais elle est surtout trompée par elle-même.

J'aurais pu lui dire :

— Votre Masculinité, votre action extériorisée sont bloquées. Vous accumulez en vous des idées, des projets. Mais dans quel état se trouve votre Féminité ? Pourquoi toute cette énergie ne jaillit-elle pas à l'extérieur ? Vous agissez comme des millions de femmes l'ont fait avant vous : *au lieu de chercher votre identité en vous-même, vous la demandez à quelqu'un d'autre* : en l'occurrence, à un homme qui vous frustre et vous abandonne. Il ne vous est d'aucun secours parce qu'il fait la même chose que vous : il cherche en vous ce qui lui manque. Au lieu d'additionner deux forces, votre couple tente de mélanger deux faiblesses. *Vous vous neutralisez réciproquement.* Vous cherchez à l'extérieur ce qui est bloqué à l'intérieur. *Vous ne demandez pas qu'il vous aime, mais qu'il ne vous abandonne pas.* Même si cet homme était votre mari, même s'il était solide, vous ne pourriez vivre que par lui, alors qu'il faudrait exister à titre autonome, vivre intérieurement *avec* l'autre, et *non pas grâce* à l'autre. Même mariée, vous resteriez dans la même insécurité affolée. Parce que votre Féminité est fortement dégradée, vous seriez jalouse, possessive, insinuante, harcelante, insidieuse, et vous accumuleriez les rancœurs. Vous seriez aux aguets du moindre signe qui semblerait vous « prouver » que votre mari vous « trompe », ne serait-ce qu'avec son travail ou sa voiture. Vous seriez une eau engloutissante, jamais le feu. La moindre liberté de l'Autre serait pour vous un signe d'abandon. Votre Féminité sans puissance devrait sans cesse pomper l'énergie de l'Autre, pour survivre. Quant à votre Masculinité, jamais, dans ces conditions, elle ne pourrait parvenir à la moindre réalisation personnelle.

J'aurais pu lui dire encore :

— Vous vous croyez démunie ? Vous ne l'êtes pas. Vos énergies sont en attente, quelque part. Elles sont en court-circuit. Il s'agit de retrouver *en vous* ce que vous demandez à l'Autre. Et si vous continuez de la sorte, vous deviendrez de plus en plus dépendante de l'Autre, avec toute l'hostilité cachée que cela suppose.

Et il en est tant qui se trouvent dans une situation semblable !

Voici une femme qui ne parvient pas à s'extérioriser, à agir, à décider, à créer. Les raisons peuvent en être multiples. Il est possible que, durant l'adolescence, l'extériorisation lui fut interdite. On a bloqué la vapeur, l'empêchant d'aller vers la turbine. Il est possible également que des complexes aient peu à peu envahi l'inconscient, dévorant une énergie considérable et affaiblissant la Féminité. Possible également que la Féminité soit restée de bonne qualité, mais que la peur du monde extérieur fasse barrage entre la Féminité et la Masculinité.

Etat, en cette femme, de la Féminité :

— énergie accumulée, mais mal utilisée ;
— dégradation progressive de la personnalité ;
— rancœurs ;
— angoisses ;
— agressivité refoulée ;
— entêtement ;
— résignation.

Etat, en cette femme, de la Masculinité :

— dépenses d'énergie dépassant les réserves ;
— fatigues ;
— troubles somatiques divers ;
— actions velléitaires et sans lendemain.

Voici une autre femme, angoissée par l'opinion d'autrui. Cette angoisse peut être vaguement consciente ; mais la plus grande partie est enfouie dans l'inconscient. Cette femme adoptera, sans le savoir, un comportement qui puisse masquer son angoisse. Elle joue un rôle, surveille (sans s'en rendre compte) chacune de ses attitudes, chacun de ses gestes. Elle dépense de grandes quantités d'énergie à se protéger. Elle ressemble à une personne qui payerait royalement une impressionnante équipe de « gorilles » à chaque fois qu'elle doit traverser la rue.

En cette femme :

— l'énergie est utilisée de façon totalement inadéquate, et en pure perte ;
— l'énergie qui reste est insuffisante pour les actions normales ;
— il y a mauvaise recharge de la « batterie » ; d'où fatigues, dépressions, migraines, raidissement permanent de la personnalité, etc.

Etat, en cette femme, de la Féminité :

— perte de souplesse et d'adaptabilité ;
— épuisement de l'énergie ;
— soumission inconsciente à autrui ;
— masochisme.

Etat, en cette femme, de la Masculinité :

— mauvaise alimentation ;
— toute extériorisation passe par le crible de l'angoisse ;
— activité par jets discontinus ;
— incapacité de s'imposer naturellement.

Voici une femme « moderne ». Elle a été conditionnée à n'envisager que l'efficience et la compétition, à négliger sa vie intérieure. Elle dépense plus d'énergie qu'elle n'en amasse.

Etat, en cette femme, de la Féminité :

— accumulation insuffisante d'énergie ;
— perte du contact avec la personnalité profonde.

Etat, en cette femme, de la Masculinité :

— agressivités extériorisées ;
— irritabilité, caprices, colères ;
— opinions tranchantes ;
— chutes brutales de l'activité, avec dépressions, tristesses sans motif apparent, pertes du tonus, insomnies, etc.

Le cas d'Agnès

Il illustre, mais sous un autre éclairage, la même difficulté qu'éprouvait Nelly. Délaissée, Agnès me disait :

— *Je me suis donnée corps et âme à ces quatre hommes. Je leur faisais confiance absolue, je me laissais entièrement conduire par eux. Ils m'ont abreuvée de promesses, pour m'abandonner ensuite parce qu'ils ne supportaient pas mes démonstrations passionnées. Pourtant, Monsieur, jamais un homme n'aurait pu recevoir plus de preuves d'amour.*

Trois questions se posent immédiatement :

1. Quels étaient les points communs entre ces quatre hommes ?
2. Que représentait, pour Agnès, ce point commun ?
3. Pourquoi fuyaient-ils devant les expressions « sentimentales » de la jeune femme ?

Agnès me disait encore ;

— *Ce qui me liait, c'était qu'ils étaient sûrs d'eux-mêmes. Pour eux, deux et deux faisaient quatre ; ils avaient toujours raison. J'éprouvais une telle admiration ! Ils avaient des opinions très nettes sur la vie et les gens.*

Une quatrième question se pose :

4. Pourquoi Agnès s'est-elle placée, à quatre reprises, dans une situation identique ? Pourquoi s'est-elle laissé happer par quatre hommes dont la marque de fabrique semblait n'être que : deux et deux font quatre ?

Agnès disait :

— *Moi, je ne suis pas intelligente ; eux l'étaient.*

— Que voulez-vous dire ?

— *Eh bien... leurs jugements étaient irréfutables. Il n'y avait qu'à suivre et écouter.*

— Ecouter, ou acquiescer ?

Agnès rit :

— *Oui, peut-être, acquiescer. D'ailleurs, il n'était pas question de les contredire.*

— Vous en parlez comme s'ils ne formaient qu'un.

— *C'est vrai. Ils avaient la même manière de vivre.*

— Ils ne semblaient jamais éprouver un doute quelconque ?

— *Jamais. Et ils se moquaient des sentiments ; pour eux, ce n'était que sottises.*

— Ils se montraient fiers en déclarant cela ?

— *Oui. Très fiers. Cela me sidérait, mais...*

Bien d'autres indications, au cours des séances, vinrent compléter le tableau. Agnès n'osait jamais émettre une opinion rationnelle. Lorsqu'elle devait donner son avis, elle disait : « *Je vais sans doute dire une stupidité, mais ne pensez-vous pas que...* » Ou bien : « *Voilà ce que je ressens, mais c'est irrationnel...* » Cette jeune femme se croyait incapable d'un raisonnement logique ; du même coup elle tombait en pâmoison devant la logique « mâle ». Elle ne se rendait pas compte que ces hommes vivaient sur des poncifs, ni que leur « intelligence » se ramenait au fait d'avoir raison, ni que leur « logique » était une forme d'impuissance.

Mais pourquoi s'égaillaient-ils quand Agnès leur montrait sa passion ?

Ils fuyaient parce qu'ils avaient peur, probablement. Tous les quatre étaient des « Français moyens ». Tous les quatre avaient « réussi ». Pour eux, deux et deux faisaient quatre, mais ils ne comprenaient strictement rien ni à l'existence ni à eux-mêmes. Leur vie intérieure n'était qu'une sorte de vide. De « petits malins » sans intelligence globale. Leurs sentiments ? Refoulés. Leurs sensations profondes ? Ils avaient perdu le contact. Leur vie ? Elle tournait autour de l'efficience et de l'argent.

Les sentiments d'Agnès les invitaient à pénétrer dans un monde inconnu, flou, dangereux pour eux. Ils ne pouvaient se permettre un tel « laisser-aller » sous peine d'angoisse, sous peine de devoir reconnaître qu'ils n'étaient en fait que de petits garçons. La passion d'Agnès était une sorte d'océan dans lequel leurs sécurités raidies risquaient de se noyer.

Et ils fuyaient à toutes jambes vers leur 2 + 2 = 4.

Pour Agnès, la Masculinité se réduisait à une caricature : paraître sûr de soi, pontifier sur toutes choses, rationaliser à tort et à travers. *Elle confondait Masculinité et logique du dimanche*. Elle aurait pu être amoureuse d'une machine à calculer.

Il était fatal qu'elle tombât sur des hommes-caricatures qui représentaient l'idéal faussé de sa propre masculinité. Et elle se cramponnait à eux, de façon possessive, crispée.

L'IMPORTANCE DE L'AFFECTIVITÉ

Chez nombre de femmes francophones

Comment se présentent la Féminité et la Masculinité de la femme dans les pays francophones ? Quand on observe cette femme — surtout celle qui habite les territoires de l'ancienne langue d'oïl — on a l'impression qu'elle a désappris la vertu d'un sourire, d'un merci, d'une familiarité profonde. Il semble qu'elle s'interdise l'expression spontanée d'un regard, d'un sentiment, d'une émotion. Elle semble vouloir conserver — à tout prix — une attitude d'individualisme exacerbé, qu'elle traîne jusque dans les épiceries, où elle dispute à l'infini le prix du haricot. Elle ratiocine sur les choses les plus insignifiantes. Elle reste en alerte, hérissée. Elle affirme son « Moi » en discutaillant sur tout et sur rien, comme si elle essayait par là de se prouver son existence.

Elle semble avoir perdu cette calme puissance intérieure qui, seule, autorise les grandes logiques. Elle ne parvient plus à adapter ses émotions aux circonstances, et se débat dans des comportements contradictoires qu'elle tente de justifier en parlant.

Il est certain que, depuis Descartes, on l'a obligée à confondre intellect et intelligence. Elle a été conditionnée à croire que, pour vivre bien, il suffit de faire semblant de raisonner. On lui a affirmé que ressentir profondément la vie — et les autres — n'offre aucune importance. On lui a certifié que le raisonnement est tout, et l'inconscient peu de chose. (Nous savons aujourd'hui que c'est l'inverse qui est vrai. La vie de l'inconscient est continue, toujours semblable à elle-même, tel un fleuve puissant qui charrie les bateaux en même temps que les épaves. Nous savons aussi que rien n'est plus discontinu que la vie consciente, coupée par les habitudes, les complexes, les angoisses, les réflexes, les atavismes.)

La vie de l'inconscient et l'expression des émotions lui ont été présentées comme suspectes. Ce fut, pour la femme, le culte obligatoire de la raison, *dans lequel elle s'est empêtrée*. Et sa force intérieure a baissé dans la mesure même où la ratiocination prédominait.

Incapable de sourire — de *se* sourire — elle n'a trouvé d'autre moyen, pour se protéger, que *l'ironie* envers son partenaire. Car elle manque terriblement d'humour.

Sa voix même a perdu la résonance profonde. Elle tend vers le suraigu. *C'est une voix « de tête », privée de « coffre affectif », privée de « ventre », privée d'âme calme*.

Descartes nous a fabriqué des comportements anti-humains. Il a contraint la femme des pays d'oïl à refuser de se laisser aller *dans* l'autre. Si bien qu'elle est déchirée entre les émotions qui la poussent vers l'Autre, et la fausse rationalisation individualiste qui l'en retranche. Dit autrement : elle craint de lâcher, ne fût-ce qu'un instant, la fausse sécurité des « paraîtres » rationnels.

L'ancien catholicisme ne pouvait qu'entrer en résonance avec ce phénomène culturel. Si Descartes laissa entendre que l'inconscient, la vie intérieure et, par conséquent, la Féminité profonde étaient indignes de l'être humain, le catholicisme désigna la femme comme celle « par qui le scandale arrive ». Et comme la femme *était identifiée à sa seule Féminité*, la Féminité elle-même devint injurieuse. Ici encore, on a confondu le « sexe » et l'énergie intérieure. A cette époque, qui donc aurait osé parler de la puissance de la Féminité, ou envisager comme normale la Masculinité d'une femme ?

Cependant, la « féminité » étant objet de scandale, les émotions profondes le devenaient (par le fait même !) ainsi que les sentiments et les sensations. La véritable religiosité (se relier à l'Autre et au monde) était frappée d'interdit.

Nombre de femmes francophones ont été ainsi doublement corsetées. Leur Féminité dut morceler ses larges étendues ; et par contrecoup leur Masculinité s'est traduite par la manie de la discussion, les comportements capricieux ou les sarcasmes.

Ces femmes ne savent plus que faire de cette affectivité interdite ; et sous les apparences, elles traînent une âme nostalgique, où le Sentiment est devenu sentimentalité virevoltante.

Quand l'éducation fausse les filles...

Tout ce qui bloque, freine ou dévie l'énergie intérieure enlève à la Féminité une part de sa puissance. Or les conditionnements culturels et les complexes constituent, pour l'énergie, de véritables canaux de dérivation. *Les inhibitions, de quelque genre qu'elles soient, deviennent également de grandes quantités d'énergie*. Quant à l'angoisse, elle dévore littéralement l'énergie intérieure.

Et il ne faut pas oublier que la Masculinité n'est que la résultante de la Féminité (ou de l'énergie intérieure).

Or, qu'apprend-on généralement aux filles ? Que l'énergie est d'essence mâle. Que seule l'énergie visible et extériorisée doit être prise en considération. Que la Féminité n'a d'autre but que de se faire remarquer et aimer. *Que la Féminité est un appât et non une force en soi*. Que plus la Féminité est affaiblie et « charmeuse », plus la fille aura de chance d'être aimée. Que la Masculinité est suspecte chez une fille. Que de nombreuses extériorisations d'énergie sont autorisées chez le garçon, mais interdites à la fille.

On apprend ainsi à la fille à retenir son énergie, à la garder à l'intérieur, à l'accumuler, à ne pas la manifester. On pourrait schématiser ce phénomène comme suit :

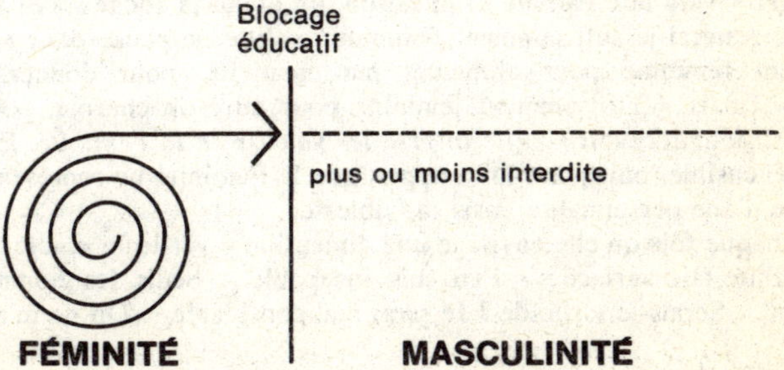

Déjà par sa structure glandulaire, la fille est prédisposée à la vie intérieure. Or, au lieu de développer l'autre volet de sa personnalité (sa Masculinité), on « chauffe à blanc » ses dons naturels. Exactement comme si une étudiante, douée pour la philosophie, se voyait contrainte d'en faire toute sa vie et de négliger les autres branches, quitte à devenir une rate de bibliothèque.

Les résultats ?

En agissant de la sorte, on autorise la fille à accumuler toute l'énergie qu'elle désire, *mais on place un bouchon entre la chaudière et la turbine*. D'où une sorte de thrombose affective. La vapeur reste sous pression ; mais elle ne jaillit que peu ou prou, suivant l'importance du bouchon mis en place par l'éducation. Et la fille (si sa Masculinité est bloquée) devient semblable à une batterie de voiture, mise en charge, mais reléguée dans un coin du garage où elle se détruira lentement et sûrement.

Dans la mesure où baisse l'énergie intérieure, la Féminité se dégrade. *La fille devient peu à peu incapable d'aimer ; elle ne cherche qu'à être aimée. Elle ne peut plus donner ; elle ne demande qu'à recevoir. Il lui est impossible d'être autonome ; elle recherche aide et protection.*

Sa Féminité cessant d'être une force vitale, la femme devient un « attrape-hommes ». D'autre part, sa Masculinité étant pour ainsi dire inexistante, la femme éprouve le besoin de rechercher *sa* Masculinité dans un Autre : en l'occurrence chez un homme, comme Nelly ci-dessus. Inutile de dire qu'elle ne l'y trouvera jamais, *puisque ce n'est pas la sienne*. Elle se met alors à vivre « par procuration » ; la réussite de son mari devient la sienne ; elle harcèle l'homme pour qu'il brille toujours davantage dans le « paraître ». Et elle ne récolte que des miettes.

Lorsque cette femme éprouve l'envie de « jaillir vers l'extérieur », de « monter » vers la créativité et la raison, un doute la ronge : « Si je crée et agis, resterai-je suffisamment féminine ? » Elle ne pense pas : « Suffisamment féminine pour alimenter ma créativité, pour donner, pour aimer », mais « Suffisamment féminine pour faire du charme, pour demander, pour recevoir ». *Elle inverse les valeurs de la Féminité*. Et c'est compréhensible, puisqu'on lui a appris que la Féminité ne représente pas la force d'une personnalité, mais sa faiblesse.

Chaque fois qu'elle envisage une dimension « verticale », une sourde culpabilité fait surface : « J'en suis incapable... Seuls les hommes le peuvent... Serais-je viriloïde ? Je serai mal considérée... On ne m'aimera plus. »

Elle hésite alors entre :

a) *la dimension horizontale* (réceptive, étale, indifférenciée, largement affective, adhérant aux choses), qui caractérise la Féminité ;

b) *et la dimension verticale* (jaillissante, « montante », dressée, de forme précise), qui caractérise la Masculinité.

Dans les meilleurs cas, la femme se fige dans une dimension « *oblique* », ni couchée ni debout, ni Féminine, ni Masculine, ni chèvre ni chou, incapable d'osciller harmonieusement d'une dimension à l'autre.

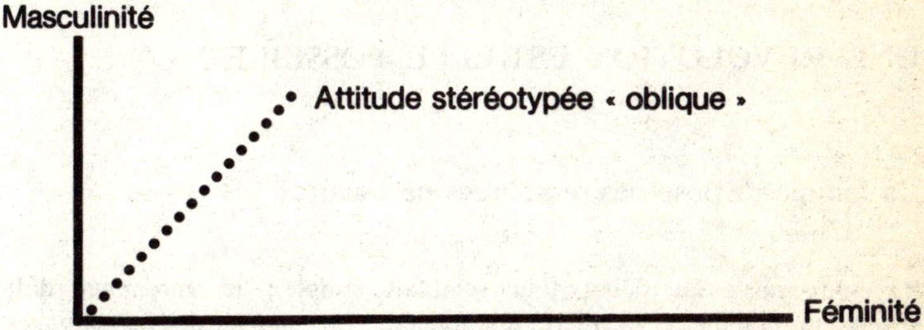

Ou encore elle devient une femme-qui-n'est-que-féminine ; elle retourne à un état larvaire, indifférencié. Symboliquement, *elle se couche devant la vie,* sans pouvoir se redresser.

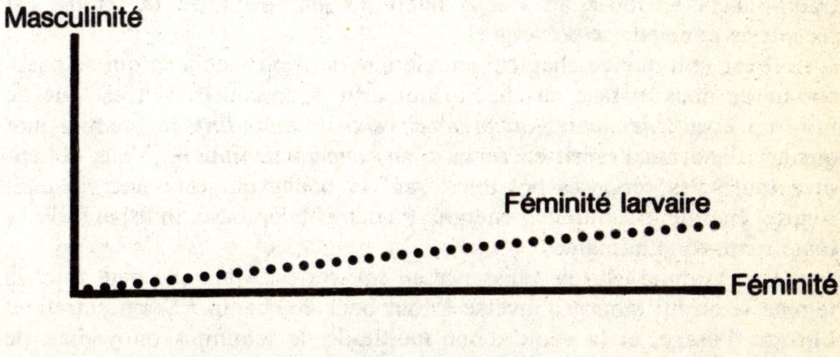

Actuellement l'éducation et la culture enseignent à la femme qu'elle doit vivre dans une dimension hyperdressée, hyperverticale. C'est pourquoi : ou bien elle copie l'absurde fausse-virilité des hommes modernes, ou bien elle se dresse contre eux, ce qui revient au même.

Dans cette lutte névrotique, la femme est battue d'avance. Elle ne peut que renforcer la peur que l'homme éprouve à son égard. Incapable de créer, elle ne peut qu'épouser les créations — authentiques ou non — des hommes. Et son masque nerveux et dominateur, elle ne peut que suivre, angoissée.

La femme s'engage ainsi dans une situation sans issue, dans une véritable impasse.

UNE RÉVOLUTION EST-ELLE POSSIBLE ?

La femme dispose des ressources nécessaires

Rappelez-vous : au début tout semblait simple ; le garçonnet doit devenir un homme, et la fillette une femme. Mais chacun des personnages s'est multiplié par deux. *La femme a pris deux visages :* la Féminité *et* la Masculinité. De plus le centre de gravité s'est déplacé : *car la Féminité a pris la place prépondérante, tandis que la Masculinité devenait une résultante.*

Dès lors tout est changé. Il n'est plus question d'hormones, mais de la façon d'utiliser une énergie donnée. Du même coup, les critères traditionnels attribués au « sexe féminin » ont disparu : la femme est réceptrice et émettrice d'énergie.

Il est vrai que ce chapitre semble une dérision face à ce qui se passe autour de nous et face au chemin qui reste à parcourir. Il n'est que de faire un essai : *demandez au premier venu* de vous dire le premier mot qui lui viendra à l'esprit en réponse au terme « féminité ». Vous obtiendrez toutes les réponses possibles, sauf la bonne qui est : énergie intérieure, énergie potentielle, énergie fondamentale, base indispensable à toute réalisation humaine.

La Féminité est une puissance *en soi*, certes. Mais que peut faire la femme si on lui montre l'inverse à tout bout de champ ? Si on entretient l'image, l'usage, et la vente d'une multitude de féminités pitoyables, de femmes-végétaux, de femmes-statufiées, de femmes-narcissiques, de femmes-mannequins, de femmes hyperbaguées et perruquées, de marionnettes décolorées, de jeunes filles traînant leur ennui dans la poussière en même temps que leurs pantalons ?

Etant donné leurs maigres énergies, comment pourraient-elles devenir créatrices, de façon autonome et non agressive ? Il ne leur reste qu'à faire appel à une créativité extérieure qui leur servira de substitut : celle de l'homme. Mais, en agissant de la sorte, les femmes accumulent, bon an mal an, tant d'amertumes inconscientes qu'elles aboutissent à une sorte de résignation hargneuse, qui est la dégradation-type de la Féminité. Quant aux autres, il est fatal qu'elles méprisent leur condition, puisqu'elles continuent de vivre selon l'équation : Féminité = faiblesse.

Les vertus fondamentales

En somme : ou bien on contraint les femmes à demeurer faussement féminines selon les critères anciens, c'est-à-dire ombreuses, glauques, sans consistance. Ou bien on les oblige à une « masculinité » tout aussi fausse, calquée sur celle des hommes modernes.

De temps à autre apparaissent sur la scène quelques femmes célèbres. Croyez-vous qu'on les présente comme ayant réalisé leur Féminité *et* leur Masculinité authentiques ? Nullement : on leur attribue a priori du génie ; de la sorte on en fait des exemplaires « exceptionnels », et l'on renforce en conséquence l'état d'infériorité des autres femmes.

Une jeune fille me disait à ce propos :

— *Nous avons alors l'impression d'être des demeurées aux dents trop longues, à qui on dirait : « Les femmes* aussi *sont capables de faire quelque chose ! » Pourquoi ne dit-on pas simplement : « Voilà la femme réelle ! »*

Cette jeune fille avait raison. Un vaste courant d'information psychologique devrait inciter les femmes à entreprendre *leur propre révolution*. Il faudrait décrasser le mot « féminité » de ses taches d'infériorité, de culpabilité, d'angoisse, d'insécurité, d'hostilité.

Certes, une révolution personnelle exige du temps, de la patience, de la ténacité, de la lucidité. Les personnes qui entreprennent une psychanalyse (la plus profonde révolution personnelle que l'on puisse opérer) en savent quelque chose[1].

Or le temps, la patience, la ténacité, la lucidité sont des caractéristiques de la Féminité. Les femmes sont donc prédisposées à cette révolution intérieure. Mais il serait temps, pour elles et pour le monde, qu'elles le comprennent.

1. Voyez « Les triomphes de la psychanalyse » (Marabout).

Prendre conscience est difficile...

Sur un million de femmes choisies au hasard, on trouverait un grand nombre de féminités en bon état, mais en attente stérile. Et donc beaucoup de masculinités possibles, mais qui demeurent immobiles.

Mais il n'est pas possible de récupérer cette énergie intérieure et de lui ouvrir des voies vers l'extériorisation, à moins de retourner vers son enfance, pour reprendre la trajectoire à son point de départ. La trajectoire de vie se fausse surtout durant la période du complexe d'Œdipe. Les causes sont toujours les mêmes : éducation, réaction devant l'éducation, climat familial, normes sociales, religieuses, morales, etc. Et la fillette, puis l'adolescente et la femme filent vers des horizons qui ne leur étaient nullement destinés. Voyez le chapitre « La fille coincée ».

Dès le début de sa vie, la fillette est confrontée avec un personnage clé : sa mère. Et celle-ci imprimera sa marque (positive ou négative) sur la féminité de sa fille. Voici donc la féminité de la fillette en route, mais c'est la mère qui, bien malgré elle, faut-il le dire, tire les ficelles. Dès lors se pose la question : dans quel état se trouve la féminité de la mère ? *Quelle puissance calme, quelle lucidité* peut-elle transvaser dans le pôle féminin de sa fille ? Bien entendu, la fillette poursuit son chemin, dans l'ignorance totale de ce qui se passe en elle. Cependant sa Féminité naissante est « à l'écoute ». Tel est son rôle. La Féminité ressent : telle est sa fonction. La Féminité capte : elle ne saurait faire autrement.

Deuxième question : comment la mère utilise-t-elle son énergie ? Cette énergie est-elle de bonne cuvée, ou sans bouquet ? La vie a-t-elle permis à cette mère de développer sa propre féminité et sa propre masculinité ? Or il est un fait : la fillette copiera ou rejettera la féminité de sa mère, du moins pendant un certain temps. Mais il est évident qu'une fillette de dix ans y regardera à deux fois avant d'imiter une Féminité maternelle qui correspondrait à ce qu'elle a si souvent entendu dire : à savoir, la Féminité « *n'est que*... ». On ne peut tout de même pas demander à une enfant de dix ans de redresser la situation en comprenant que sa mère s'est heurtée à des circonstances destructrices !

Donc, quelle est la Féminité de la mère ? *Et comment l'extériorise-t-elle ?* Par une activité sereine et autonome ? Par des comportements agressifs ? Tatillons ? Etouffants ? Par une attitude revendicatrice et possessive ? Par un autoritarisme acerbe ? Par un comportement de martyre ?

Le cas le plus courant : la fillette refuse inconsciemment d'être « comme sa mère ». Il faut sous-entendre : « Si c'est cela, être femme, j'irai chercher ailleurs. » Mais *où,* puisque en disant cela elle a déjà commencé à bloquer sa propre féminité ?

La fillette adopte donc une attitude « anti-féminité ». Comprenons-nous : *elle rejette la féminité de sa mère. Mais, par contrecoup, elle refuse sa propre féminité, et donc sa propre puissance intérieure.* Des complexes, des inhibitions vont commencer d'apparaître, et de dévorer cette énergie.

Et si la féminité de la fillette n'a pu accumuler une énergie suffisante, sa masculinité s'est automatiquement dégradée. De là toutes ces *adolescentes* aux yeux vides, dont l'activité est lourde comme plomb, l'impulsivité exagérée, les caprices imprévisibles, l'arrogance invraisemblable. Les unes stagnent dans l'inertie, la soumission, le masochisme, d'autres se lancent dans une compétition exacerbée. Parce que leur féminité n'accumule plus d'énergie. *Et leur masculinité, mal nourrie, est en attente de l'homme, dont elles deviendront l'ombre.*

Le père, dont l'influence est évidemment importante, a pour fonction principale d'apprendre à sa fille à *bien extérioriser* son énergie. Il est une sorte d'entraîneur à la vie sociale, au combat de tous les jours. Mais encore faut-il que la fille ait pu accumuler suffisamment d'énergie : ce qui nous ramène au rôle joué par la mère, qui décidément est ici le *deus ex machina.* L'action du père ne sera possible que dans la mesure où la Féminité de sa fille est de bon aloi. Sinon, autant essayer de projeter une balle de pistolet en utilisant une douille vide.

Quelques pistes de réflexion.

Voici quelques questions que toute femme pourrait et devrait se poser :

— Ai-je pu gérer mon énergie intérieure de façon normale ?

— Quelle a été mon attitude devant ma mère ?

— Qu'ai-je accumulé dans ma Féminité : de bonnes sensations concernant la vie ? Des amertumes ? Des colères sourdes ? Des soumissions pour « avoir la paix » ?

— Etais-je à l'aise lorsque j'enclenchais ma Masculinité et que je m'extériorisais ?

— Lorsque je me manifestais, quand je jouais, quand je créais, quand je donnais mon avis, ne me suis-je pas sentie incapable, agressive, inutile, trop sûre de moi, coupable, inférieure, à peine tolérée par les autres ?

— Comment s'extériorisait mon énergie ? Par de l'agressivité ? De l'ironie ? Une spontanéité authentique et confiante ?

— En fait, s'extériorisait-elle ?

— Les rancœurs, les amertumes n'ont-elles pas abîmé progressivement ma Féminité ?

Le rôle de la psychologie moderne

Sa tâche première, mais immense, est de rendre leur véritable sens aux notions de Féminité et de Masculinité.

Sa seconde tâche dérive de la première. Si la Féminité réelle est une force vive et indispensable, il faut la susciter à travers le monde. C'est-à-dire aider les êtres humains à retrouver au fond d'eux-mêmes les valeurs de compassion, de pitié, d'humanité, de paix. Je crois que beaucoup le désirent, non pas en raison d'une morale, mais parce que la déshumanisation générale leur fait peur. Peu importe d'ailleurs la motivation de départ si l'on obtient un bon résultat.

Il faut rendre sa place à la Féminité : mais il ne s'agit nullement d'une révolte des femmes contre la « loi du mâle ». La difficulté est bien plus profonde : elle concerne l'angoisse et la peur qui sont à l'origine de cette soi-disant « loi du mâle » (revoyez le chapitre « Carnages et Fraternisations »).

Les technocrates purs ne savent pas à quel point ils ont rompu avec la Féminité et la vie. Poussés par une peur obscure, ils vont de planète en planète, d'idée en idée, de théorie en théorie, de guerre en guerre : comment pourraient-ils s'arrêter aussi longtemps qu'ils n'auront pas retrouvé leur lucidité, leur énergie intérieure, aussi longtemps que le mot « humanité » restera pour eux vide de sens ?

Rendre la Féminité au monde, cela signifie lui redonner une sagesse profonde, puissante, qui s'extériorise immédiatement en des activités humaines, urgentes, et de bon sens.

Cela implique également une modification radicale de l'esprit qui anime la technocratie[1]. Si la technocratie a pris un visage inhumain, c'est que lui manquent les grandes caractéristiques de la Féminité : l'ordre, la lucidité profonde, la sagesse, la réflexion, le temps, la paix.

Comprend-on à quel point le monde a besoin de femmes et d'hommes « à deux pôles » ? Combien il est urgent que les humains cessent d'alimenter leur activité à une féminité malade, infantile, désordonnée ?

1. Il ne faut pas confondre technocratie et techniques. Si elle retrouvait son âme, la technocratie mettrait en œuvre des techniques qui ne seraient plus abstraites, mais concrètes, en ce sens qu'elles tiendraient compte avant tout des êtres humains.

Quand la Féminité aura retrouvé la place qui lui est due — mais des centaines d'années, sans doute, seront nécessaires —, les mères deviendront par le fait même les supports du monde. *Car toute force intérieure — comme toute faiblesse —, chez une fille ou un garçon, sont en provenance directe de la mère.*

C'est pourquoi la psychologie moderne devrait se donner comme but premier d'aider la femme à se retrouver. C'est-à-dire :

— Redevenir une observatrice lucide, attentive, perspicace, calme.

— Redevenir davantage spectatrice de soi et du monde, au lieu d'être une « actrice » qui obéit (par culpabilité) aux impératifs anciens ou nouveaux.

— Réorganiser sa Féminité dans l'acception la plus forte du terme.

— Prendre un certain « recul » qui lui permettrait de dénoncer et de redresser les erreurs actuelles.

Eh oui ! Dans quelques siècles, peut-être…

Lorsqu'une femme dit à un homme, ou un homme à une femme : « Je t'aime », ils sous-entendent souvent : « J'aime en toi ce qui manque en moi ».

Ce qui revient à dire qu'ils s'aiment trop eux-mêmes.

L'intelligence de la Féminité s'étend en largeur. Celle de la Masculinité est verticale. N'est-ce pas une belle complémentarité que chacune et chacun devraient posséder en soi ?

Et si des femmes à large Féminité avaient dirigé le monde, il serait probablement de mille ans en arrière, parce que demeuré concret, humain, en ordre.

Mais il serait stable.

Psychologiquement, une femme est un immense ventre clos. Ainsi, le monde lui devient un immense Enfant, appelant sa veille et sa commisération. Mais si elle n'y prend garde, son ventre se transforme en énorme étouffoir, cherchant à conserver ce qu'il a engendré.

CHAPITRE IX

VERS LE COUPLE

Leur amour est le seul enfant permanent du couple.

HÉLÈNE TEBOUL-WIART.

Comme moi, vous avez été accroché par des centaines de titres concernant le couple en parcourant des revues, des livres, des journaux. En voici quelques-uns, pêle-mêle : « Le couple est-il un mythe ? — Le couple remis en question. — Le couple en péril. — Le mariage est-il une illusion ? — Le mariage est-il condamné ? »

Pourquoi cette poussée de fièvre ? Pourquoi la notion de « couple » prend-elle brusquement une importance qu'elle semblait ne pas avoir auparavant, et pourquoi refusait-on de la remettre en question ?

Mais encore faudrait-il savoir, tout d'abord, de quoi il s'agit. Beaucoup d'auteurs lancent a priori le couple dans les étoiles, à travers un lyrisme idéalisé et dans une langue qui, pour admirable qu'elle soit parfois, n'en fausse pas moins les données.

Ainsi on commence par la fin, et l'on parle de coquelicots en plein hiver. Une première réflexion devrait pourtant nous induire à plus de prudence.

Logiquement : couple = 2. Mais en réalité ?

Chaque individu possède deux dimensions : son conscient et son inconscient, son pôle masculin (l'extériorisation) et son pôle féminin (la vie intérieure).

Ce qui, déjà, donne : couple = 4.

Quatre personnages en deux personnes ! Mais ce n'est pas tout, loin de là. Si l'inconscient est désordonné, il abrite une foule de personnages différents, contradictoires, inconnus de nous-mêmes mais qui tirent magistralement les ficelles de notre comportement. Car chacun de ces personnages va entrer en jeu selon les peurs, les inhibitions, les complexes, les habitudes, les infantilismes, les compensations, les agressivités, les émotions, les raisonnements, les sensations du moment.

Cela signifie qu'en une seule journée, chaque élément d'un couple peut éclater en un véritable foisonnement d'individus disparates, mais agissants. On voit donc grimper à une hauteur impressionnante le nombre des personnages qui auront pour tâche de former un couple. Ce couple qui, en principe, devrait se contenter de deux parties.

QU'EST UN COUPLE ?

Je transcris fidèlement d'un dictionnaire :

Couple : deux choses de même espèce, considérées ou mises ensemble, mais unies accidentellement ; par exemple : un couple d'œufs, un couple de cailles rôties.

A tout prendre, nous n'y sommes pas.

Ensuite, du même dictionnaire :

Couple : deux êtres unis par la volonté ou le sentiment ou toute autre cause qui les rende capables d'agir de concert ; par exemple : un couple d'amants, d'amis.

En mécanique de l'époque :

Couple : système de forces égales, parallèles, mais de sens contraire.

Nous approchons. Il est question ici de deux éléments possédant une certaine analogie (les amants, les amis). Ces deux éléments se réunissent et forment un « ensemble » qui acquiert par le fait même des propriétés particulières. Lesquelles ?

De l'instant à la durée

Imaginons un homme et une prostituée. Forment-ils un couple ? On dira peut-être qu'ils n'ont *que* des rapports génitaux, purement mécaniques. Mais c'est là chose impossible : car toute action humaine, quelle qu'elle soit, prend sa source dans l'affectivité (émotions grossières ou raffinées, conscientes ou inconscientes ; sensations et sentiments, positifs ou négatifs).

Cet homme et cette prostituée ont donc des rapports affectifs, qu'ils le sachent ou non. D'ordinaire, l'homme cherche l'illusion d'une affection, et la femme éprouve une vague commisération maternelle. Leur affectivité peut tourner autour du sadisme ou du masochisme, de l'« amour » ou de la « haine », etc. : donc, autour du sentiment.

Cet homme et cette femme forment un couple, mais un couple marqué par *la brièveté* : presque toujours, il se défait aussi rapidement que formé.

Un véritable couple suppose une durée : telle est la première loi. *Il n'existe aucun couple réel dans l'instant.*

Mais, chez nombre de couples, combien de fois par jour la femme et l'homme ne perdent-ils pas le contact, parce que tel ou tel personnage, surgi de l'inconscient, s'est mis à conduire la danse ? Il suffit d'un souvenir, d'une rêverie solitaire, d'une nostalgie, d'une peur de l'Autre. Il suffit que l'homme ressente sa femme comme une mère pour cesser d'être un mari et devenir « un fils ». Il est tant d'occasions où chaque élément du couple peut devenir semblable à un opérateur-radio qui appelle en vain un confrère, branché sur une autre longueur d'onde !

A ces moments-là, le couple cesse d'exister, affectivement parlant. La durée cesse : le couple se replace dans l'instant. Il n'y a plus qu'une simple relation sociale entre deux individus séparés.

Quel est donc le ciment qui peut assurer *la permanence* du couple ? Est-ce *l'habitude*, cette « durée » insipide et pétrifiée ? Certes non. Alors, serait-ce *l'amour ?* Mais que signifie ce mot ?

L'union difficile de deux affectivités

Un couple, disait le dictionnaire, « agit de concert ». Cela suppose que les partenaires aient un but commun. Et il est évident que d'innombrables couples tendent vers un même but. Peut-être l'homme et la femme ont-ils monté ensemble un magasin ; l'un est au comptoir et l'autre à la caisse. Certains travaillent de concert pour leurs vacances annuelles. D'autres, parce qu'ils ont le même idéal et considèrent la vie de même façon, poursuivent ensemble la même recherche. Ici, apparaît une dimension nouvelle et essentielle :

Couple = Durée + Affectivité.

Or l'affectivité représente la quasi totalité de notre vie psychologique. Autant dire qu'elle est indescriptible. La psychologie a fait ce qu'elle a pu : elle a loti l'affectivité en territoires que l'on a dénommés, faute de mieux, sensations, sentiments, intuitions. Ces territoires ont leurs hôtes parasites : complexes, angoisses, inhibitions, et autres grands prédateurs de l'énergie intérieure.

Un couple est *la réunion, le mélange de deux affectivités*. Aussi bien, pour définir ce qu'est un couple, faudrait-il étudier comment deux affectivités peuvent se rejoindre.

Mais qui pourra jamais décrire et analyser l'affectivité ? Notre cerveau reçoit quelques milliards d'informations par seconde. Comment décrire les fluctuations sans fin de nos sensations profondes et superficielles ? Quant aux sentiments, on ne peut en donner que de grossières approximations qui tournent autour de mots clés tels que : amour, haine, sympathie, antipathie, amitié. Comment pourrait-on cerner un sentiment, puisqu'il est l'émanation d'une sensation que l'être humain tente de « traduire » tant bien que mal, essayant ainsi de rationaliser l'irrationnel ?

Or c'est à partir de leurs sensations et de leurs sentiments qu'une femme et un homme tentent leur approche mutuelle. C'est sur les *sensations et les sentiments que le couple assure sa durée, sa permanence et sa pérennité*. Et aussi, bien entendu, ses illusions, lesquelles émanent de sensations et de sentiments faussés.

C'est également par les sensations et les sentiments qu'un être parvient à se relier à tout ce qui l'entoure. Mais encore faut-il tout d'abord qu'il soit relié à lui-même.

De là toutes les confusions qui entourent la notion de dialogue. Le « dialogue » est devenu un poncif au même titre que l'environnement, le respect de la nature et les méfaits de la société de consommation. Jamais, plus qu'aujourd'hui, il n'y eut tant de « débats » : notre monde semble ne plus pouvoir s'en passer. (En réalité, c'est le monologue ronronnant qui est roi : chacun « se » raconte à l'autre qui, pendant ce temps, « se » pense.)

Un véritable échange, un dialogue réel ne peuvent s'établir que si l'on est capable de dialoguer avec soi. Comment pourrait-on *ressentir* l'Autre, si ce n'est à travers sa propre affectivité ?

C'est pourquoi un couple authentique se forme dans la mesure où les zones inconscientes sont débarrassées peu à peu de leurs parasites, de

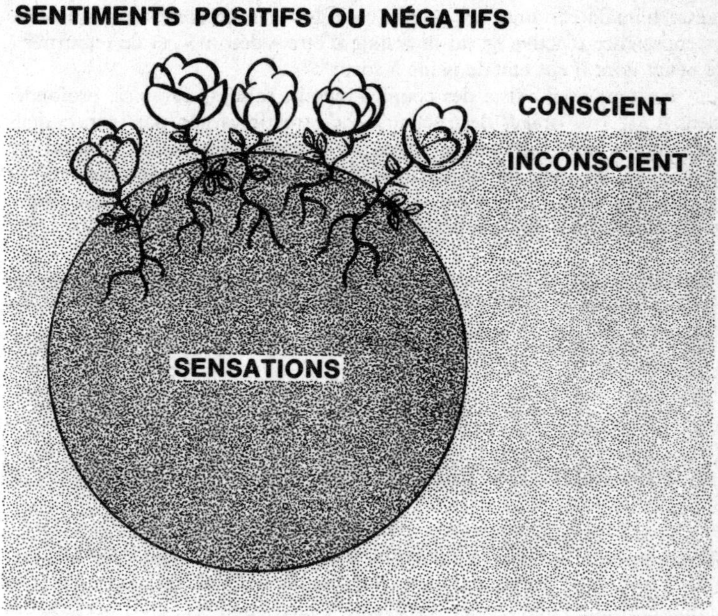

leurs infantilismes qui dévient les sensations, déroutent les sentiments et transforment « l'autre » en un mirage que l'on prend pour réalité.

C'est pourquoi le couple réussi est le haut lieu du dialogue intérieur.

Le plus surprenant est qu'un dialogue affectif entre la femme et l'homme puisse se réaliser. Ce couple, ce mélange, forment la relation humaine la plus longue et la plus profonde. La plus difficile aussi. Car les femmes et les hommes habituels ressentent et envisagent l'existence de façons si différentes qu'il semble miraculeux qu'ils puissent, peu à peu, se rejoindre.

Pourtant des milliards de couples ont foisonné à la surface de la terre. On peut croire qu'un grand nombre furent « réussis », et ont réalisé, *dans la durée,* le mélange profond de leurs affectivités, de leurs émotions, de leurs buts.

Mais chaque couple accompli est une sorte de « miracle » ; c'est un défi contre la distance hautaine que tout être humain impose à un autre, par peur de perdre sa faible individualité. *La peur qu'on a d'autrui est souvent l'angoisse de « se perdre » en l'autre ou d'être démasqué par lui.*

L'être humain est ainsi fait que la moindre menace contre sa flammèche de conscience réactive en lui la crainte d'être « détruit », et de retourner à ce néant dont il eut tant de peine à sortir[1].

Néanmoins il existe des couples réussis, solides, durables, profondément unis, sans orages destructeurs, indestructibles non par morale mais par amour, non par contrat mais par évidence intérieure. Chacun est devenu l'autre, tout en restant soi-même. N'avez-vous pas rencontré de ces couples âgés où les partenaires sont tellement fondus l'un en l'autre qu'ils paraissent avoir une seule âme ?

Dans les pages qui suivent, je décrirai surtout les obstacles profonds contre lesquels un couple risque de trébucher. C'est-à-dire les principales difficultés que doit surmonter un couple qui veut se réaliser.

LE RÔLE DE LA FEMME DANS LE COUPLE

Revenons-en à la femme : car enfin, c'est d'elle qu'il s'agit dans ce livre. Que représente la femme dans un couple ? Quel est son rôle ? Je supposerai que l'homme est relativement bien équilibré, qu'il possède des capacités de Féminité et de Masculinité de bon aloi. Sinon il faudrait à chaque fois analyser les réactions de l'homme en fonction de ce qu'il est : adulte ou infantile, spontané ou apeuré, etc.

La loi de l'offre et de la demande

En toute relation humaine, chacun offre et demande à l'autre quelque chose, superficiellement ou profondément, visiblement ou non. Toute femme devrait se demander :

— *Que puis-je offrir à l'homme qui vit avec moi ?*

— *Que lui demandé-je ?*

Ce sont là des questions de chaque jour, sinon de chaque instant. Car l'offre et la demande varient selon les états intérieurs, les humeurs,

1. Voyez le chapitre « Carnages et fraternisations ».

les fatigues, les disponibilités de l'esprit et du cœur, les accords ou désaccords.

L'offre et la demande changent évidemment selon l'âge et la maturité intérieurs. Une femme qui possède peu, ne peut qu'offrir peu. Quand elle est très démunie, ses exigences sont parfois infinies. Parce que sa féminité est faible et sa masculinité pratiquement nulle, elle offrira son charme capricieux et ses amours enfantines ; d'autre part elle demandera d'être sans cesse tenue à bout de bras, rassurée et cajolée.

Et une femme raidie dans la jalousie : qu'offre-t-elle à son compagnon, sinon des menottes ? Que demande-t-elle, sinon d'être le centre unique (et pathologique) de « son » homme ?

Aussi longtemps que perdurent de telles situations, *le couple ne peut assurer sa durée. Il va d'instants en instants,* continuellement brisé par les reproches, les disputes, les rancœurs. Puis il reprend sa maigre durée. Ces hommes et ces femmes ne forment pas *un* couple, mais *une série de couples,* qui diffèrent d'un jour à l'autre malgré les apparences extérieures.

Voici une femme « maternelle ». *Qu'offre-t-elle ?* Si sa Féminité est forte, elle pourra extérioriser ses tendances chaleureuses, compréhensives, responsables, actives, accueillantes, participantes. Mais si sa Féminité est dégradée, elle ne pourra offrir qu'une tendance maternelle dégradée ; elle deviendra engluante, possessive, autoritariste, tatillonne, « surveillante ».

Que demande-t-elle ? Si sa féminité est réalisée, elle demandera la confiance et le « laisser-aller » de l'homme, et elle deviendra pour lui un viatique indispensable. Mais si la féminité de cette femme est détériorée, elle *exigera* (inconsciemment) que l'homme reste un enfant qu'elle puisse dominer. Elle demandera que son compagnon ait besoin d'elle (dans le mauvais sens du terme). Elle voudra qu'il lui rende des comptes, à propos de tout et de rien. Et elle recevra évidemment la réponse qui correspond à ce qu'elle donne. Un homme normal se dégagera à tout prix de ces chaînes qui l'empêchent de vivre et lui donnent la sensation de retomber dans les servitudes de l'enfance.

Ces quelques exemples nous amènent à nous demander ce qui se passe généralement dans un couple où la femme, ayant perdu la puissance de sa féminité, est prise au piège des défauts de ses qualités.

Féminités réalisées et Féminités bloquées

La Féminité réalisée est : | **Chez nombre de femmes non réalisées :**

Stable

— la stabilité cesse d'être souple et ne s'adapte plus aux circonstances. Elle devient semblable à une eau qui gèle. Cette femme ne comprend pas à quel point l'homme est « en devenir », contrairement à la femme, qui « est ». Elle a tendance à considérer que tout enthousiasme, toute idée, tout amusement ne sont chez l'homme que puérilités. La stabilité de la femme est un élément sécurisant pour l'homme, mais si elle se pétrifie, elle se transforme en butoir. Cette femme n'offre plus grand-chose, sinon une dureté de jugement qui risque de tarir la créativité et l'activité de l'homme, dans ce besoin qu'il a de se distancer des choses afin de les comprendre.

Constante

— ici, également, la constance cesse d'être joyeuse et flexible. La femme se fige affectivement, devient frigide, sévère, reproche vivant.

— la constance peut se déformer en attentions doucereuses et couvantes, transformant progressivement l'homme aventurier en un mollusque découragé.

— la constance devient une présence muette, silencieuse, pleine de reproches. L'homme se sent épié, traqué, paralysé. Comme si la femme murmurait tout bas : « Quoi que tu fasses ou dises, je resterai présente au foyer, souffrant sans rien dire mais n'en pensant pas moins ; ma constance te poursuivra jusqu'à la tombe. »

Maternelle

— la femme a une tendance à « engloutir », à se faire omniprésente, possessive, incapable de laisser une initiative à son compagnon. Tout se passe comme si elle voulait « manger » l'homme, ou l'étouffer sous les soins.

— la caractéristique maternelle se transforme en une surveillance acerbe ; la femme devient « mère terrible ».

Digne

— la dignité vire au gris, devient une respectabilité purement extérieure. Cette femme ne songe qu'à sauver la face

La Féminité réalisée est :	**Chez nombre de femmes non réalisées :**
	et les apparences, poussant l'homme à devenir une marionnette sociale. — malgré un comportement raidi, la femme conserve parfois un fond très maternel qui rend possible la survie du couple. On ne peut que souhaiter à l'homme d'être, ici, très peu fantaisiste.
Fidèle	— la profonde fidélité de la Féminité se transforme en revendication. La fidélité devient un devoir, une morale sclérosée et revendicatrice. Elle rejoint la constance dégradée. « Quoi que tu fasses, je te resterai fidèle, et ton remords sera ma vengeance. »
Ordonnée	— l'ordonnance profonde de la Féminité devient la manie de l'ordre, de la propreté, du rangement, de l'horaire fixe. L'homme est assailli de reproches ironiques, sarcastiques : à tel point parfois qu'il n'ose plus bricoler dans un coin, ni déplacer un objet.
Perspicace	— l'intelligence intérieure, large et constructive, se rétrécit. Elle devient lucidité froide et glaciale, qui s'extériorise sous forme d'ironies cinglantes. La compréhension disparaît pour faire place à un harcèlement permanent, l'homme ne comprenant rien à ce qui lui est reproché. Gare à lui si sa personnalité présente des points faibles : la femme le touchera au bon endroit. Dans cette joute destructrice, l'homme est battu d'avance et n'aura de salut que dans la fuite.

Qu'offrent les femmes dont la Féminité est réalisée ? Tout. Et la réponse de l'homme sera positive, confiante. Car il faudrait être sérieusement malade ou diablement mal embouché pour ne pouvoir former un couple joyeusement harmonieux avec une femme qui représente ainsi la noblesse de sa race !

Mais devant une femme dont la Féminité est dégradée, que peut faire l'homme si ce n'est fuir, se résigner, s'endormir ? L'offre ne correspond pas à la demande. Privé de ses vitamines de sécurité, de bonheur et de chaleur, l'homme meurt lentement d'inanition affective et créative.

Notons cependant que les femmes, classées dans la colonne de droite, trouvent souvent un écho. Elles peuvent réaliser un couple qui *semble* harmonieux, à condition de n'y pas regarder de trop près. Il en est ainsi de beaucoup de couples « complémentaires », comme nous allons le voir.

Les couples « complémentaires »

Pour former un couple faut-il, comme on le croit généralement, que la femme et l'homme se complètent l'un l'autre ? Que chacun trouve en l'autre ce qui lui manque ?

Le couple complice

Il existe certains couples dans lesquels l'homme est « très viril » et la femme « très féminine », et qui semblent réaliser une union durable. Il est certain que les partenaires se « complètent ». Certain aussi qu'ils ont besoin l'un de l'autre. Mais il est très probable que chacun vit *grâce* à l'autre, et non *avec* l'autre. Ils forment un ensemble relativement harmonieux, mais chacun — pris séparément — n'a pas réalisé l'entièreté de sa personnalité.

Un tenon et une mortaise forment un ensemble parfait ; mais, séparés, ne restent qu'un tenon et qu'une mortaise.

On peut douter que, dans ce genre de couple, existe une compréhension profonde. Les partenaires n'ont qu'une partie de leur personnalité. Or il est évident que nous ne pouvons comprendre un autre si ce n'est à travers une partie correspondante ou analogue de notre propre personnalité.

Trop souvent ce qui soude un couple très « complémentaire », ce n'est pas la compréhension mais *une complicité inconsciente*. Chacun attend que l'autre corresponde à ce qu'il en attend. L'ensemble subsistera tant que l'homme conservera son masque hyper-viril, et la femme son attitude exagérément féminine (ou soi-disant telle).

Neuf fois sur dix, un tel couple est fondé sur l'admiration (de la part de la femme) et des attitudes de supériorité (chez l'homme). Autrement dit, sur des rapports de domination (chez l'homme) et de soumission (chez la femme).

C'est ici que la « complicité » apparaît nettement. Si la femme (ou l'homme) changeait d'attitude, le faux équilibre, la fragile construction s'écrouleraient.

Ce type de rapports supériorité-infériorité, domination-soumission est d'ailleurs trompeur. Un homme dont l'aspect est hyper-viril possède souvent une affectivité très faible. Il ne comprend pas grand-chose à la vie profonde. Tandis que la femme « très féminine » est nantie d'une perspicacité parfois singulièrement aiguë. Si bien que, en fin de compte, malgré ses apparences de soumission, c'est elle qui mène la barque. Elle agit en « fine mouche » ; elle est une sorte d'Eminence grise avec tout ce que cela suppose d'avantage sur l'homme.

Et croyez-moi : elle agit toujours en sorte que l'homme, tout en se croyant maître et seigneur, soit largement téléguidé.

Chacun boite, dans ce genre de couple qui, souvent se présente comme « merveilleusement mal assorti ».

Mais enfin, l'un marchant dans la rigole et l'autre sur le trottoir, le tout avance plutôt droit. A condition que personne ne trébuche.

Quelques exemples

Les exemples de couples complémentaires ne manquent pas. Et toujours on trouve, dans une personne, ce qui manque à l'autre.

Ce sera un homme « fort » qui épouse une femme « faible » ; ou bien, au contraire, l'homme dont la Féminité l'emporte sur la Masculinité (un homme trop introverti, par exemple) sera attiré par une femme dont les attitudes sont plus Masculines que Féminines (une femme trop extravertie, par exemple).

Nombreux également sont les couples sado-masochistes. Et, sous une forme plus bénigne, le couple formé par un dominateur et une dominée (ou l'inverse). Sont du même type les couples fondés sur le besoin d'écraser ou d'être écrasé(e), d'admirer ou d'être admiré(e), d'aimer ou d'être aimé(e).

Un autre exemple typique est celui d'un homme hyper-logique qui épouse une femme « délicieusement illogique ». Eux aussi formeront un couple « merveilleusement mal assorti ». En l'occurrence, la femme est semblable à un poste de radio sans sélectivité, qui capte plusieurs émissions à la fois. C'est une femme qui, en réalité, est brouillonne, totalement désordonnée ; mais aux yeux de l'homme qui en a besoin, elle apparaît comme une adorable fantaisiste. L'important est donc qu'elle rencontre son contraire. Il s'agira généralement d'un homme sec, froidement intelligent, trop précis, brillamment rationnel. Cette femme représente pour lui ce qui lui manque et qu'il regrette n'avoir pu développer : sa fantaisie et son affectivité. Cette femme sera la mouche du coche, et se montrera changeante et pétulante à souhait. L'homme sec sacrera ferme, enragera mille fois par jour, mais sans pouvoir se passer de cette femme qui fait son ravissement en même temps que son désespoir, parce qu'elle symbolise la partie refoulée de lui-même. Un excellent exemple de genre de couple était donné dans un film, tiré d'un livre de S.A. Steeman : *L'assassin habite au 21*, avec Pierre Fresnay et Suzy Delair.

Une femme me disait :

— *Si vous saviez comment mon mari sait se faire obéir, d'un seul regard ! Je l'aime parce que j'ai plaisir à me soumettre à son autorité...*

Une autre :

— *Au fond, je suis enchantée quand mon ami élève la voix. Je feins de me révolter, mais je n'en pense pas un mot.*

Une autre encore :

— *Mon mari me bouscule souvent, mi-sérieux, mi-fâché. Il me traite de stupide, de gourde. Je me fais alors toute petite. J'ai l'impression d'être aimée comme une petite fille.*

Un homme (en analyse) :

— *Je me rends compte, maintenant, que pendant des années j'ai fait du chantage. Quand je rentrais chez moi, j'exagérais ma fatigue et mes soucis. J'avais besoin que ma femme me plaigne, me prenne dans ses bras pour me consoler. Ce n'était pas ma femme, mais ma mère !*

Une femme :

— *Je me sens si misérable et inutile que je trouve anormal que mon mari ne me méprise pas. Quand il est dur avec moi, j'en suis heureuse.*

Ces couples sont-ils « adaptés » ? Oui, en un sens, et à condition que les deux névroses s'ajustent l'une à l'autre. Et c'est ici que la psychanalyse *peut* présenter un danger. En effet, si l'un des époux recouvre la santé affective, il n'éprouvera plus le besoin de se compléter par l'autre. Mais si les deux partenaires entreprennent une analyse, ils ont toutes les chances de bâtir un couple solide, mais totalement neuf et différent de celui qu'ils avaient formé au départ.

Une autre forme de couple complémentaire, d'une exceptionnelle fréquence, est *le couple-hallucination*. Inconsciemment, le mari se comporte envers sa femme comme envers une mère ; ou la femme (tout aussi inconsciemment) considère son mari comme un père.

« J'ai besoin de toi : donc je t'aime »

Cette formule, dénoncée par le psychanalyste *Fromm*, pourrait définir ce qui unit de nombreux couples. Il suffit de retourner la situation pour en découvrir l'absurde :

— *Si, un jour, je n'ai plus besoin de toi, je cesserai de t'aimer.*

Ce soi-disant amour signifie également : *Je t'aime parce que tu es ma sécurité et que je suis incapable d'« être ».* C'est la déclaration d'« amour » qu'un alpiniste pourrait adresser à son piton.

Une femme me disait :

— *Je me sens perdue dès que mon mari s'absente un moment ; j'ai tellement besoin de sa présence rassurante !*

Elle dit « présence rassurante », et non pas « présence aimante » : là est toute la différence.

Une autre :

— *J'ai besoin qu'il soit là sans cesse, à deux pas de moi, qu'il me*

JE T'AIME...

DE PLUS EN PLUS ILLUSOIRE

parce que je m'aime

(je recherche en toi ce qui manque en moi)

parce que j'ai besoin de toi

(jusqu'au jour où cessera mon besoin de toi)

pour ce que tu es

(à condition que tu le restes)

parce que je t'admire

(à condition que tu ne cesses d'être admirable à mes yeux)

tel que tu es

(mais, si tu es faible, mon amour deviendra protection apitoyée, voir mépris caché).

parce que tu « es »

(ta réalisation intérieure me permet d'être ce que je suis, avec mes forces et mes faiblesses)

parce que je suis Moi, parce que tu es Toi, réalisés et unis pour former un tout joyeux et chaque jour renaissant.

DE PLUS EN PLUS AUTHENTIQUE

dise qu'il m'aime, qu'il a besoin de moi, et qu'il serait malheureux si je n'étais pas là.

Ici le jeu inconscient est double : a) cette femme demande avant tout des marques *visibles* d'attention ; b) elle a besoin que son mari ait besoin d'elle ; elle exige que son mari soit son « enfant », parce que de la sorte il lui est une sécurité contre ses sentiments d'infériorité et d'inutilité.

Il me semble utile de présenter ici une sorte d'« échelle de valeurs » (voir p. 219). Tant pis si elle ressemble à un tableau synoptique. Il pourra du moins aider les conjoints à s'interroger sur la motivation réelle de leur amour.

Les résidus du complexe d'Œdipe

Le complexe d'Œdipe représente la période la plus cruciale d'une vie de femme. Parce qu'il est très rarement résolu, il continue d'agir obscurément, souvent de façon totalement inconsciente et toute la vie durant, dans un très grand nombre de couples.

Ce complexe offre une multitude de visages. Je retiendrai quatre situations, plus fréquemment rencontrées.

La femme-enfant

Durant son adolescence, cette femme ne désirait qu'une chose : être remarquée par son père, lui plaire, être admirée par lui, félicitée, rassurée (surtout si la jeune fille eut des difficultés avec sa mère). La jeune fille s'était placée « sous » son père, dans l'attente qu'il daigne laisser tomber sur elle un regard.

Dans le couple, la situation demeure inchangée.

Elle demande :	**Elle offre :**
— d'être rassurée, tenue par la main à tous moments ;	— un dévouement total, mais enfantin, envers son mari ;
— d'être remarquée sans cesse entre toutes les femmes ;	— l'image du bonheur, du moment qu'« il » se montre satisfait d'elle ;
— d'être citée comme la plus jolie, la plus charmante, la plus « féminine » ;	— un comportement de ménagère accomplie, dans le but de « lui » plaire et d'être félicitée ;
— d'être (et d'avoir été) la seule	— un soutien moral, mais super-

Elle demande :	Elle offre :
et unique dans la vie de son mari ;	ficiel ; « Tu es fort, intelligent, admirable ! »
— que son mari n'omette jamais d'être attentif, même dans des circonstances banales ;	— des comportements capricieux, boudeurs si son mari « oublie » de la considérer comme la reine du monde ;
— en fin de compte, elle demande tout ; elle risque d'être doucement tyrannique, dans ses exigences d'être sans cesse distinguée, adulée, d'un bout à l'autre de son existence.	— l'image d'un faux bonheur, qui se contente des adorations apparentes de son compagnon.

Une adolescence manquée a fait que cette femme en est restée au stade de l'ébauche. Souvent, elle se mariera afin de « ravir » à ses amies un garçon admiré de toutes, comme elle achèterait un objet convoité par tous les amateurs dans une salle de vente. Elle ne fait que répéter la situation de son adolescence, alors qu'elle aurait exulté d'avoir, pour elle seule, un père que les autres s'arrachaient.

Si d'aventure le mari est, lui aussi, infantile, on ne peut que frémir devant le sort réservé aux enfants de ce couple, où la femme ne peut que jouer à la poupée alors que l'homme est incapable d'assurer au foyer une sécurité affective.

L'éternelle adolescente

Ou bien elle a considéré son père comme un « dieu infaillible », ou bien, n'ayant pu entrer en contact profond avec lui, elle continue de chercher l'image d'un père idéal à travers son mari.

Elle demande :	Elle offre :
— que son mari soit brillant, qu'il réussisse, qu'il se fasse remarquer ;	— un « amour » qui peut se résumer par la formule : « Je t'aime parce que je t'admire ». Cependant
— que son mari n'échoue jamais ;	si son mari reste cantonné dans des rôles secondaires, elle en accusera les circonstances plutôt que lui. Ce
— que son mari la domine ;	faisant, elle se donne l'impression de « protéger » son mari et de com-

Elle demande :	Elle offre :
	patir à son sort. En réalité, elle cherche à conserver intacte son admiration.
— des maquillages sans cesse corrigés, des robes toujours renouvelées.	— une agressivité cachée ; la femme se veut dépendante de son mari, a besoin qu'il soit le maître ; mais toute dépendance qui n'est pas librement consentie engendre l'hostilité.
— jouant inconsciemment un rôle, elle exige que son compagnon fasse de même.	

Ils traversent l'existence, côte à côte, sans se connaître jamais. La femme ne voit pas le mari qui est à ses côtés, puisqu'en lui elle cherche un père.

La femme compétitive

Adolescente, elle était en compétition contre son père : en compétition soit active (le fameux « garçon manqué »), soit intellectuelle.

Comment se conduit-elle au sein du couple ? Eh bien... elle continue. L'homme change simplement de visage : le père est remplacé par le mari, et la compétition se poursuit. Le jeu de cette femme est souvent complexe : d'une part, elle voudrait battre son mari sur son propre terrain, mais d'autre part elle souhaite qu'il reste le plus fort. Cela, afin de pouvoir l'admirer et de conserver intacte cette image d'un père imbattable qu'elle porte en elle. Il n'est pas rare qu'elle entreprenne les mêmes études ou le même métier que son mari.

Elle demande :	Elle offre :
— un mari qui accepte la compétition, qui soit un « bon copain », qui ait un « esprit d'équipe », dans le sens sportif du terme ;	— un « esprit d'équipe » et souvent un dévouement à toute épreuve ;
— que son mari soit admiré et respecté par les autres ;	— un comportement maternel qui lui fait accepter les failles et les erreurs de son mari (qui redevient alors « son enfant ») ;
	— une agressivité sous-jacente, parce qu'elle veut être l'égale de son mari sur tous les plans.

En général, et bien qu'on y retrouve les éléments d'une adolescence mal résolue, le couple est harmonieux, très sympathique dans sa lutte coude à coude vers un but commun. L'activité de ce couple fait penser à une course de relais.

La femme intellectuelle

Une variété dangereuse pour le couple ! Dangereuse, parce que cette femme confond intellectualisme et intelligence. Sévère, très cultivée mais souvent « desséchée », elle ne saurait admettre une « supériorité » masculine quelconque. Son pôle féminin est tari, tandis que le pôle masculin est hypertrophié.

Ce type de femme est presque toujours frigide, fréquemment homosexuelle latente ou déclarée. Elle est « anti-hommes ». Presque dans chaque cas, elle eut de graves difficultés avec sa mère.

Sa devise pourrait être : *où plane l'intellect, doit mourir l'instinct.* Il va de soi qu'elle est incapable de former un couple qui mérite ce nom.

Elle demande :

— la reconnaissance inconditionnelle de sa supériorité « intellectuelle » ;
— que les autres femmes la reconnaissent humblement comme guide infaillible ;
— l'aplatissement de toutes et de tous devant ses « volontés » ;
— que son mari soit inférieur à elle, faible, résigné.

Elle offre :

— une protection débonnaire à celles et ceux qui demandent son avis ou son aide ; ce qui lui permet de conserver son sentiment de supériorité ;
— une sorte de sentiment « maternel » envers son mari ; elle le considère comme un enfant dont elle serait la reine mère ; elle lui montre une bienveillance teintée de mépris.

C'est une femme castratrice, dans toute l'ampleur du terme. Elle occupe souvent une profession libérale ; ou bien elle a épousé un « intellectuel », dont la situation sociale est brillante. En raison de ses tendances homosexuelles, inconscientes ou non, elle domine son mari en l'accablant d'ironies, de sarcasmes, de méprisantes compassions, à travers un autoritarisme camouflé ou ouvert.

Pour que cesse l'hallucination

Chacun des partenaires arrive dans « le couple » après une longue route accomplie à titre personnel. Tous deux viennent de leur lointaine enfance, de leur adolescence. *Ils apportent leur passé tout entier, dont la situation actuelle est la simple résultante.*

Même s'ils le savent rationnellement, ils l'ignorent intérieurement. Les souvenirs, les traumatismes, les complexes, l'éducation même sont relégués dans les souterrains de l'inconscient. Mais chacun se dit : « Me voici, tout neuf, et sans bagages. » Que non ! Tous deux ont des valises, bien remplies, et, la plupart du temps, parfaitement verrouillées.

Il est important que chacun des partenaires sache que son choix conscient est peu de chose face à ce qui se trame, malgré lui, dans son inconscient. Le complexe d'Œdipe trône, impérial, au premier rang des motivations. Surtout chez la fille qui traverse rarement cette période sans avoir l'âme à vif[1]. On dira, pour résumer, qu'elle cherche un père dans son mari ? Sans doute, mais il y a bien davantage. En effet, souvent abîmée par sa mère, elle demandera à son mari d'être une « bonne mère », aussi absurde que cela puisse paraître. Elle aura besoin de marques continuelles de chaude affection qui, seules, peuvent compenser son insécurité.

Et c'est ici que va jouer l'intelligence intérieure du couple. Certains auteurs déclarent : « Il faut prendre conscience ! » Certes, mais ce n'est pas simple. Prendre conscience exige du temps, de la patience, de la compréhension, de l'indulgence envers l'autre et envers soi-même. Chacun a trop tendance à refouler ce qu'il préfère ne pas voir, au lieu de *l'accepter pour l'intégrer progressivement.* Si une fille fut « mangée » par sa mère ou son père durant le complexe d'Œdipe, elle aura besoin d'un compagnon équilibré qui, peu à peu, l'aidera à reprendre pied dans les normes adultes.

Mais si tous deux se cachent la réalité, ils continueront de rechercher un « amour absolu », immédiat, réalisé à la seconde même, sans savoir que la formation du couple est une gestation lente. Ils voudront que l'autre soit cet absolu qu'ils ont manqué durant leur jeunesse ; ils resteront incapables de voir objectivement cet être de chair et d'os qui est à leur côté, *qui n'est ni leur père ni leur mère, mais une épouse ou un mari qui se cherchent.* Et le ménage vacillera dangereusement jusqu'au jour où un trait de lumière (provenant de la femme, ou de l'homme, ou d'une personne extérieure) montrera au couple qu'il tentait de prolonger un passé révolu.

1. Voyez le chapitre « La fille coincée ».

Inutile de se faire illusion : pratiquement tous les couples se forment de façon complémentaire. C'est inévitable. Mais cela signifie que le couple devra affronter les risques que suppose cette complémentarité ; il lui faudra viser vers *une harmonie de l'ensemble*, ou si l'on préfère vers un équilibre entre les deux parties.

L'homme est muni d'une certaine Féminité (même diminuée, elle n'en existe pas moins), et la femme d'une Masculinité (peut-être encore potentielle). *Mais ce n'est qu'à travers ces analogies qu'ils peuvent se comprendre*. Peu à peu, malgré les « pertes de contacts » fréquentes, le couple passera de l'instant à la durée.

Si *l'ensemble* est relativement cohérent, adapté, souple, joyeux, créatif, le couple formera un bon équipage, même si chacun des éléments, pris à part, est incapable d'affronter les risques de la route.

L'angoisse de l'homme

Une vieille peur

D'où vient que, dans nombre de couples, l'homme craigne tellement de se laisser aller envers sa femme ?

Rappelez-vous ce fait qui a pesé sur l'histoire de toutes les femmes et que j'ai décrit au chapitre 5 : l'espèce mâle, qui sommeille en tout homme, panique devant l'espèce femelle qui représente toute femme.

Dès lors se pose une question importante : retrouve-t-on cette peur dans *tous* les couples ?

La réponse est simple : s'il s'agit d'une angoisse mâle, universelle, métaphysique, il est évident qu'elle existe dans tous les couples. Traduisons autrement : tout homme habituel craint foncièrement sa femme.

Ceci n'a rien à voir avec les caricatures à la Dubout : cette angoisse se situe dans les tréfonds de la personnalité. Elle dort ou se manifeste suivant les circonstances et sous diverses formes. Les réactions diffèrent selon l'éducation reçue, la culture personnelle, l'intelligence. Et aussi selon les attitudes de la femme, bien entendu.

Deux exemples nous suffiront ici, puisque tout le chapitre 5 reste d'application en ce domaine.

Supposons un homme marié à une femme très effacée et d'une parfaite égalité de caractère. Cet homme garde, au fond de lui, une peur animale et naturelle envers l'espèce femelle. Mais cette peur n'apparaîtra pas au sein du couple, parce qu'aucun interrupteur ne viendra la mettre en circuit. Une femme « effacée » signifie une femme sans danger, neutralisée. Mais si d'aventure, la femme déclenche un orage familial, cet homme ressentira un indéfinissable malaise. Et cela parce que les hommes vivent généralement à deux niveaux :

1. Ils éprouvent une peur profonde envers la femelle.

2. Diverses craintes particulières devant tel type de femme, dues à l'éducation, à des sentiments d'infériorité ou à toute autre cause, risquent à tout instant de faire surgir la première.

Ou encore voici un homme qui, comme tant d'autres, fut éduqué par une mère envahissante, omniprésente, qui a *étouffé* et *absorbé* la personnalité de son fils (j'ai souligné ces deux derniers mots qui représentent bien la peur de l'espèce mâle : être englouti et liquéfié par la femelle, qui symbolise le néant).

Dès son enfance, cet homme fut donc confronté avec sa mère, qui *concrétisait* chaque instant son angoisse profonde. Pour peu que sa femme symbolise, elle aussi, une espèce « dévorante », ladite conjointe entretiendra, en permanence, un climat connu depuis longtemps par son mari.

Il est d'ailleurs fort possible que celui-ci ne s'en rende même pas compte : il estimerait très « indigne de lui » d'avoir peur de sa femme. Ordinairement il tentera de neutraliser sa peur par diverses manœuvres : agressivité, fermeté sèche, colères, mépris, bref tout ce qui lui permettra de « garder le dessus ». A moins qu'il n'amadoue sa femme au moyen de gentillesses.

La solution

Elle n'est pas aisée.

Tout d'abord il y a la vie quotidienne. Allez donc dire à cet homme raidi dans ses affaires, ses soucis, ses incertitudes devant la vie, sa fausse certitude de lui-même : « Vous avez peur de votre femme », il vous répondra par un sourire, un haussement d'épaules, un air goguenard. Il vous dira que cela a si peu d'importance qu'il ne vaut même pas la peine de s'y attarder une seconde. Ce qui compte avant tout, pour lui, n'est pas l'affectivité, mais le cerveau ; à moins que ce ne soient les biceps.

D'autre part l'homme ne peut que très difficilement ressentir vraiment son angoisse. Non seulement parce qu'elle est extrêmement profonde, mais parce qu'il fait tout pour se la cacher. L'homme a l'impression que cette peur de la femme met en cause sa « virilité ». C'est vrai en ce qui concerne les fausses virilités des matamores. C'est faux s'il s'agit de la véritable virilité, laquelle s'appuye sur une vie intérieure puissante.

La résolution de cette peur peut rénover complètement l'entente du couple. Mais, une fois encore, le travail n'est pas facile. Car l'homme doit descendre, échelon par échelon, avant d'arriver aux cavernes inconscientes.

Voici, pour aider à la réflexion, quelques situations banales. C'est l'homme qui rabroue sa femme lorsqu'elle lui montre de la tendresse (qu'il appelle « mièvre »). L'homme qui s'énerve lorsque sa femme rectifie sa tenue vestimentaire. L'homme qui sent monter la colère si, en public, sa femme lui dit « mon chéri », ou tout autre mot gentil, parce que cela lui donne l'impression d'être « traité en garçonnet ». C'est l'homme qui se sent mal à l'aise lorsque sa femme parle de lui à d'autres personnes. Celui qui file doux devant une colère de sa femme. Etc.

On pourrait schématiser comme suit ces multiples réactions :

L'attitude de l'épouse
rappelle
la tendresse (ou la colère) de la mère
qui rappelle
la dépendance de l'enfance
qui rappelle
le néant d'avant la naissance
qui rappelle
l'angoisse devant la mort.

C'est pourquoi l'attitude compréhensive de la femme a tant d'importance pour le couple.

LE COUPLE « SACRALISÉ »

Nul être au monde ne peut se passer de sacralisation. Chacun cherche à se « relier » à ce qui l'entoure, aux êtres, aux choses. Cela est vrai en particulier pour la femme, dont la nature est profondément religieuse (dans le sens étymologique du mot : religare = relier).

C'est devenu un cliché de dire que le monde actuel ne parvient plus à trouver cette sacralisation dont il a pourtant un besoin vital. Comme tout être, l'homme moderne tend vers quelque chose qui le dépasse : mais *il cherche à l'extérieur ce qui, en réalité, se trouve en lui.*

Quant au couple, il pousse ses antennes en deux directions :

a) *vers l'intérieur :* c'est la relation interne du couple ;

b) *vers l'extérieur :* c'est la relation externe avec le monde social, les enfants y compris.

La sacralisation venue de l'extérieur

C'est le mariage-institution, le contrat sous serment, qu'il soit laïc ou religieux. On s'engage et on prend le départ. Le couple s'efforce de respecter le contrat, malgré les écueils, parce que les conjoints ont juré de rester ensemble pour le meilleur comme pour le pire.

Je crois que rien n'est plus néfaste pour le couple que la notion de « devoir conjugal », avec les culpabilités, les refus, les refoulements, les hostilités, les mensonges qui en découlent. Sans parler des « sanctions », qu'elles soient assenées par la loi ou par un dieu.

Ces couples-là s'engagent envers une autorité extérieure, comme des enfants devant un parent tout-puissant. Leur âge affectif les rend incapables d'*investir leur personnalité* dans leur propre réussite intérieure, et dans le couple. Ils considèrent le couple comme quelque chose qui leur est extérieur. Ils n'ont même pas l'idée qu'ils pourraient s'investir dans le couple, comme un bon artisan le ferait dans son métier. Or le couple n'est-il pas le « métier » de vie, qui s'apprend et se polit peu à peu ?

La sacralisation véritable

Aucune sacralisation n'est possible, même à l'intérieur d'une religion, si elle ne prend pas appui sur la capacité intérieure de se relier pleinement à soi-même et aux autres.

Le couple ne peut se réaliser que dans la mesure où chacun des éléments réalise sa propre harmonie. Tendre vers cette auto-harmonisation, c'est marcher vers la réalisation progressive du couple dans lequel on s'est engagé. Autrement dit, tout bêtement, les deux éléments doivent devenir adultes, sur le plan affectif.

Former un couple, *c'est préparer une durée. C'est faire un pari contre le temps, mais aussi avec le temps,* puisque c'est postuler que la relation avec l'autre doit être longue. Puisque, également c'est admettre qu'un couple doit être en expansion permanente, sous peine de stagnation, de sclérose, de mort affective.

Voici Jeanne et Paul, 26 et 28 ans, un exemple entre cent mille. Jeanne a — si je puis dire — un âge affectif de quinze ans ; elle est demeurée bloquée au complexe d'Œdipe. Paul n'est guère plus mûr ; il « réussit » dans la vie, mais il ignore ce qu'est la force intérieure. En fin de compte, Paul est pour Jeanne tout ce que l'on veut : son grand frère, son père, mais certes pas son mari. Qu'est Jeanne pour Paul ? Une épouse ? Non. C'est une petite fille béate d'admiration, non pas devant *lui*, mais devant sa « réussite », sa manière de se débrouiller, ses idées, ses théories. Il représente son support affectif (et réciproquement) puisqu'elle le considère comme un demi-dieu. Vous pensez bien que ce couple — ou plutôt cette réunion de deux personnes — risque de poursuivre longtemps ce double jeu de complicité, et de se retrouver, à cinquante ans, avec le même âge affectif qu'au jour du mariage.

Et cela nous amène à l'angoissante question que m'ont posée nombre d'adolescentes :

— *Quand est-on prête ?*

Il n'est de réponse qu'intérieure :

— *Suis-je capable de m'unir affectivement et émotionnellement ? Quel est mon âge affectif ? Que représente autrui pour moi ? Quelles sont mes angoisses et mes peurs ? Suis-je reliée avec moi-même, ou du moins tendé-je vers ce but ?*

J'ai entendu, un jour, un « conseiller » dire brutalement à une femme :

— *Comment ! Après douze ans de mariage, vous avez encore peur de votre mari qui pourtant, d'après ce que vous dites, est bon et compréhensif ?*

C'est tout juste s'il ne levait pas vers le ciel deux bras indignés. Il aurait été plus simple de convier cette femme à rechercher le pourquoi de sa peur, dans laquelle son mari, *en soi*, n'avait probablement rien à voir. Cette femme avait peur parce qu'elle avait toujours eu peur des autres. Et son mari prenait place dans la ronde. Comment aurait-elle pu s'unir à lui, se laisser aller envers lui, puisqu'elle ne pouvait le faire devant la vie ?... Et cette femme est partie, se sentant indigne et coupable d'avoir peur. Tout de même !...

Reste l'inquiétante question :

— Quand est-on prête ?

Il faudrait modifier la question et se demander :

— *Qu'est-ce qui m'empêche d'être prête, d'être disponible envers moi-même, et éventuellement envers « lui » ? M'accepté-je suffisamment pour ne pas le ressentir à travers mes déformations ? Suis-je suffisamment en voie de complétude pour rechercher un compagnon, et non une béquille ? Ma Féminité est-elle une force, ou une faiblesse ?*

Et tant d'autres questions qui tournent autour de « mon Moi, mon Je est-il suffisamment autonome ? ». Une jeune femme sera prête dès qu'elle sera *en marche vers* sa liberté intérieure, qu'il ne faut pas confondre avec les agressivités et les anti-conformismes à tout prix. A cette capacité intérieure, à cette force de la Féminité, doit s'ajouter la possibilité d'extérioriser sa créativité (au lieu de tabler sur celle de son mari).

Et ainsi, elles pourraient dire encore :

— *Lui et moi arrivons nantis d'un important bagage : notre passé. Ce passé a déterminé ce que nous sommes — ou paraissons être — aujourd'hui... Chacun a tendance à reprocher à l'autre ce qu'il est actuellement, sans se demander pourquoi il est ainsi. De sorte que blâmer l'autre signifie critiquer son passé, avant même de le connaître. Je ne saurai pas qui est l'autre si j'ignore d'où il vient, quelle fut son enfance, son éducation, sa vie antérieure. Alors seulement je pourrai l'approcher profondément, dans sa totalité.*

D'autres jeunes filles demandent :

— *Suis-je capable d'aimer ?*

Sous une autre forme, c'est la répétition de la première question. *Il n'est pas de véritable amour de l'autre si on ne s'aime pas soi-même.* « Suis-je capable d'aimer ? » revient à dire : « Suis-je capable d'être, d'éprouver du respect pour moi-même et pour l'autre ? »

D'où la réponse :

— *Tant que je ne pourrai me relier à moi-même, je ne pourrai me relier à l'autre. Tant que je me considérerai comme un objet, c'est-à-dire tant que je serai en proie à de violents sentiments d'infériorité, de culpabilité, de peur, d'angoisse, je ne pourrai bâtir un couple qui mérite ce nom. Je puis certes l'amorcer, le commencer, à condition de travailler à ma propre libération intérieure avec l'aide de mon compagnon.*

UN COUPLE A QUATRE...

J'en reviens à notre point de départ. Fort heureusement, la nature a doté chaque être humain d'une certaine quantité d'hormones de l'autre sexe.

LA FÉMINITÉ ET LA MASCULINITÉ D'UN COUPLE

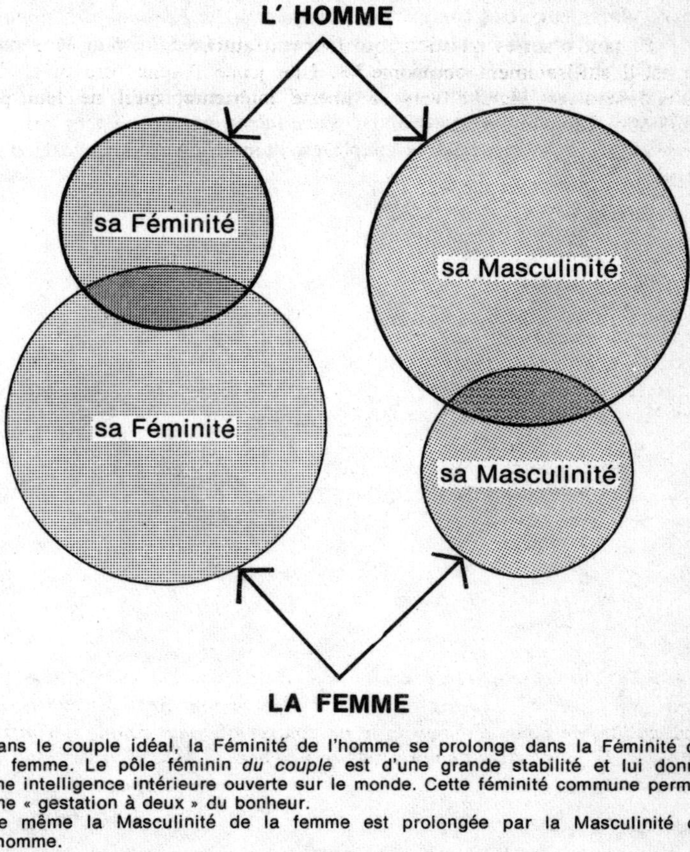

Dans le couple idéal, la Féminité de l'homme se prolonge dans la Féminité de la femme. Le pôle féminin *du couple* est d'une grande stabilité et lui donne une intelligence intérieure ouverte sur le monde. Cette féminité commune permet une « gestation à deux » du bonheur.
De même la Masculinité de la femme est prolongée par la Masculinité de l'homme.
Le couple est actif, joyeusement créatif, capable d'extérioriser, comme un seul être, l'énergie accumulée.

Encore faut-il que, *psychologiquement,* chacun le sache, l'accepte et le réalise, au lieu de le refouler.

Nous savons également que la Féminité et la Masculinité sont des attitudes devant la vie, des manières de gérer son énergie. Pour réaliser un couple profond et durable, il faut que la femme et l'homme développent la Féminité et la Masculinité qui se trouvent en chacun d'eux. Ce seront alors deux êtres complets en eux-mêmes. *La Féminité de l'homme se prolonge dans la Féminité de sa femme. La Masculinité de la femme se prolonge dans la Masculinité de son mari.*

Ainsi, dans la mesure où il est réalisé, le couple est relié, créatif, joyeux, et il poursuit sa route animé d'une même âme.

Voyez-vous, un véritable couple est l'union d'une Servante et d'un Servant de la vie.

Beaucoup de « féministes » croient se battre contre les hommes. En réalité, elles luttent contre une féminité inerte qu'elles ont constatée chez nombre de femmes, à commencer par leur mère.

Aveuglées par le passé et méconnaissant, de ce fait, la véritable féminité, elles veulent écraser celles de leurs consœurs désirant redevenir femmes.

Une guerre civile, en quelque sorte.

Probablement ceci fut-il dit mille fois. Mais la « féminité », telle que beaucoup de femmes l'ont entretenue, devint un papier d'emballage, artificiel et factice, destiné à répondre à la demande névrotique de l'homme.

Cela signifie que la féminité cessa d'être une puissance pour devenir la partie la plus appauvrie, la plus malade, d'une personnalité de femme.

On dit : deux femmes fraternelles. Le féminin du mot « fraternel » reste ainsi de racine masculine. Autant dire que ce terme ne comporte pas de féminin. Est-ce la constatation que la fraternité n'exista jamais entre les femmes ?

CHAPITRE X

CE QUI LEUR ARRIVE PARFOIS...

Maman, est-ce que hier n'est pas fini ?

(LOUIS XVII À MARIE-ANTOINETTE.)

LA FEMME DITE FRIGIDE

La frigidité : un état d'âme

Première approche

Une étymologie. Frigidité vient du latin *frigidus* = froid. Tout un programme.

Une croyance. Une femme frigide ne le serait que durant les rapports génitaux. Une grave erreur.

Un fait. Le nombre des femmes dites frigides est incalculable.

Une fausse vérité. La frigidité serait une déficience moderne.

Une vérité. La plupart des gens modernes vivent sur une affectivité malade.

Une éternelle discussion. La frigidité est-elle un défaut physique ou psychologique ? Les facteurs affectifs ne sont-ils qu'une conséquence de conditions organiques, ou bien les facteurs psychologiques et sociaux sont-ils premiers ?

Une certitude. Un trouble affectif retentit automatiquement sur la vie sexuelle.

Une conviction fréquente. La frigidité de la femme dépendrait de la maladresse de son partenaire. C'est faux en soi, bien que la gaucherie du partenaire puisse renforcer la frigidité de la femme. Ce serait oublier l'importance des éléments affectifs. Une femme *affectivement* frigide peut éprouver un plaisir génital. De même un homme *affectivement* impuissant (par ex. : incapable de montrer de la tendresse) peut fort bien être génitalement puissant.

Quelques avis classiques

La frigidité est ordinairement considérée comme une difficulté complexe, irritante. Elle est parfois la conséquence de certaines affections qui vont du bénin au plus grave : surmenage, préoccupations, épuisement, mélancolie, neurasthénie, diabète, etc.

On la définit comme le ralentissement, l'arrêt ou l'absence de l'appétit sexuel.

La femme accepte relativement bien d'être frigide, d'autant plus qu'il lui est possible de jouer la comédie.

Certaines perversions entraînent la frigidité, laquelle cesse lorsque la perversion peut être satisfaite : c'est le cas d'une masochiste dont la frigidité disparaît si le partenaire la brutalise en paroles ou en actes, ou d'une fétichiste dont le plaisir est provoqué par la vue ou le toucher du fétiche[1]. De même telle femme cessera d'être génitalement frigide si elle met en jeu certains phantasmes : un homme à qui elle pense en secret, un scénario qu'elle déroule dans son esprit, certaines situations perverses qu'elle imagine.

Les causes accidentelles de la frigidité peuvent être nombreuses. La vie moderne empêche la tranquillité et le recueillement indispensables à une sexualité profonde et normale. Songeons simplement à la vie dans les grands ensembles mal insonorisés, à l'agitation dans la rue, aux multiples professions harassantes. Mais il s'agit alors de *pseudo-frigidités* qui n'ont rien à voir avec un trouble de la personnalité.

1. Voyez « Les victoires de la psychologie moderne » (Marabout).

En outre, chacun sait que les neuf dixièmes des habitants de notre planète souffrent de troubles affectifs, tels que :

— une hyper-émotivité ; ou une émotivité inhibée ;

— une difficulté (ou incapacité) d'aimer ou de se laisser aimer ;

— des sensations déformées : sensations d'infériorité, d'incapacité, d'impuissance, de culpabilité, d'angoisse ;

— des sentiments abîmés : difficulté (ou impossibilité) de montrer ses sentiments ; ou, au contraire, exagération des démonstrations sentimentales ; agressivité ; hostilité camouflée ; impossibilité de se « laisser aller » ; incapacité d'être heureux ou de jouir de la vie.

Bref, toutes ces personnes sont en relations faussées avec elles-mêmes, et par conséquent avec autrui.

Une double frigidité

De nombreuses femmes souffrent d'une frigidité vaginale, alors que le clitoris est normalement sensible. *Freud* dit que la jouissance clitoridienne constitue une fixation infantile. Pour Freud toujours, une femme doit pouvoir « glisser » vers la jouissance vaginale. Ce glissement n'est jamais complètement réussi et, au moment de la maturité sexuelle, la femme possède *deux* organes sexuels. Cette même femme hésite, si l'on peut dire, entre deux formes de jouissances, bien que la jouissance clitoridienne soit souvent, chez elle, une habitude.

Une « clitoridienne » est-elle anormale ? Il est difficile de répondre catégoriquement. Elle est incomplète, certes, mais la situation n'est pas nécessairement pathologique.

La frigidité est un symptôme

On croit généralement qu'une femme frigide ne serait frigide qu'au lit. Mais il devient évident que cette opinion est erronée, si l'on admet que la frigidité de cette femme provient d'un trouble de la personnalité. En ce cas, sa frigidité est un symptôme, et rien de plus.

Cette femme doit bien constater sa frigidité génitale. *Mais elle se demande rarement si elle n'est pas également « frigide » dans ses rapports sociaux*. Elle y constaterait peut-être une timidité, une rigidité, de l'agressivité, des angoisses ; mais se dira-t-elle qu'elle est, dans sa vie courante, tout aussi frigide qu'au lit ?

Si sa frigidité est un « état d'âme », elle la transporte partout avec elle. Et — même si cela ne se remarque pas immédiatement — sa frigidité intérieure influence nécessairement sa façon d'arranger sa maison, l'éducation de ses enfants et ses rapports avec ses voisins ou sa concierge.

Et cela ne signifie pas qu'elle sera « froide » avec autrui, dans le sens habituel du mot. Car une affectivité perturbée peut entraîner une sensibilité exacerbée et une extériorisation débordante, aussi bien qu'une hibernation des sentiments.

On dit souvent qu'une femme frigide cesse de l'être quand elle change de partenaire. C'est vrai si la frigidité est accidentelle : incompréhension de l'homme, méconnaissance de la sexualité féminine, brutalité, manque de tendresse, etc. C'est faux si la frigidité est d'origine affective. Peut-être cette femme parviendra-t-elle à un plaisir génital « au moyen » d'un nouveau partenaire ; mais cela n'améliorera pas son affectivité perturbée. Si elle cesse d'être frigide au lit, apparaîtront d'autres symptômes : jalousie, autoritarisme, possessivité, exigence de marques d'amour permanentes, etc.

Comme on le voit, la question n'est pas simple. En un sens, il est même impossible de cerner la difficulté, parce qu'il est impossible d'analyser l'océan de sentiments, d'émotions, de sensations, de pensées qui tourbillonnent dans l'inconscient humain.

Les causes

La femme est-elle prédisposée ?

Y aurait-il dans la nature de la femme une propension à l'inhibition, au blocage de son affectivité ? Une prédisposition à refuser sa féminité ?

Nous avons déjà examiné ces questions ; aussi bien me contenterai-je de résumer rapidement quelques points importants.

La femme est plus intériorisée que l'homme. L'homme est *ex*plosif, la femme est *im*plosive. L'homme est tendu vers le dehors. La femme est penchée vers son « dedans ». Elle est prise tout entière par son affectivité. Elle participe à toutes choses de façon totale. Elle se donne (ou se refuse) tout entière, « corps et âme ».

En ce qui concerne la génitalité, l'organe féminin est « ouvert ». Il est ressenti comme fragile, attaquable, vulnérable. Certaines femmes l'éprouvent comme une blessure ou une mutilation. Beaucoup ont peur de la pénétration, qu'elles ressentent comme un « viol de la personnalité ». Il n'est pas étonnant, à première vue, que ces femmes se heurtent à d'énormes difficultés pour épanouir leur personnalité. Or les rapports affectifs et génitaux *exigent* une expansion de la chaleur intérieure, ce qui est à l'opposé du blocage affectif qu'est la véritable frigidité.

Les facteurs extérieurs

1. Ce sont d'abord les circonstances qui ont conditionné négativement la femme. Les événements qui l'ont freinée dans l'*extériorisation* de ses sentiments et de ses activités. Ces circonstances ont empêché l'*ex*plosion et l'*ex*pansion de sa personnalité. Elles l'ont contrainte à demeurer en elle-même et à ne pas en sortir. D'où le repli sur soi, dans toute l'acception du terme.

Ces circonstances ne font d'ailleurs qu'amplifier une tendance naturelle de la femme : *rester dans son intérieur* (psychologique). Et, du même coup, la possibilité d'extériorisation est bloquée.

Quand on pense d'autre part, que l'homme moderne est devenu incapable de spontanéité, il n'y a plus à s'étonner que les « couples frigides » soient légions.

2. La femme est marquée, depuis toujours, par une sorte de malédiction. Elle a été (et reste souvent) celle « par qui le scandale arrive ». Elle a été marquée au fer rouge, comme impure. Freud disait : « Les organes génitaux n'ont pas participé à la beauté du corps féminin... » Et ne croyez pas que notre époque ait balayé tout cela ; ces sensations — inconscientes — subsisteront tant que l'homme se sentira angoissé devant la femme (revoyez le très important chapitre V).

3. Nombreux sont les maris qui accusent leur femme de frigidité pour se masquer à eux-mêmes leur impuissance. Les boucs émissaires ne datent pas d'aujourd'hui.

4. Il faut évoquer la notion horrible de « devoir conjugal », qui rejoint le contrat de mariage. Parce qu'elle « donne » du plaisir à son conjoint, la femme se déculpabilise de ne rien ressentir. Souvent, alors, sous des aspects narcissiques et hyper-féminins, elle conserve la tête aussi froide qu'un glaçon, et l'âme inerte comme la mort.

5. Un ouvrage entier serait nécessaire pour décrire les imaginations, peurs, angoisses, phantasmes, répulsions qui émergent durant l'acte sexuel. Et tous les narcissismes et masochismes. Et les femmes qui se croient « trop larges » ou « trop étroites ». Et le nombre incroyable de

celles qui, estimant leur frigidité « normale », la taisent à leur mari pour ne pas le peiner ou le vexer.

Les remèdes

Les femmes frigides consultent généralement un médecin généraliste ou un gynécologue. Il est rare qu'elles fassent appel à la psychologie. Elles recherchent donc un spécialiste de l'organisme physique, et oublient leurs structures psychologiques.

Cela montre :

1. Qu'elles oublient (ou ignorent) que la sexualité est liée à l'affectivité et que tout dérèglement de la « vie intérieure » retentit sur la vie — dite — sexuelle.

2. Qu'elles considèrent leur frigidité comme relativement normale et de peu d'importance ; comme si elles demandaient un médicament contre des maux d'estomac dont elles négligeraient la cause.

Il semble démontré que la médecine classique offre peu de possibilités de guérir une frigidité, pour l'excellente raison que « les plans » ne sont pas les mêmes. La femme s'entendra fréquemment poser la question tic : « Comment vous entendez-vous avec votre mari ? » Cette question, pour rituelle qu'elle soit, est relativement dangereuse. Bien que, *en soi*, elle vise l'affectivité de la consultante, elle l'engage le plus souvent sur une fausse piste. Pourquoi ?

Parce que cette question met en cause le partenaire, du moins dans l'esprit de la consultante. Or la frigidité réelle est un « comportement », même si certaines circonstances extérieures l'entretiennent.

C'est un « état d'esprit » qui rend cette femme frigide dans tous les actes de sa vie. Il se peut, bien sûr, que son mari soit incapable de l'aider ; mais ce n'est pas prouvé.

Aussi bien il est faux de dire que la frigidité est une névrose à deux. C'est trop facile. Quelles que soient les interactions à l'intérieur d'un couple, chacun des partenaires possède sa propre affectivité, saine ou malade.

C'est pourquoi la question « Comment vous entendez-vous avec votre mari ? » est dangereuse. La femme risque de chercher à l'extérieur une cause purement intérieure.

Quant à la psychologie, elle estime que tout comportement psychologique, conscient ou inconscient, influence nécessairement le physique. Elle envisage toujours l'individu dans sa totalité.

Il convient donc de reposer la question comme suit :

— La frigidité au lit est-elle un symptôme isolé, ou un maillon d'une chaîne d'autres symptômes qui émanent de troubles plus ou moins profonds de la personnalité ?

En d'autres mots : la frigidité au lit est-elle un « signal d'alarme » prévenant que quelque chose « grince » dans le tréfonds de l'inconscient ?

Il est évident qu'on ne saurait déceler d'un seul coup d'œil les difficultés qui déforment une personnalité. Les psychanalystes en savent quelque chose qui voyagent, à longueur de vie, dans les profondeurs inconscientes d'autrui.

En fait, peu de femmes entreprennent une psychanalyse « pour cause de frigidité ». Parmi les femmes que j'ai analysées, je trouve trois catégories : celles qui, passionnées de vivre et nullement malades, désiraient développer au maximum leur Moi ; celles qui souffraient de lourdes difficultés dans l'adaptation à elles-mêmes et à la vie ; celles enfin qui étaient atteintes de « névrose », avec tous les troubles de la personnalité que ce terme évoque.

Mais jamais, en ce qui me concerne, je n'ai connu une femme qui ait entrepris une analyse pour guérir sa frigidité, en tant que symptôme principal. Et au cours d'une psychanalyse, il faut tout un temps avant que la personne ne dise — sans paraître y accorder grande importance — : « *D'ailleurs, je suis frigide...* »

Outre sa frigidité génitale, que trouve-t-on chez une femme frigide ? Sa féminité ne « tourne » pas comme elle le devrait. On constate des troubles de la menstruation, du vaginisme, des cycles perturbés. Puis, dans le domaine psychologique, l'agitation, l'épuisement, l'angoisse, les manies, l'irritabilité, la dépression : soit en permanence, soit avant les regles.

Ce ne sont là que quelques symptômes courants, bien entendu. Mais il y en a bien d'autres. Par exemple : l'impossibilité d'arrêter de travailler, la culpabilité quand la femme se laisse aller au bonheur, le besoin de rationaliser, la haine envers les hommes, le mépris des femmes, les jalousies maladives, les possessivités étouffantes, les sentiments d'infériorité, la sensation de n'être rien, de n'être pas aimée, la méfiance exagérée, les revendications excessives, que sais-je encore...

Du moins, ces divers symptômes montrent la difficulté qu'éprouvent ces femmes à entrer en *relation affective* avec elles-mêmes et avec autrui (leur partenaire, en particulier).

La frigidité : une envie et une revendication

Il existe une forme de frigidité caractérisée par des sentiments d'envie et de revendication envers l'homme que la femme considère comme privilégié. Les causes sont multiples : sociales et éducatives, l'homme ayant été présenté comme « supérieur » ; ou inconscientes : la femme refuse sa féminité.

Ce sentiment d'envie et de revendication est souvent inconscient, mais on serait étonné du nombre de femmes « très féminines » qui refusent leur féminité, qu'elles ressentent comme inférieure, insignifiante, superficielle. En un mot, elles croient que leur féminité est un défaut, voire une erreur de la Nature.

Dans ce cas, la femme tentera de posséder l'homme — au sens argotique du terme. Exactement comme, durant la situation œdipienne, certaines adolescentes, sous des aspects très « féminins », tentent d'« avoir » leur père au tournant.

Ces femmes doivent, logiquement, chercher à diminuer l'homme. Comment ? Se croyant incapables de le combattre à ciel ouvert, elles engagent une lutte sournoise, insidieuse. Dressée contre le mâle, sans le savoir, la femme sera frigide ; elle sous-entend : « Prends ton plaisir, mais ne compte pas sur moi pour *participer* à ton action de mâle. »

Cette femme se met en hibernation. Elle fait la morte. Elle subit l'« attaque » masculine dans une inertie affective totale.

Ainsi s'amorce le cercle vicieux :

— *La frigidité engendre* ...... des sentiments d'infériorité ;
— *qui engendrent*............ de nouvelles revendications contre le partenaire ;
— *qui engendrent*............ un refus accru de la féminité et le renforcement de la frigidité...

jusqu'au verrouillage complet. Et nous retrouvons ainsi, de nouveau, le complexe d'Œdipe qui apparaît, dans la vie de la femme, à chaque tournant.

Le cas de Jolie

Ce prénom, introuvable dans le calendrier traditionnel, représentait parfaitement cette femme de 32 ans qui « faisait du charme ». Elle se plaignait de sentiments d'infériorité :

— *Dès qu'on me regarde, je perds pied comme si je n'étais qu'une chose sans importance qui n'a pas le droit d'être là...*

De sentiments de culpabilité :

— *En voiture, au moindre coup de sifflet ou d'avertisseur, mon premier réflexe est : « Qu'ai-je fait ? »*

D'angoisse :

— *Le matin, j'ai à peine ouvert les yeux que la boule est là, dans ma gorge ; mon estomac est contracté. Je sais que ma journée sera truffée de dangers, de peurs, de timidités. Je crois que je ne suis pas faite pour être heureuse ! Si j'ai tout mon temps pour faire mon travail, l'angoisse disparaît ; mais je dois me mettre à la besogne immédiatement, sans attendre une seconde. Je voudrais tout faire en même temps. Je me dépêche comme si le monde entier me traquait ; je m'agite, me fatigue, fais tout à moitié. Puis quand j'ai tout bâclé, je me retrouve devant des heures vides, sans avoir plus rien à faire. Alors c'est de nouveau l'angoisse, comme si « on » me reprochait de rester oisive.*

C'est seulement après une vingtaine de séances qu'elle dira :

— *Oh ! « j'oubliais »... je suis frigide.*

Voici, rapidement, « le cas » de Jolie. Mariée à un brillant ingénieur, elle l'admire passionnément. Quant à savoir si elle l'aime comme elle l'imagine, c'est une autre histoire. L'activité et la créativité de son mari sont devenues sa créativité à elle ; elle vit « par procuration ». Elle est subjuguée par cet homme, sorte de démiurge qui fait exploser les montagnes, trace des routes, asservit la Nature. En fin de compte elle est semblable à cette Nature : elle se sent asservie par ce mari-dieu. J'ai rencontré un jour cet homme : un être sec qui découpait la planète et les êtres en chiffres savants. Un être sans affectivité qui menait les gens comme il le faisait de ses machines.

Comment Jolie aurait-elle pu *se permettre* de se laisser aller envers lui ? Elle ne pouvait qu'être soumise. Sous peine d'être méprisée par ce mari logarithmique, elle ne pouvait s'autoriser d'être au lit une femme « animale ». Au fond d'elle-même, elle se sentait très flattée que son dieu « daigne » la prendre et « condescende » à en faire sa proie. Pour cette femme, participer eût été impossible : l'affectivité aurait été à sens unique, sans le moindre écho de la part de l'homme. La « frigidité » de Jolie n'était qu'une retenue de tout son être devant un homme qui refoulait tout sentiment.

Le cas de Marie-Anne

Ici la mère entre en jeu. Ce cas permettra d'en comprendre nombre d'autres. Voici un extrait de la première prise de contact :

— J'ai été élevée par ma mère. Mon père était toujours au-dehors ; représentant de commerce, il ne faisait que de brèves apparitions. Mes parents ne s'entendaient pas. Au lieu d'être accueilli, mon père s'entendait reprocher à chaque fois ses allées et venues imprévisibles. Je sais : ce n'était pas facile pour ma mère, et j'avais pitié d'elle. Déjà très jeune, je reprochais intérieurement à mon père d'abandonner ma mère et de ne pas changer de profession. Il est vrai que ma mère était raide, rude, sévère, et je sais maintenant que mon père préférait prolonger ses voyages plutôt que de devoir subir sa mauvaise humeur. En fin de compte, je n'ai pas connu mon père ; il est resté un « Monsieur qui apparaît et disparaît » ; jamais je n'ai pu lui parler intimement. Sans cesse, ma mère le critiquait ; et moi je ne pouvais qu'écouter et acquiescer. Je n'avais qu'elle, vous comprenez ? Je ne sais si j'aimais ma mère, mais j'avais besoin d'une maison, d'une chaleur. Je me suis laissé prendre en charge par ma mère. Elle faisait tout à ma place, jusqu'à m'enlever un objet des mains en disant : « Laisse donc ; tu es trop maladroite... »

Nous voici revenus à une situation que nous connaissons bien. Le père ? Un inconnu. La mère ? Une sorte de marais qui se referme sur sa victime. La situation œdipienne est totalement manquée. Le seul personnage important devient la mère.

C'est pourquoi Marie-Anne, à travers son mari, cherche « le Père » qu'elle n'a pu connaître. Mais, en même temps, elle demeure inconsciemment « sous la tutelle » de sa mère. En quelque sorte, elle ne parvient pas à sortir de son rôle de petite fille.

Pourquoi Marie-Anne est-elle frigide ? Tout d'abord parce que, conditionnée par sa mère, elle se méfie des hommes : « ils abandonnent les femmes ». D'autre part, comment pourrait-elle « se fondre » dans un homme dont elle croit, a priori, qu'il peut à tout instant la tromper, la délaisser, la rejeter ?

Ainsi, sous son aspect fragile et timide, Marie-Anne à 28 ans continuait de s'identifier à sa mère. Elle était devenue *« comme »* sa mère. Faut-il ajouter que celle-ci était, très probablement, frigide sur tous les plans ?

Conclusion

Deux frigidités ne se ressemblent jamais, quels que soient les aspects superficiels. Car deux affectivités ne fonctionnent jamais de la même façon.

Les premières questions à se poser sont :

1. S'agit-il d'une pseudo-frigidité, ou d'un trouble affectif dont cette « frigidité » n'est qu'un symptôme ?
2. D'où vient cette inhibition dans l'expression de soi ?
3. Comment cette femme ressent-elle sa féminité ?
4. Que représente pour elle son partenaire ?

En tout cas, *aucune femme n'est frigide par nature :* c'est là un préjugé qu'il faut anéantir.

Peut-être un jour découvrira-t-on un médicament qui aidera le travail psychologique, en réparant certains « courts-circuits » nerveux. C'est possible et même probable.

En attendant, déchiffrer l'énigme d'une frigidité reste, le plus souvent, un travail réservé à la psychologie profonde, qui ne confond pas le paraître et l'être. Car il faut se dire que *toute frigidité a une signification.* Elle est souvent un moyen de défense, un refus de soi-même et/ou de l'autre.

En d'autres termes, *la véritable frigidité est, le plus souvent, un trouble de communication avec soi-même et autrui.*

LA FEMME NARCISSIQUE ?

Dans notre culture, il est courant que l'on attribue à la plupart des femmes un narcissisme outrancier. On croit volontiers que le narcissisme fait partie de leur nature profonde. Il est important de savoir si ces préjugements correspondent à une certaine réalité.

Ceci dit, il reste vrai que le nombre des femmes narcissiques est grand. Mais pourquoi ?

Le narcissisme normal

On pourrait le formuler comme suit :

— *J'existe. Je dois m'adapter aux circonstances de la vie. Je dois, à chaque instant, lutter pour conserver ma paix intérieure et l'équilibre de ma personnalité. Il me faut donc être, dans une certaine mesure, le premier objet de mes préoccupations. Je dois sauvegarder ma santé, mon équilibre, mon bonheur : pour moi-même et pour ceux dont j'ai la charge. Si c'est nécessaire, je saurai me sacrifier, mais je n'éprouve nullement le besoin pathologique du sacrifice. Je souffre comme tout être vivant ; j'accepte de souffrir dans la mesure où c'est inévitable, mais je n'éprouve, en aucun cas, le besoin de souffrir. J'aime les autres, mais il me plaît également qu'on m'aime. Cependant je n'éprouve nulle angoisse si on ne m'aime pas.*

Le narcissisme normal consisterait donc à se préoccuper de soi-même, objectivement et non pas sous la pression de l'angoisse ou de la peur d'autrui.

Le narcissisme anormal

J'ai posé à des *femmes* et des *hommes* la question :

— Comment imaginez-vous une femme narcissique ?

Voici les réponses :

— *Je vois une femme qui passe de longues heures devant son miroir...*

— *C'est une femme amoureuse d'elle-même...*

— *C'est une femme qui se préoccupe avant tout de sa beauté extérieure...*

— *J'imagine une femme dont l'attitude est stéréotypée, dont le sourire est stéréotypé, qui bouge à peine quand elle se trouve en société...*

— *C'est une femme qui se veut tellement impénétrable qu'elle en semble stupide...*

En effet, on dit généralement qu'un être narcissique est — comme Narcisse, bien entendu — amoureux de l'image que reflète son miroir. En fin de compte, c'est vrai : cet être confond ce qu'il est avec le « reflet » qu'il présente aux autres ; il se confond également avec l'illusion qu'il a de lui-même. On peut donc dire qu'il exagère fortement son importance et imagine tous les regards tournés vers lui.

Une femme narcissique est, avant tout, préoccupée de *l'effet* qu'elle produit. Un préjugé (faux) consiste d'ailleurs à ne la voir que jeune et jolie. La femme narcissique cherche ainsi à paraître, et non à être. Nous pouvons en déduire que *le narcissisme est un moyen de défense*. C'est pourquoi il apparaît souvent en même temps que les sentiments d'infériorité et d'impuissance.

Le schéma suivant montre le mécanisme qui suscite le narcissisme chez une femme.

Contre les sensations suivantes :	**la femme se protège par :**
Je me sens inférieure.	Je dois « paraître » supérieure ou indifférente.
Je me sens en insécurité.	Je dois paraître impénétrable.
Les gens m'observent pour me critiquer, me blâmer, me moquer.	Je dois faire en sorte que l'on m'admire.
Je ne parviens à jaillir hors de moi.	Je dois m'enfermer en moi, tourner en rond autour de moi.
Je n'ose pas agir.	Je dois me figer.
Je ne puis donner.	Il faut que je reçoive.
Je ne puis aimer.	Il faut qu'on me montre qu'on m'aime.
Je crains, avec angoisse, de décevoir.	Pour ne jamais décevoir, je dois dissimuler ma personnalité.
Je n'arrive pas à « être ».	Je dois « paraître ».
J'éprouve une angoisse à me montrer, à m'extérioriser.	Je dois ne jamais me dévoiler. Il faut que je garde mon mystère.
Je ne suis rien.	Je dois paraître quelqu'un.
Je suis rejetée par tous.	Je veux être le centre du monde.
Je suis condamnée à l'échec.	Je dois amadouer les autres.
Je me hais moi-même.	Je dois m'aimer avant tout.
J'ai perdu mon Moi.	Je dois hypertrophier mon Moi.
Je voudrais sombrer dans le néant.	Je dois, à tout prix, être le centre du monde.

Le narcissisme est donc une « protection » de soi-même. La femme narcissique se donne l'illusion d'être tout pour échapper à la sensation de n'être rien. Sans cesse, elle veut donner à autrui une excellente impression d'elle-même. Et l'on comprend que, pour ce faire, elle soit obligée de bloquer sa spontanéité : si elle l'exprimait, elle risquerait de se faire « mal voir ». Elle se met dans une sorte d'hibernation affective.

La femme narcissique est obligée, sous peine d'angoisse, d'entretenir les illusions qu'elle se fait sur elle-même. *Karen Horney* écrit :

— *Je me demande souvent si ces illusions n'empêchent pas l'individu d'être entièrement anéanti et si, par là même, elles ne lui sauvent pas littéralement la vie...*

Cela me semble parfaitement exact. Mais en entretenant ainsi l'illusion d'être importante, la femme narcissique frôle sans cesse l'échec. Elle risque de constater qu'elle est infiniment moins « intéressante » qu'elle ne le croit. Alors apparaît l'angoisse. Et, pour s'en protéger, la femme narcissique doit renforcer à nouveau l'illusion de sa propre valeur. C'est le cercle vicieux. S'il se rompt, le masochisme fait son entrée, précédé de ses tambours noirs.

La femme narcissique semble s'aimer. En réalité elle se déteste. C'est pourquoi elle se préoccupe uniquement de l'image extérieure qu'elle présente à autrui. Cet aspect visible, ce sera : son charme, sa beauté, le son de sa voix, son « mystère », sa façon d'observer « en n'en pensant pas moins », ses gestes trop mesurés. Elle peut également adopter des comportements qui la fassent paraître sous un jour favorable : se montrer brillante, savante, aguichante, etc.

Si une femme narcissique ne dispose pas de « qualités » qu'elle puisse aisément exploiter, elle devra multiplier les efforts pour se faire remarquer ; mais ces efforts mêmes risquent d'entamer quelque peu les illusions qu'elle entretient sur elle-même, et ainsi de faire naître l'angoisse.

En société, la femme narcissique joue un rôle. Elle semble impersonnelle, gelée. Son sourire est souvent immuable, indéchiffrable. Elle sourit à chacun de la même façon, mais en réalité elle ne sourit à personne (et l'on peut se demander si le fameux sourire de *la Joconde* n'est pas simplement narcissique). Tout est calculé : la façon de marcher, de s'asseoir, de se tenir. Souvent les gestes sont lents, mesurés, empreints d'un calme détaché. Une morte vivante, en quelque sorte.

Elle est parfois semblable au caméléon. Craignant d'être critiquée, elle se modèle sur la personnalité la plus marquante, dont elle partage l'avis, sans cesser de sourire « calmement ».

Une femme narcissique — même très entourée — fuit les autres, en s'entourant de ce faux mystère qui provoque son faux charme. Même dans la société la plus spontanée, elle ne montre jamais son vrai visage.

Puis vient le moment tragique où ce rôle devient inutile : une narcissique qui ne se sent plus remarquée est comme morte. C'est l'heure des maquillages outranciers, du refus de vieillir, des toilettes aberrantes. Et tous les coquetèles ne peuvent que raviver son amertume. Souvent, alors, la femme narcissique bascule dans l'hystérie, avec toutes ses semblables qui déambulent chaque jour sur les boulevards des crépuscules oubliés.

LA FEMME MASOCHISTE ?

On dit souvent que la femme est naturellement masochiste. S'agit-il d'un faux préjugé ? Et, si elle est masochiste, cette caractéristique est-elle foncière ou accidentelle ? Est-ce sa nature même ou la société qui l'y pousse ? Est-elle, davantage que l'homme, prédisposée au masochisme ?

Il est d'ailleurs difficile de définir le masochisme. Ce terme traîne derrière lui de nombreux relents. On imagine immédiatement des frappeurs et des frappées, des violeurs et des violées, des tueurs et des tuées, des humiliateurs et des humiliées, des éventreurs et des éventrées. En d'autres termes, on a tendance à croire que tout masochisme est hautement pathologique. Mais n'existerait-il pas un masochisme plus ou moins normal ?

De plus on confond souvent le masochisme avec la déviation génitale qui consiste à rechercher les coups, les flagellations, les humiliations. Or le masochisme est avant tout une déviation affective ; son expression génitale *éventuelle* n'est qu'un symptôme parmi d'autres.

Ce qu'en pensent des femmes et des hommes

J'ai pu poser à de nombreuses personnes, appartenant à divers milieux, la question suivante :

En supposant que le masochisme soit composé, entre autres choses, de :

— Une profonde mésestime de soi, voire un mépris de sa propre personne.

— Un sentiment d'infériorité poussé vers sa limite.

— Un profond besoin d'échouer (ou une angoisse permanente d'échec).

— L'étalement de sa faiblesse, de sa misère, de son impuissance afin d'amadouer l'autre.

— La capacité d'attendre des années durant pour « avoir l'autre au tournant ».

— La capacité de faire agir les autres en sa faveur, mais en se disant que l'on ne vaut pas la moitié de ce que l'on prétend être.

— Le fait d'attendre que les autres viennent vous chercher et reconnaissent vos mérites, sans faire quoi que ce soit pour se mettre objectivement en valeur.

— L'angoisse devant la moindre action inamicale d'autrui ;

— Le besoin de passer inaperçue ; ou n'être en paix qu'en se sentant remarquée ou aimée.

— Se trouver fort mal à l'aise aussi bien devant l'éloge que devant la critique.

— Un besoin profond de dépendance ou de soumission, parfois camouflé sous des attitudes d'indépendance hargneuse.

— Le fait de tout garder pour soi, de tourner son activité vers « l'intérieur », sans parvenir à s'extérioriser...

Dans ces conditions, vous semble-t-il que beaucoup de femmes soient masochistes ?

Voici les points communs des réponses obtenues :

FEMMES :

1. — *Oui, nous sommes masochistes. Sinon pourquoi nous serions-nous laissé gruger durant tant de siècles et avec la secrète satisfaction de dépendre de l'homme et d'être aimées de lui ?*
2. — *Non. Si nous sommes parfois masochistes, c'est parce qu'on nous infériorise sans cesse, au point que nous nous infériorisons nous-mêmes.*
3. — *Non, mais nous sommes obligées de faire « comme si ». Les hommes nous aiment en fonction de cette apparente soumission.*
4. — *Non. Mais notre heure viendra, et alors...*
5. — *Oui. Nous supportons trop de souffrances sans broncher. C'est anormal.*
6. — *Non. Ce n'est pas être masochiste que de se savoir incapable de jouer à l'homme.*
7. — *Oui. Les femmes veulent être aimées, sans quoi elles ne sont rien. Elles feraient n'importe quoi pour attirer l'amour.*
8. — *Oui, une femme se sent vite abandonnée, martyre, rejetée.*
9. — *Oui. Une femme agit trop souvent par-dessous, sans en avoir l'air, en étalant sa faiblesse. Je ne sais si c'est accidentel, mais cela lui permet de parvenir à ses fins.*
10. — *Oui. Une femme ne parvient pas à s'extérioriser, naturellement.*

HOMMES :

1. — *Non, je ne le crois pas. Mais nous aimons qu'elles fassent semblant.*
2. — *Oui. Même les femmes les plus durcies fondent comme neige dès qu'on les complimente.*
3. — *Non. Elles ne sont pas plus masochistes que les hommes. Mais ceux-ci ont besoin de la soumission féminine.*
4. — *Non. Elles sont moins masochistes que nous. Leur résistance intérieure est énorme.*
5. — *Oui. Quoi qu'elles fassent, elles partent toujours battues, parce que dominées par un besoin naturel d'être aimées avant tout.*

6. — *Oui. Elles sont masochistes autant que sadiques, capables de tout détruire.*
7. — *Non. Leurs sentiments d'infériorité les ont souvent perdues, mais c'est là un phénomène dû à la culture. La notion de puissance a tout faussé.*
8. — *Non. Leur masochisme provient de l'insécurité que nous leur infligeons, et du fait qu'une femme seule n'est pas prise au sérieux. Elles sont masochistes pour ne plus être seules et pour échapper à l'insécurité.*
9. — *Non. Leur activité est plus naturelle que la nôtre.*
10. — *Oui, mais c'est accidentel. Notre société les rend masochistes dès l'enfance.*

Que peut-on déduire de ces réponses qui, je le répète, en résument un grand nombre ? Si quelques-uns considèrent que le masochisme est *inhérent* à la nature de la femme, la plupart des hommes et des femmes pensent qu'il lui est *accidentel*.

Le besoin de sécurité

Suivant un préjugé fort répandu, la femme serait naturellement soumise, ne trouvant son bonheur et sa sécurité que dans la dépendance. Qu'en est-il ? Peut-on dire que, contrairement à son besoin d'indépendance sociale, la femme ne trouve son bien-être affectif que dans sa docilité envers un homme qu'elle admire ? Ou encore : *toute femme normale* a-t-elle tendance à être dépendante ? Et s'il en est ainsi, cette tendance lui est-elle naturelle, ou est-ce le résultat d'un conditionnement social ?

Nous devons nous rappeler que *tout* être humain, à chaque instant de sa vie, recherche inconsciemment le comportement qui lui donnera le meilleur équilibre, la plus grande « paix » possible. Devant chaque événement, la personne « répond » en tentant de trouver la meilleure *sécurité* possible, étant donné les circonstances.

Or la soumission est une solution qui procure toujours une certaine pacification intérieure. *Il semble plus facile d'être caporal que colonel.* En effet : se soumettre à autrui signifie ne pas entrer en compétition avec lui, ne pas risquer son agressivité, sa colère, son blâme, son rejet. La soumission assure la protection d'autrui. L'obéissance élimine la peur d'être abandonné ; et ce comportement supprime temporairement l'angoisse, parce qu'il donne la sensation d'être aimé de l'Autre.

La dépendance et la soumission (en tant que comportements destinés à éliminer l'angoisse) sont deux caractéristiques du masochisme. Mais s'il est vrai que ces deux attitudes sont fort répandues, il est tout aussi vrai qu'on les retrouve *aussi bien* chez l'homme que chez la femme.

Cependant il est certain que la femme, davantage que l'homme, craint de perdre l'amour. *Freud* suppose même que c'est là sa peur essentielle. Et *Roland Cahen*[1] dit que l'amour est, pour la femme, « la grande affaire de sa vie ». Ce qui serait très bien si la femme, très rapidement, *ne dérivait pas vers le besoin essentiel d'être remarquée*.

Dans ce besoin angoissé d'être remarquée, le complexe d'Œdipe a son mot à dire. Mais ici encore il s'agit d'un « accident » (qui détermine toute une vie, oui, mais d'un accident tout de même).

De plus, même dans notre société où la femme se nivelle sur l'homme, toute femme seule ou abandonnée est considérée comme ayant perdu son « Sens ». On la regarde comme irréalisée et inutile. D'où le refus de la vieillesse, et une course éperdue vers la jeunesse éternelle et le rajeunissement à tout prix. Tout ceci est sous-tendu par l'angoisse de n'être plus remarquée.

Sur le plan social encore, il suffit d'observer la multitude de femmes qui, malgré un rôle actif, deviennent « douceâtres ». Pour plaire à l'homme moderne, pour répondre à ses exigences névrotiques, beaucoup se sont « adoucies » jusqu'à gommer parfois toute personnalité visible. Des fourmilières entières de femmes ont accepté de porter la marque extérieure de cet adoucissement : et donc de leur soumission. La décoloration de leurs cheveux est devenue le fanion de leur obéissance. Il n'est plus question de porter des cheveux noirs (qui font peur aux hommes) ; toute autre couleur est adoptée : blonde ou blanche, argentée ou roussâtre. Les femmes s'assurent ainsi d'être remarquées par l'homme[2].

C'est un masochisme qui ne dit pas son nom.

Toute forme de masochisme représente donc une *sécurité*. En s'effaçant ou se soumettant, l'individu cherche — et obtient — une certaine sécurité intérieure. Certes l'hostilité sourde — voire la haine — sont de la partie : car nul être humain n'accepte, sans se révolter, la soumission. *Mais en l'occurrence, c'est l'obéissance qui suscite le moins d'angoisse, et elle est « choisie » dans ce but.*

Qu'en sera-t-il demain ? Nul ne pourrait le dire. J'ai suffisamment montré que l'indépendance de la femme n'est souvent que poudre aux yeux — aux siens, bien entendu. Les difficultés profondes entre les sexes ne se sont pas amenuisées ; au contraire, elles se sont aiguisées. *Mais il*

1. Président de la Société Française de Psychologie Analytique, et traducteur-adaptateur des écrits de Jung.

2. Voyez le chapitre « Les décolorées ».

est tout de même typique de constater que la plupart des femmes, dès qu'elles accèdent à quelque autonomie, trouvent un moyen quelconque de marquer, malgré tout, leur obéissance à l'homme.

Ce masochisme est-il foncier ou non ? On sait que, pour Freud, le désir essentiel et irréalisable de la femme est de posséder un pénis.

C'est pourquoi, si nous suivons Freud :

— Impitoyablement frustrée, la femme se considère inconsciemment comme « mutilée », physiquement et psychologiquement. Elle ne parvient que difficilement à s'extérioriser, et à condition de se faire violence. Même brillante, elle peut se sentir indigne de « penser » (fonction *soi-disant* réservée à l'homme). Il n'est d'ailleurs pas rare de voir des femmes qui, après avoir émis quelques idées ou opinions, s'en « punissent » par une solide migraine (comme si elles se châtraient de la tête).

Tout se passe comme si cette femme ressentait ceci :

— *Etant « tout de même » châtrée, il est inutile de me tourner vers l'extérieur, de tracer ma propre route, d'agir pour mon propre compte. Et si je le fais malgré tout, je risque à tout moment de me sentir en état d'insécurité, ou de culpabilité.*

La résistance à la douleur

On peut se demander si, chez certaines femmes, la résistance à la douleur ne s'enracine pas dans l'impression d'être « castrée ».

— *Je suis mutilée de nature ; une mutilation de plus ou de moins n'offre guère d'importance.*

Serait-ce là, en partie, le fondement de certains « courages » de femmes, bien connus des médecins, chirurgiens ou dentistes ? Serait-ce une des causes de leur calme serein face à la souffrance ?

De plus, habituée à *subir* des phénomènes physiologiques, la femme n'est-elle pas conditionnée à subir la douleur avec plus d'inertie que l'homme ?

Une femme me disait (vous avez déjà lu des réflexions de ce genre) :

— *Notre destinée nous contraint de porter notre attention « dans » nous ; parce que tout se passe dans « notre intérieur » : nos règles, nos grossesses, nos accouchements. Adolescentes, si nous nous masturbons, il nous est impossible de « voir » si nos organes n'en sont pas affectés ; et nous craignons parfois une anormalité qui, elle aussi, se passerait à l'intérieur de notre corps...*

Répétons que, chez une femme :

organiquement	*psychologiquement*
— tout se passe « dans » elle ;	— tout se passe « en elle » ;
— l'activité physiologique principale a lieu à l'intérieur du corps.	— l'activité mentale se tourne vers l'intérieur de la personnalité. Elle est souterraine, profonde, comme close sur elle-même.

Une autre femme me disait :

— *Organiquement, nous sommes vouées au silence. Nous ne parlons presque jamais de nos malaises, de nos douleurs, de nos craintes. Car les hommes n'acceptent que la souffrance provoquée par des plaies* visibles. *Ils s'apitoyent sur une blessure ouverte, sur un bras cassé, mais ils tremblent devant ce qui est caché. C'est pourquoi ils craignent, davantage que nous, le cancer invisible ou la tuberculose qui détruit de l'intérieur. De même, ils craignent nos souffrances intérieures. Que pouvons-nous leur dire ? Il nous faut les rassurer, alors que nous sommes nous-mêmes incertaines. Que pouvons-nous leur « montrer », qu'ils puissent « voir » et les apaise ? Alors, nous nous disons : « Ce n'est rien, cela passera... ». Et nous nous taisons.*

Une autre :

— *Nous souffrons d'un « intérieur perpétuel »...*

Une autre encore :

— *Huit jours par mois, je me replie sur « mon intérieur », qui me fait mal. Et je deviens semblable à une bête qui se retire dans son terrier. Je ne dis rien à mon mari, pour ne pas l'inquiéter.*

Certains psychanalystes — *Hélène Deutsch*, par exemple — affirment que le masochisme représente le fondement mental de la femme. *Elle dit que :*

— La femme trouve une satisfaction masochiste dans les difficultés et les soucis qu'implique la maternité.

— L'accouchement est pour elle un plaisir masochiste.

— La femme souhaite inconsciemment (ou à travers divers phantasmes) être humiliée et violentée.

— Les femmes sont destinées à être frigides sauf si, durant l'acte génital, elles se sentent (ou s'imaginent) violées, blessées, humiliées.

De toute manière, il faut prendre ici le terme « masochisme » dans son sens large. En retournant la question, on pourrait dire d'ailleurs que la pulsion essentielle sadique de l'homme est de « prendre », voler, percer, trouer, conquérir, violer ; et que seules ses lois morales l'empêchent de se laisser aller à ces tendances.

De même, en prolongeant Hélène Deutsch, on peut dire que la tendance fondamentale de la femme serait de vivre soumise et dépendante, et que son besoin de masculinité serait une défense contre ce masochisme qu'elle sent rôder en elle.

Et si rien ne prouve que cela est foncièrement vrai, rien ne démontre que c'est faux.

La glissade vers l'anormal

En supposant que la femme soit prédisposée au masochisme (comme l'homme au sadisme), elle peut dévier vers l'anormal, d'autant plus aisément que notre société ne se prive pas de l'y convier.

A partir du sentiment d'être physiquement plus faible, une femme peut dériver vers :

— le sentiment d'infériorité ;

— l'exploitation de cette « faiblesse » (aimez-moi, je ne suis qu'une faible femme) ;

— le besoin d'être dépendante, pour se donner un sentiment de sécurité ;

— la jouissance d'être dépendante et soumise ;

— le besoin de s'accrocher à quelqu'un, à une idée, à un idéal.

A partir de sa capacité de passivité[1] *et d'attente, une femme peut en arriver à :*

— attendre avec inertie que les autres agissent en sa faveur ;

— « attendre son heure », avec des rêves de vengeance jamais réalisés ;

— rêver, parfois une vie durant, d'un amant idéal, pour lequel elle se martyrise affectivement ;

Le schéma suivant montre le glissement progressif depuis le masochisme et le sadisme bénins, jusqu'à leurs formes pathologiques.

1. Ce terme, toujours mal interprété, est expliqué au chapitre « Féminité et Masculinité. »

↓ de plus en plus anormal ↓

Pôle Féminin et Masochisme	**Pôle Masculin et Sadisme**
Attente, avec accumulation d'énergie.	Activité, avec utilisation de l'énergie accumulée.
Passivité, avec de moins en moins d'énergie accumulée, et tendance vers l'inertie.	Activités de plus en plus velléitaires ou dispersées.
Stagnation.	Impulsions.
Laisser faire.	Faire trop.
Se laisser faire, se laisser attaquer.	Attaquer.
Besoin de soumission.	Besoin d'attaquer, d'écraser l'autre.
Se laisser pénétrer sans réagir (par la vie, les paroles blessantes, les actes des autres).	Pénétrer brutalement (par des actes, des paroles qui violent la personnalité d'autrui).
Se placer « sous » les autres.	Se placer « au-dessus » des autres.
Se laisser humilier.	Humilier.
Rechercher l'humiliation.	Chercher à humilier.
Rechercher la souffrance.	Avoir besoin de faire souffrir.
Etre rassuré par la souffrance.	Etre rassuré en faisant souffrir.
Chercher l'extase dans la souffrance.	Chercher l'extase en faisant souffrir.
Rechercher l'échec total, la mort intérieure ou physique.	Besoin de faire échouer l'autre, besoin de tuer moralement ou physiquement.

La signification du masochisme

Voici une mère qui se proclame martyre et incomprise de ses enfants. En y regardant de plus près, on s'aperçoit qu'elle « joue » à la martyre. Pourquoi ? Et comment ce comportement peut-il lui apporter une sécurité ? Elle ne feint pas de souffrir ; sa souffrance est réelle. Mais à l'arrière-plan ? Quel but poursuivait son « ordinateur » inconscient en lui dictant ce comportement ? A première vue, il semble absurde de dire qu'elle trouve un plaisir à souffrir. Et pourtant… Il ne s'agit pas d'un plaisir immédiat, mais elle le trouve par ricochet. Peut-être, par sa souffrance, tente-t-elle d'infliger des remords à son mari, de se faire aimer de lui. Ou encore ce sera une sorte de chantage : « C'est vous qui aurez voulu ma mort ».

De même, quand une femme se passe les menottes devant un homme, c'est parce qu'elle y trouve une certaine sécurité intérieure, même à travers la souffrance, voire une haine cachée. Inconsciemment, elle « désire » se soumettre, parce qu'elle trouve dans cette attitude plus d'intérêt que dans l'autonomie.

Dans un sens large, on pourrait dire que tout enfant commence par être normalement masochiste, dans la mesure où il exige que sa faiblesse soit protégée. De là, à « jouer » ensuite sur cette faiblesse en versant dans un masochisme exagéré, il n'y a qu'un pas.

Devant les coups de la vie, le premier réflexe d'un individu est de se cacher le visage de la main, de se protéger, puis de tenter d'amadouer ce qui lui fait peur. De là à se placer « sous » les autres, pour obtenir leur bienveillance et leur protection, il n'y a de nouveau qu'un pas.

En fin de compte, il est plus facile d'être aimé que d'aimer. Et, angoissé par le besoin d'être aimé, on en arrive à tout faire pour obtenir cet amour : quitte à se dépersonnaliser.

De même, le fait que certaines femmes, de masochistes, se transforment en « sadiques », n'est pas sans signification. Elles harcèlent l'homme, le méprisent ouvertement, se complaisent à l'abaisser. Leur seul but semble être de le dominer ? Au contraire ; elles demandent inconsciemment que l'homme se redresse, reprenne la primauté, reconquière son aspect de mâle. Ainsi la femme pourra, de nouveau, admirer l'homme et se soumettre enfin. Il n'est pas rare de voir des femmes souhaiter ardemment (mais de façon cachée) une bonne raclée ou un abandon, afin de pouvoir (comme me disait l'une d'elles) « *courir derrière lui et avoir le plaisir d'être pardonnée* ». Ou encore, ce sera, comme le déclarent, pâmées, certaines héroïnes de cinéma après ladite râclée : « *Toi, au moins, t'es un homme !* ».

Notre société oblige la femme *à plaire, dans le mauvais sens du terme.* On ne lui apprend pas à charmer, mais à faire du charme. Notre époque n'a bouleversé que les apparences. La plus « indépendante » des femmes sait, profondément, qu'elle court le risque de se retrouver seule et de ne plus être remarquée. Notre culture oblige les femmes à être masochistes — ou sadiques, si elles prennent le contre-pied. C'est la conclusion, je crois, de tout ce qui fut dit jusqu'à présent.

LES HOMOSEXUELLES

Quelques généralités

On pourrait penser que le sujet que j'aborde ici ne concerne que peu de femmes. Je crois, au contraire, que la compréhension des homosexuelles (ou lesbiennes) permet de mieux approcher le comportement de la femme normale, et surtout les relations entre les mères et leurs filles.

Bien qu'on l'ignore généralement, le nombre des homosexuelles « actives » est élevé. Si on y ajoute les homosexuelles « latentes », on atteint des chiffres impressionnants.

Il faut dire, tout d'abord, que l'homosexualité n'a rien de « sexuel » dans le sens ordinaire du terme ; d'autre part *elle est un symptôme, parmi d'autres, d'un trouble de la personnalité*.

Parce que l'homosexualité prend toujours sa source dans l'enfance ou l'adolescence, il est nécessaire que les parents et les adolescentes en connaissent le mécanisme général. Nombre de jeunes filles, dont l'affectivité est débordante, ou frustrée, risquent d'être victimes d'homosexuelles expérimentées.

Une remarque en passant : le terme « homosexualité » est généralement appliqué aux hommes. Mais la racine du mot est *homo* (= le même) ; homosexualité signifie donc relation « sexuelle » avec une personne du même sexe.

Avant tout, il semble utile de dénoncer certaines erreurs courantes :

Ce que l'on croit souvent :	**Qu'en est-il ?**
— Quasi toutes les lesbiennes présentent un aspect viril.	Nombre de lesbiennes ont un aspect hyperféminin. Par contre, beaucoup de femmes, dont l'aspect est « masculin », ne sont nullement lesbiennes : ni latentes, ni actives. Beaucoup d'homosexuelles s'habillent avec une élégance parfaite. Ni le pantalon, ni les cheveux courts, ni la démarche, ne font la lesbienne.
— Les lesbiennes n'ont de relations génitales qu'avec des femmes.	Beaucoup ont également des relations avec des hommes.

Ce que l'on croit souvent :	Qu'en est-il ?
— Toutes les lesbiennes détestent les hommes.	C'est faux. Beaucoup de lesbiennes recherchent la compagnie des hommes, auxquels elles s'identifient.
— L'homosexualité est héréditaire.	Non, elle est accidentelle. Elle est le symptôme d'une névrose. De plus, elle est souvent une forme d'auto-protection, qui permet à la femme de conserver un équilibre relatif.
— La Mère tient une grande place, positive ou négative, dans la psychologie de la lesbienne.	Certainement, du moins dans la plupart des cas.
— De mauvaises relations entre mère et fille peuvent être une cause d'homosexualité.	Oui.
— Les femmes sont, plus que les hommes, menacées d'homosexualité.	Assez vrai.
— Toute adolescente traverse une période d'homosexualité.	Oui, mais il s'agit généralement d'un état purement émotionnel, et d'un comportement inconscient. Il y a néanmoins danger.
— Certaines lesbiennes sont, physiologiquement, quasi semblables à l'homme.	Oui.
— L'homosexualité se dessine à la puberté.	Disons plutôt que les rapports affectifs entre jeunes filles et parents sont, à tout âge, primordiaux.

Ce que l'on croit souvent :	**Qu'en est-il ?**
— Certaines lesbiennes jouent indifféremment les rôles actifs ou passifs.	Oui.
— Les homosexuelles sont des « malades ».	Oui, dans le sens où leur comportement est une marque de névrose. Toute homosexualité, consciente ou inconsciente, est teintée d'infantilisme et, surtout, d'insécurité affective.

L'homo-affectivité

Trois lois fondamentales

Une première loi

Affectivité	**Sexualité**
Toute relation, envers n'importe qui et n'importe quoi, est fondée sur des sensations et des sentiments, conscients ou inconscients. Toute relation humaine est affective.	Toute forme de sexualité, normale ou déformée, est un état d'âme, un état affectif. La sexualité et l'affectivité sont une seule et même chose. La génitalité, acte mécanique, est secondaire.

Dès lors :

Toute relation humaine, quel qu'en soit l'objet, est sexuelle. Au lieu de homo-sexualité, on devrait dire : *homo-affectivité*, c'est-à-dire une affectivité dirigée vers un être de même sexe que soi.

Une deuxième loi.

Dans la plupart des relations entre deux femmes (quels que soient leur âge, la forme de ces relations, que ces dernières soient normales ou non), on trouve un substitut de la relation entre la Mère et la Fille.

Une troisième loi.
Si l'affectivité et la sexualité sont une seule et même chose :

— Il est normal de diriger une partie de son affectivité vers une personne de même sexe (amitié, hostilité, admiration, mépris). Il est donc normal qu'il y ait en tout être une part d'homo-sexualité (=homo-affectivité). L'homo-affectivité la plus profonde concerne les relations entre le Père et le Fils, la Mère et la Fille.

— Il est anormal de diriger la plus grande part de son affectivité vers une personne de même sexe.

Les adolescentes en ébullition

Si les pôles de sa Féminité et de sa Masculinité sont équilibrés, une adolescente ne risque pratiquement rien. Et cela même si elle éprouve une passion pour une autre fille, qu'elle protège ou qu'elle admire.

Mais l'adolescence, pour beaucoup de jeunes filles, est loin d'être sereine. Les tendances « homo-sexuelles » (donc homo-affectives) s'expriment par une attitude d'esprit, des pulsions profondément émotionnelles et souvent inconscientes. Il va de soi que, si la jeune fille vit dans une ambiance névrosée (scolaire, sociale, familiale, religieuse), les risques présentent une courbe ascendante.

Que recherche une adolescente, sinon des marques d'attention, d'estime et d'amour ? Toute adolescente frustrée d'amour (ou croyant l'être !) cherchera à assouvir ailleurs son besoin de recevoir et de donner. On connaît ces amitiés adolescentes qui montent en flèche vers la passion platonique. C'est l'homo-affectivité qui se déclare : elle ne présente aucune gravité, mais il est bon de la surveiller. Car il arrive souvent, comme premier résultat, que deux filles soient tellement « absorbées » l'une par l'autre qu'elles en arrivent à se désintéresser des garçons. L'histoire des écoles et internats regorge de ces passions. Des lettres sont échangées : « Mon cher ange, je ne puis passer un jour sans te voir... ». Des complicités s'établissent, des jalousies féroces éclatent, des dépressions nerveuses se creusent.

Lorsque les éducateurs détectent ce genre d'attirance affective, il est essentiel qu'ils n'évoquent pas un « vice » en l'occurrence inexistant. *Mais il faut rechercher et comprendre la frustration de base*. Sinon, le climat affectif peut évoluer vers les contacts physiques : masturbations réciproques, attouchements intimes, qui parfois restent sans lendemain, mais qui parfois aussi s'installent en permanence. Avec, à la clé, de puissants sentiments de culpabilité. Et la névrose s'amorce.

Quatre-vingt-dix pour cent des adolescentes éprouvent des amours platoniques envers d'autres filles (ou des professeurs femmes). Si la puberté est normale, l'affectivité se dirige progressivement vers les garçons ; et l'homo-affectivité est reléguée dans le tiroir des affaires classées.

Mais qu'y devient-elle ? Il se peut que cette homo-affectivité passagère stagne à tout jamais dans l'inconscient. Mais il se peut aussi qu'elle émerge un jour, sous une forme latente. Le plus souvent, cette homo-affectivité se « sublime » : ce seront, *par exemple* : de grandes amitiés et admirations entre femmes ; une identification à des femmes adulées : actrices, femmes célèbres, femmes artistes. D'autre part, cette homo-affectivité peut se sublimer à travers des idéaux : une femme idéalise « La Femme » et combat dans ce but ; telle autre ne vit que pour sauver les prostituées ; telle autre encore consacre sa vie à des groupements féminins, etc.

Le nœud de la question

La sexualité est un état affectif

Il ne faut pas confondre sexualité et génitalité. On le comprendra mieux à partir des « pôles » de Féminité et de Masculinité qui existent en toute personne humaine, femme ou homme.

Pôle Féminin	**Pôle Masculin**
La sexualité est faite de l'accumulation des sensations et des sentiments, dans l'acception la plus large. *La sexualité est participation* de l'être tout entier.	La génitalité est une action extérieure et *extériorisée*.
Elle *accumule* l'énergie. Elle se situe dans la *durée*. Elle est *permanente,* au même titre que les sensations, les sentiments, la vie intérieure.	Elle est une *décharge* de l'énergie accumulée. Elle se situe dans *l'instant*. Elle est *temporaire*.
Elle est *potentielle*.	La génitalité est *cinétique*.

Normale ou anormale, la sexualité est donc *un état affectif*. C'est une relation intérieure avec les êtres et les choses. Elle est présente dans toute relation humaine, puisque toute relation, même la plus anodine et superficielle, est chargée d'affectivité.

La sexualité est présente quand deux inconnus se regardent dans la rue (ils éprouvent des sensations et des sentiments) ; elle joue quand nous regardons un arbre, un objet, un meuble, un animal, quand nous pensons à la Patrie, à Dieu. Elle peut être positive (attirance, affection, admiration, contemplation, intérêt) ou négative (répulsion, hostilité, mépris).

Il est évident que la génitalité est pratiquement impossible sans affectivité, même si celle-ci est dérisoire, primaire, brutale, infantile. C'est d'ailleurs une génitalité sans affectivité suffisante qui donne, aux « amours passagères », un goût de cendres.

Nous pouvons en déduire que toute relation humaine avec un être de même sexe est homo-sexuelle, puisqu'elle est homo-affective.

On demande parfois si la femme est plus sexuelle que l'homme. En réalité, l'homme *pourrait* être aussi « sexuel » que la femme s'il réalisait la plénitude de son pôle féminin (ou de sa vie intérieure), s'il redevenait capable de participer affectivement au monde qui l'entoure. Dans l'état actuel des choses, la femme est plus sexuelle, parce que :

— elle vit infiniment plus sur ses sensations et ses sentiments ;

— elle est plus « reliée » à l'essence des choses et des êtres ;

— moins harcelée par la rationalisation et la ratiocination, la femme se situe dans la durée ; le temps lui est donné de percevoir le monde ;

— en bref, grâce à l'amplitude de son pôle Féminin, la femme participe naturellement à la vie des êtres et des choses.

En ce qui concerne les homosexuelles, leur problème ne concerne donc pas leur génitalité, mais leur sexualité ou affectivité.

Un bonheur amer

La plupart des homosexuelles prétendent être parfaitement heureuses. Elles ne souffrent — disent-elles — d'aucun conflit intérieur, d'aucune difficulté particulière. Elles sont en paix et n'éprouvent pas le besoin de recouvrer leur personnalité. Elles sont heureuses d'être aimées.

En réalité, il suffit de gratter la croûte pour que la plaie apparaisse. On découvre alors une angoisse permanente, une scission de la personnalité. Leur soi-disant félicité est à ce point superficielle que, chaque jour, elle est remise en question : ce sont alors de terribles scènes de jalousie, des reproches, une surveillance constante de la partenaire... jusqu'à ce que la « certitude » d'être la seule aimée refasse surface.

Toute femme homosexuelle est seule. Sa partenaire n'est qu'une sécurité vacillante. Au fond d'elle-même, elle le sait ; mais l'admettre consciemment signifierait ouvrir la trappe qui donne sur les caves de la névrose.

C'est pourquoi, avec les homosexuelles, le raisonnement est rigoureusement inutile. Quand on porte des verres rouges, on voit le monde en rouge. Qu'y peut la raison, puisqu'on voit *réellement* le monde en rouge ?

On comprend dès lors qu'il soit rare qu'une homosexuelle se fasse soigner.

Beaucoup pensent que leur état est physiologique et, par conséquent, naturel. C'est faux, neuf fois sur dix. La plupart des lesbiennes ne présentent aucun trouble hormonal, alors que nombre de femmes, souffrant de ces troubles, n'offrent aucun symptôme d'homosexualité anormale. Ou encore elles diront que ce symptôme fait partie de leur personnalité foncière.

En fait elles n'osent remettre en question cette homosexualité qui leur permet de conserver un certain équilibre, si précaire soit-il.

Quand une lesbienne entreprend un travail psychologique profond, c'est souvent dans le but d'éliminer d'autres symptômes plus douloureux : des angoisses, des sentiments d'infériorité ou de culpabilité ; mais rarement pour extirper son homosexualité. C'est pourquoi aussi les observations cliniques sont relativement peu nombreuses en ce qui concerne l'homosexualité de la femme.

Les homosexuelles latentes

On ne saurait trop répéter que tout être humain est de pôle Féminin *et* de pôle Masculin. Il est donc normal qu'une partie de l'affectivité se dirige vers des personnes du même sexe : sinon ce serait rejeter toute amitié entre hommes, entre femmes, entre le père et le fils, la mère et la fille. L'homo-affectivité est donc strictement normale, tant qu'elle demeure en deçà des frontières de l'exagération.

Mais où se trouve la frontière qui sépare le normal du pathologique ?

On voit de jeunes femmes s'interroger anxieusement parce qu'elles aiment « trop » une amie. Homosexualité ? Bien sûr, puisqu'il y a homo-affectivité. Mais dans quelle mesure ? Il existe d'ailleurs de fortes chances qu'il y ait entre elles (inconsciemment) une relation de mère à fille, de protectrice à protégée, de conseillère à conseillée, de confidente à abandonnée, d'accueillante à accueillie, d'admirée à admiratrice. Où se trouve le normal et où commence l'infantilisme affectif ?

Dans la plupart des cas, l'homosexualité latente n'a rien de génital ; elle est la marque d'une immaturité intérieure.

Une peur obscure, due à un manque de maturité, empêche nombre de femmes de se diriger vers l'homme. En ce cas on trouve souvent une homosexualité latente, mais la plupart de ces femmes n'éprouvent *jamais* un besoin de rapports physiques avec leur amie. Elles établissent avec elle une sorte de relation de fille protégée à mère protectrice.

Beaucoup de femmes ressentent confusément (à travers leurs imaginations ou leurs rêves nocturnes) une certaine attirance envers « les femmes » ou une femme déterminée. Mais leur moralité intervient, et la culpabilité apparaît. Elles craignent de trahir leur « penchant coupable » par un geste, une parole. L'angoisse monte peu à peu. Et c'est souvent à ce moment qu'elles entreprennent une analyse afin d'éliminer cette angoisse dont elles ignorent la racine profonde.

Fréquemment une homosexuelle latente (et inconsciente de l'être) réagit par des *préjugés féroces* contre l'homosexualité. Elles haïssent les lesbiennes, a priori, sans pouvoir expliquer le moins du monde leur attitude. Tout au plus trouvent-elles des lieux communs, indignes de leur intelligence.

Que se passe-t-il ? Ces préjugés les protègent. Les homosexuelles leur servent de miroir, tout simplement. Elles se reconnaissent dans ces lesbiennes ; et comme elles haïssent inconsciemment leur propre tendance, elles tentent de détruire les autres au moyen de préjugés tout faits. De même qu'un être humain, qui déteste son propre visage, éprouve la tentation de briser les miroirs.

Autre cas fréquent : certaines femmes répugnent à être touchées, embrassées, complimentées par d'autres femmes, à commencer par leur mère ou leur amie. Il leur est impossible d'expliquer le pourquoi de cette répulsion. Mais, pour rien au monde, elles n'accepteraient de partager le lit d'une compagne, à l'hôtel ou en voyage.

De même certaines femmes sont mal à l'aise et rougissent dès qu'on parle de lesbiennes. Comme si elles se sentaient visées et craignaient d'être démasquées. Or il est probable qu'elles n'ont jamais ressenti une attirance exagérée envers une autre femme. Pourquoi ces réactions, sinon parce que le simple fait de parler d'homosexualité réactive une tendance refoulée, peut-être d'ailleurs bénigne ?

Voici ce que me disait une femme en cours de psychanalyse :

— ... *mon mari avait une camarade d'enfance ; ils étaient restés grands amis. Cette personne est devenue mon intime. Je l'aimais au point que je ne pouvais concevoir la moindre action sans son approbation... Entre mon mari et elle, les relations étaient naturelles, sans plus. Et c'est moi, moi... oui... je ne sais comment... qui les ai poussés dans les bras l'un de l'autre... Je me disais : « je voudrais les voir ensemble, enlacés... ». Mais j'ignorais le pourquoi de ce désir que j'estimais mons-*

trueux... c'était plus fort que ma volonté, que ma morale, que l'estime et l'affection que j'éprouvais pour mon mari... Je me disais que j'étais un monstre, mais je les poussais l'un vers l'autre... Oh ! j'ai pris mon temps... j'ai manœuvré pour qu'ils deviennent amants... Et lorsque ce fut fait... (j'éprouve une honte affreuse)... je faisais semblant de sortir, puis je rentrais sans faire de bruit, et je les regardais par le trou de la serrure...

L'explication de ce comportement est simple. Cette femme éprouvait une forte attirance (inconsciente) envers son amie. Mais, à supposer qu'elle ait pris conscience de cette tendance, jamais elle n'aurait osé lui déclarer quoi que ce soit. Alors elle a pris un biais, toujours de manière inconsciente. En regardant le couple, elle imaginait être à la place de son mari. Elle « possédait » homosexuellement son amie, par procuration.

On voit à quel point la frontière zigzague entre le normal, le « presque » normal et le pathologique.

Parfois le refoulement éclate, et la femme entre dans la névrose, ou même la psychose. Telle femme affirmera que les gens, dans la rue, ou les voisins l'accusent d'être une pervertie, une femme « contre nature ». Elle a la sensation que chacun connaît ses tendances et la montre du doigt (même si elle n'a jamais réalisé activement ses fortes tendances homosexuelles). Dans ce genre de cas, l'homosexualité latente est une sorte de barrage derrière lequel couve l'angoisse, et la culpabilité.

La fausse homosexuelle

Est-ce un paradoxe ? L'homosexuelle la plus courante est la fausse homosexuelle. Elle possède une affectivité d'enfant, que son apparence extérieure soit hyper-féminine ou virile. Elle ne demande qu'une chose : trouver une « mère » qui l'aime, ou dénicher une « fille » qu'elle puisse protéger comme le ferait une mère. Le plus souvent c'est une femme petite-fille qui vit dans le sillage d'une sirène tutélaire. Mais il va de soi que cette sirène, homosexuelle active, joue un jeu qui arrange fort bien sa propre névrose.

Ces lignes, d'un roman de Colette, ont dû être citées bien souvent :

Deux femmes enlacées forment le tableau mélancolique et touchant de deux faiblesses ; peut-être se réfugient-elles dans les bras l'une de l'autre pour y dormir, pour pleurer, pour fuir l'homme si souvent méchant, et pour y goûter ce que l'on désire plus qu'aucun plaisir : l'amer délice de se sentir semblables, insignifiantes et oubliées.

De nouveau nous retrouvons le couple « mère-fille », isolé comme au milieu d'une île, assemblant leurs misères, traînant derrière elles la sensation d'être abandonnées du monde et des hommes.

Le cas d'Annie

C'était une jeune homosexuelle, femme-enfant, qui vivait avec une directrice d'entreprise, très élégante, homosexuelle de type « actif » et maternel. Voici quelques associations d'idées de la jeune femme, notées au cours d'une séance.

Se réfugier : Emma (son amie) m'a recueillie... je ne suis rien sans elle... elle est ma mère, ma sœur, elle est tout...

Homme : Je ne connais que mon père... une brute... les hommes sont si grands, si féroces... et pourtant je ne sais pas si un jour... ma mère voulait me garder près d'elle... Emma est mon refuge...

Dormir : Mourir, disparaître... si Emma était homme, elle serait comme Dieu... elle est bonne, douce, compréhensive, protectrice... je suis sa servante, je voudrais qu'elle me garde toujours... amertume et joie...

On pourrait schématiser les « pôles » d'Annie comme suit :

Pôle Féminin	**Pôle Masculin**
Inertie. Stagnation. Besoin d'engloutissement, de mourir affectivement, d'être oubliée dans « les bras de sa mère ». Besoin de retourner dans le ventre de sa mère, vers le néant.	Nul. Aucune activation. Tout au plus certaines décharges de jalousie coléreuse.

L'histoire d'Annie, rapidement ? Bloquée sur place durant le complexe d'Œdipe[1], prise en tenaille entre un père brutal et une mère qui voulait « reprendre son enfant », Annie a dû se cantonner dans une inertie totale, hors du temps et de la vie. Arrêtée devant son père, Annie fait demi-tour vers sa mère chez qui elle cherche protection, puis elle rencontre Emma, mère de remplacement.

Un profond masochisme apparaît à travers les réponses d'Annie : *mourir, disparaître, je suis sa servante, pourvu qu'elle me garde toujours* (c'est-à-dire : *pourvu qu'elle ne me rejette pas dans les noires ténèbres du néant*).

1. Voyez le chapitre « La fille coincée ».

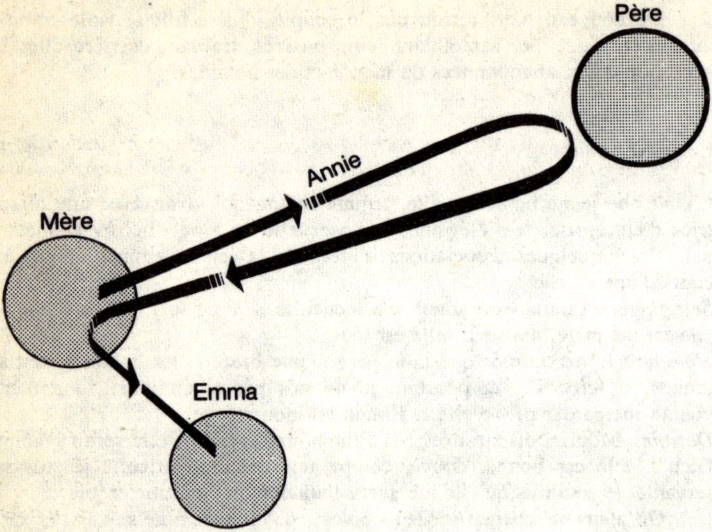

Notons encore sa façon enfantine de s'exprimer : *les hommes sont « si » grands, « si » féroces...* Et son regret devant l'homme qu'elle attend malgré tout : *et pourtant, je ne sais pas si un jour...*

Homosexualité ? Oui, dans le sens de homo-affectivité. La génitalité se résumait à peu de choses : caresses, attouchements. La sexualité d'Annie était comblée par la chaleur du « foyer » (Emma = une mère !), et par cette fausse relation de fillette à protectrice.

Son analyse a aidé considérablement Annie à faire disparaître ce terrible manque d'un père, en même temps que son besoin de sombrer dans un suicide moral qui, un jour, serait peut-être devenu physique.

Le cas de Marcelle

Elle a trente-cinq ans. Homosexuelle active, elle « recrute » toute jeune fille douce et soumise. Elle est belle, racée, d'une élégance stricte. Intelligente et « intellectuelle ».

Elle eut un père butor et ivrogne ; une mère vulgaire et stupide. Un jour elle s'enfuit, trouva du travail, étudia « comme une bête » (sic). Elle était parvenue à une belle situation ; mais son patron la séduisit, lui faisant mille promesses pour l'abandonner ensuite. Et Marcelle s'était fait une sorte de serment :

— *Je me suis juré de ne plus jamais me laisser « posséder », ni par un homme ni par une femme.*

La suite allait de soi :

— *Je me suis dit que, dorénavant, c'est moi qui posséderais les autres. Je vomis la société. Toute réussite dans ma profession me donne la sensation de les avoir « eus » : les patrons, les clients, les bourgeoises !*

Marcelle aurait pu, tout aussi bien, épouser un homme riche et falot dans le seul but de le « posséder » jusqu'à sa disparition corporelle et financière. Mais elle a pris un autre chemin. Elle a refusé d'agir en femme :

— *Une femme, c'est un objet qu'on prend et rejette...*

Elle méprise toutes ses congénères :

— *Elles sont toutes identiques. Elles se laissent prendre à toute parole qui les flatte. Moi, je peux me vanter de les voir à mes pieds !*

En même temps, elle recherche la compagnie de certains hommes, ce qui n'est nullement paradoxal :

— *Je préfère les hommes raffinés. Ils sont plus intelligents que les femmes. Mais à la condition qu'ils ne me fassent jamais la moindre avance, sinon je les écrase.*

Ainsi donc Marcelle voulait :

1. Diminuer les hommes en se montrant plus intelligente qu'eux ; demeurer en leur compagnie tant qu'ils étaient « neutres », ou efféminés.
2. Ecraser les femmes en les dominant.
3. Etre une sorte de « reine ».
4. Etre aimée en tant que femme *supérieure*.
5. Arracher ces « pauvres petites » (sic) des griffes des hommes.
6. Jouer un bon tour aux maris en choisissant de préférence leurs jeunes épouses.

Marcelle était devenue une sorte d'impératrice de carton, entourée de femmes-enfants et de narcissiques. Elle s'était transformée en un Pygmalion-femme : elle « formait » les jeunes femmes qu'elle tenait sous sa coupe, leur donnant des cours de maintien et de culture. Tout était parfait, tant que l'esclave demeurait soumise.

Le rêve secret de Marcelle :

— *Je voudrais être mère supérieure d'un couvent d'intellectuelles.*

Elle désirait être une « mère » mais à la condition que ses « filles » soient sous elle, pieds et poings liés. Au fond, c'est l'histoire d'un « matriarcat » poussé jusqu'à la dictature sadique.

Quelques variations sur un même thème

L'homosexuelle physiologique

Il existe une variété (rare d'ailleurs) d'homosexuelle active qui, par de multiples caractéristiques anatomiques et physiologiques, se rapproche naturellement de l'homme. Le corps est lourd, solide, musclé. Les articulations sont épaisses. La démarche est celle d'un homme. Elle présente des signes nettement hermaphrodites : la voix est grave, les seins réduits, voire absents. Il va de soi qu'il ne faut pas la confondre avec la femme qui, pour une raison quelconque, copie les manières masculines.

Mais que voulez-vous que deviennent ces femmes ? Elles se ressentent davantage hommes que femmes. Mais elles ont été éduquées en femme. Souvent, elles sont reléguées au ban d'une société moyenâgeuse qui ne peut concevoir qu'une personne soit, anatomiquement, sur la frontière des deux sexes. Il arrive que la chirurgie puisse leur rendre leur nature réelle. « Elles » deviennent « Ils ». Mais il est aisé d'imaginer les nouvelles difficultés sociales, quasi insurmontables, auxquelles elles se heurteront.

L'identification virile

On dit de cette femme qu'elle est un « garçon manqué ». Ou qu'elle possède une âme d'homme dans un corps de femme. Ou encore qu'elle est la « réplique » de son père.

Il s'agit toujours d'un cas psychologique. Dans un couple d'homosexuelles, elle joue le rôle actif (masculin). Mais son comportement fait plutôt songer à celui d'une *mère* intransigeante, hautaine, impitoyable envers les « faiblesses », qui tente sans cesse de « se surpasser ».

Dit en passant, je me suis toujours demandé comment on peut se surpasser. On peut parfois atteindre le bout de soi-même, encore que la plupart du temps on reste loin en deçà. Mais le bout atteint, il est impossible d'aller plus loin. Il s'agit de nouveau d'une expression toute faite mais où transparaît une volonté de puissance qui voudrait dominer la planète.

Revenons à la femme qui nous occupe. Durant son adolescence, cette jeune fille s'est heurtée à un père « inaccessible » (par exemple, il était brillant, récoltait tous les succès). Eblouie par son père, se sentant infériorisée, la fille a cherché par tous les moyens à atteindre ce demi-dieu planant au-dessus d'elle. Elle a mis tout en œuvre pour attirer son attention, pour lui ressembler. Elle a tout fait pour devenir « comme » son père, voire le dépasser.

Une évidence : *en tentant de devenir comme son père, elle n'a pu devenir elle-même.* Elle est passée à côté d'elle-même. Elle s'est engagée dans un chemin qui ne pouvait la conduire vers sa propre personnalité. Elle est devenue copie, calque, imitation.

Les hommes la considèrent avec amusement et, parfois, admiration. Les femmes l'envient ou la haïssent, à moins qu'elles aussi ne l'admirent pour cette « virilité qui tient tête aux hommes ».

Elle semble en effet posséder une âme d'homme dans un corps de femme. En réalité son affectivité est demeurée bloquée à l'adolescence. Comment se présentent, chez elle les deux pôles ? Très mal, puisque le père occupe le centre de chacun d'eux.

Pôle Féminin	**Pôle Masculin**
Refusé dans une certaine mesure. Rétréci. S'y accumulent des sensations faussées par le besoin d'être « comme » son père. Impatience. Incompréhension, irritabilité.	Hypertrophié et calqué sur celui de son père.

Une femme de ce genre verse-t-elle automatiquement dans l'homosexualité ? Certainement pas, mais elle y est prédisposée. Identifiée à son père, obligée de jouer son rôle jusqu'au bout, cette femme devient agressive, trop sûre d'elle, trop combative. Ce qui signifie qu'elle se sent trop peu sûre d'elle et infériorisée.

Que devient-elle ? Les possibilités sont diverses :

1. Elle ne trouve aucun homme « à sa mesure » (c'est-à-dire qu'elle puisse avantageusement comparer à son père). Elle reste célibataire et homosexuelle latente.
2. Elle épouse un homme brillant et admiré... comme son père. Elle épouse donc son père « par procuration ». Plaignons ce mari si, un jour et pour une raison quelconque, il « démérite » aux yeux de sa femme qui, bien entendu, reste homosexuelle latente.
3. Elle épouse un homme faible et soumis. Dans ce cas, *elle réalise son homosexualité*. Elle épouse un « homme-femme » puisque, pour elle, la féminité se confond avec la soumission. Elle devient à la fois dominatrice et maternelle, dictatoriale et compatissante, zigzaguant sans cesse sans parvenir à se trouver jamais.
4. Elle dirige son affectivité vers les femmes. Comme elle est un « me-

neur », elle recherche des filles craintives et soumises, qu'elle conduit à la cravache.

Même si elle se marie, elle *est* donc homosexuelle latente. Aime-t-elle les hommes ? C'est impossible. Elle se trouve sans cesse en compétition contre eux, cherche à les dépasser, les battre.

C'est une femme névrosée qui attend, secrètement et parfois à jamais, l'homme authentiquement fort qui l'aiderait à se débarrasser de son âme d'enfant.

Un accident social

Voici ce que me disait Julienne :

— *Vous voyez les poils dont je suis affligée ? Et ma voix, vous l'entendez ?... Je me sentais très femme, cependant, et toute prête à aller vers les hommes... Mais pendant mon adolescence, je n'ai entendu que : « Eh, Jules ! Comment vas-tu ? » et autres sarcasmes du même genre. Puis encore : « Si tu t'imagines qu'un garçon voudra de toi ! » Et rapidement j'ai constaté, en effet, qu'aucun garçon ne me regardait jamais. C'est ainsi que tout a commencé... Puis j'ai rencontré une jeune lesbienne, et voilà... Mais je donnerais tout au monde pour être aimée d'un homme, au lieu de jouer à l'homme, comme j'y ai été quasi forcée...*

Conclusion

En résumé

Certaines femmes ont tendance à s'identifier au monde des hommes. Elles hypertrophient leur pôle masculin (activité, mouvement, autorité) au détriment de leur pôle féminin (attente, patience, compréhension, puissance intérieure).

En même temps elles cherchent à inférioriser les autres femmes, auxquelles elles s'estiment supérieures. Ce sont généralement des homosexuelles latentes. Elles recherchent la compagnie des hommes, mais refusent toute approche génitale. Il est fréquent que leur homosexualité reste inconsciente.

En ce cas, comment se traduit l'homosexualité ? Les relations génitales avec le mari provoquent des sensations de répulsion ou de dégoût.

La frigidité va de soi. Le vaginisme est fréquent. On trouve des états dépressifs, des inadaptations sociales, des manies, des phobies. Des crises d'étouffement peuvent se manifester, ainsi que des vomissements : elles « vomissent » : symboliquement le pénis de l'homme.

Ces femmes sont déchirées entre une masculinité qu'elle voudraient posséder et une féminité qui existe malgré tout. En d'autres mots, la partie homosexuelle de leur personnalité étant la plus forte, leur équilibre dépendrait de la réalisation de cette homosexualité. Or cette homosexualité est refoulée dans l'inconscient. Si bien que la personnalité est comme coupée en deux tronçons, ce qui suscite des sentiments d'inhibition, d'insécurité, d'infériorité et d'angoisse.

Un dangereux retour au port...

L'homosexuelle la plus répandue est la femme narcissique, femme-enfant dont l'affectivité stagne au niveau de la petite fille. Cette homosexuelle cherche, à travers sa partenaire active, un substitut de la mère. Voici comment se présente généralement cette situation :

Le personnage principal. La mère, frustrée et malheureuse pour une raison quelconque, agit comme si elle voulait ramener sa fille vers elle, *en* elle, la garder à jamais, l'engloutir, la tuer affectivement.

Une séquence courante. Inconsciemment, cette mère malheureuse essaye de briser le ménage de sa fille. Les absences répétées du mari facilitent éventuellement sa tâche.

Son espoir. Si la fille devient malheureuse et « abandonnée » à son tour, elle sera si démunie qu'elle reviendra vers sa mère et s'abandonnera entièrement à la « protection » maternelle.

Le sous-entendu inconscient. « Je suis seule et abandonnée, malheureuse et solitaire. Tu l'es également. Reviens vers moi, redeviens l'enfant que tu fus. Nous unirons nos deux malheurs et nous deviendrons complices contre le monde, dans l'île déserte de notre maison. »

Dans ce cas, c'est la mère qui, affectivement, est homosexuelle latente envers sa fille.

Le danger. Si la fille retourne en arrière, elle retombe sous la coupe de sa mère. Menottes aux poings, enrobée de sucre, couvée et mangée, la fille avance sur une crête glissante et risque à tout instant de verser, soit dans l'infantilisme, soit dans l'homosexualité pathologique. Il suffit qu'elle rencontre une homosexuelle active pour que les dés pipés soient jetés.

Comment prévenir l'homosexualité féminine ?

Puisque l'homosexualité n'est qu'un symptôme, c'est la névrose sous-jacente qu'il faut empêcher. Et ici il faut de nouveau redire — au risque d'être lassant — que la sexualité et l'affectivité sont une seule chose. C'est pourquoi *tout manque de maturité affective se traduit immanquablement par des troubles sexuels, et cela quelles que soient les expressions — faibles ou fortes — de la génitalité.* Or cette immaturité entraîne une sensation d'insécurité, d'inadaptation, d'angoisse qui poussera cette personne à chercher refuge quelque part, dans une sécurité illusoire. Chez « quelqu'un », dans le cas qui nous occupe. C'est ce que font, *toujours,* les homosexuelles.

L'homosexualité féminine n'est pas une « perversion contre nature ». *La difficulté profonde des lesbiennes n'est pas là où on le croit.* Elle n'est pas du domaine de la « sexualité », au sens ordinaire du mot, mais de l'affectivité.

Certaines femmes risquent de se montrer fort peu objectives quand on parle d'homosexualité féminine. Certaines nourrissent, envers les lesbiennes, des préjugés tellement féroces qu'ils défient tout raisonnement. J'ai dit pourquoi : elles se reconnaissent (très inconsciemment) en ces homosexuelles ; ce qui signifie qu'elles ont refoulé leurs propres tendances homosexuelles.

D'autres femmes, par contre, se montrent *trop* bienveillantes envers les lesbiennes. Elles aussi cessent d'être objectives, et leur tolérance revêt parfois un aspect de « complicité ». Ces femmes *ressentent* en elles des tendances homosexuelles, et elles sont trop bienveillantes parce que soulagées de constater qu'elles ne sont pas les seules à se trouver dans cette situation.

Voici les types de jeunes filles qui sont les plus menacées :

1. Les filles-enfants, accrochées à leur mère.
2. Les filles narcissiques.
3. Les « hyper-féminines ».
4. Les jeunes filles qui redoutent ou renient leur future condition de femme.
5. Les jeunes filles qui s'identifient à leur père, le craignent trop ou le détestent ; et aussi les « garçons manqués ».

Dans la mesure où les parents sont en cause, en cas d'homosexualité féminine — et donc de troubles affectifs —, on retrouve toujours l'une ou l'autre des situations suivantes :

1. Des parents névrosés.
2. Des parents divorcés.

3. Des parents qui considéraient la génitalité comme sale ou tabou.
4. Un père brutal, incompréhensif, indifférent, terne, dominateur, inaccessible d'une manière ou l'autre.
5. Un père qui adule sa fille.
6. Une mère possessive, douceâtre, autoritaire, frustrée, malheureuse, revendicatrice, infantile, aigre, trop belle, trop intelligente.

En un mot il s'agit de parents qui donnent à leur fille, face à la vie, une sensation d'impuissance, de solitude et d'infériorité ; *en même temps ils la poussent à chercher au-dehors la sécurité affective qu'elle ne trouve pas chez elle.*

Les parents sont, trop souvent encore, d'une maladresse stupéfiante. Que dites-vous d'un père qui déclare ou fait sentir à sa fille qu'il aurait préféré avoir un garçon ? Bien que cela paraisse d'un autre âge, le fait est fréquent.

Et ce père brillant qui élève sa fille comme il le ferait d'un garçon, qui se gonfle de fierté parce que sa fille tente de l'égaler... mais glisse ainsi vers l'« identification virile » ? Ou cet autre, trop admiré par sa fille, qui laisse se développer cet éblouissement qui le flatte ?

Ou cette mère, dressée contre son mari, qui devient « complice » de sa fille contre les hommes, cherche à la « réengloutir », à la garder auprès d'elle ? Le comportement des mères qui, consciemment ou non, refusent d'être femmes, rejaillit sur l'éducation de leur fille. Quoi qu'elles disent ou fassent, quelles que soient leur bonne volonté et leur intelligence, elles ne peuvent que transmettre ce qu'elles ressentent. Et la jeune fille sera frustrée de la joie d'être femme.

Les lois poussent les homosexuelles à renforcer leur isolement, et leur hostilité contre la société dite bien-pensante laquelle, le plus souvent, joue les bons apôtres et garde une façon très archaïque de voir les choses. Car si l'Inquisition est morte, les inquisiteurs continuent de se bien porter. Autant vaudrait édicter une Loi qui condamnerait la névrose ou l'angoisse !

Quant à la moralisation, elle ne peut que renforcer la sensation de faute, la culpabilité qui est toujours liée à la maladie psychologique.

On peut résumer tout ce qui précède en deux phrases :

— Pour qu'une jeune fille puisse ressentir ce qu'est la véritable féminité et la puissance que celle-ci représente, il faut qu'elle grandisse dans un climat de sécurité, au sein d'un couple affectivement soudé et bien adapté à l'existence.

— En toute homosexuelle, latente, active ou sublimée, on retrouve des conflits affectifs profonds, largement inconscients, remontant à l'enfance et l'adolescence qui sont la source de toute vie humaine.

Les adolescentes d'aujourd'hui ont une lourde tâche : elles ont à redevenir femmes, tout en cessant d'être des femelles dangereuses qui font, depuis toujours, la peur des hommes.

Mais à les voir en si grand nombre, indifférenciées, dépenaillées, indifférentes et traînaillantes, on doute que ce soit pour demain.

La richesse du monde réapparaîtra lorsque les valeurs de la Féminité se fondront à nouveau dans celles de la Masculinité.

Qui sauvera l'Humanité, sinon l'humanité intérieure ? Or, les femmes accomplies, devenues très rares il est vrai, restent les dépositaires de cette humanité-là.

Sans exagérer, je crois que leur intervention est une question de vie ou de mort.

Une femme ne se demande pas si telle chose est possible, mais si elle est utile.

L'homme fait l'inverse, quitte à se détruire lui-même.

Le rôle immense de la femme sera de redonner un Sens aux idées vidées de toute substance humaine.

CHAPITRE XI

LA FILLE COINCÉE

Tout acte est médiocre qui ne soit passionné.

Aucune adolescente n'est médiocre. Elle désire la plénitude, même quand sa passion est réprimée, refoulée, brimée. Si elle poursuivait, sans accident sa trajectoire, la jeune fille réaliserait sa créativité personnelle, son expression de soi, en prenant appui sur une féminité épanouie.

Alors pourquoi tant de femmes en arrivent-elles à n'être ni chèvre ni chou, ou viriloïdes, hargneusement dressées contre les femmes et les hommes, ou encore misérablement quémandeuses d'attentions et d'amour ?

Jeanne a 30 ans. Elle et son mari poursuivent un même idéal. Mais Jeanne reconnaît qu'elle est incapable d'aimer sans admirer. Et elle se montre agressive, voire méprisante, dès que son mari « flanche » (maladie, affaiblissement, découragement). Drôle d'amour. Pourquoi cette incapacité d'aimer sans admirer ?

Catherine a 25 ans. Elle exige que son mari soit le plus « brillant » de tous ses collègues. Elle l'épaule d'ailleurs de façon active. Mais chaque échec du mari déclenche l'agressivité de Catherine. Talonné, il s'épuise au travail. Il est évident que Catherine transpose sur l'homme son ambition personnelle. Pourquoi ?

Irma a 28 ans. Elle aime son mari, homme remarquable et compréhensif. Mais Irma lui demande dix fois par jour : « Dis-moi que tu tiens encore à moi ! » Pourquoi ?

Hélène a 30 ans. Elle est la secrétaire et le « bras droit » d'un directeur exceptionnel. Elle est mariée, se dit heureuse, mais ne peut s'empêcher d'éprouver un amour platonique pour son directeur. Pourquoi ?

Tandis que se développe l'affectivité de la jeune fille, se présentent tout au long de la route deux personnages importants : la mère et le père. Et ici se lève le rideau, car voici le très fameux « complexe d'Œdipe », ou plus exactement la situation œdipienne. Redoutablement doucereuse, cette situation fausse quatre-vingt-dix pour cent des vies de femmes, de leurs mariages, de leurs professions, en un mot de leurs comportements. La situation œdipienne est d'une puissance d'autant plus tentaculaire qu'elle demeure inconsciente.

Il est remarquable que, lorsqu'on parle du « complexe d'Œdipe », on envisage presque toujours les rapports entre un garçon et sa mère. La fille, ici encore, serait-elle laissée pour compte ?

Sans doute devrez-vous, non pas lire mais étudier ce chapitre, quitte à vous prendre la tête entre les mains. Toutes mes excuses : car la situation œdipienne de la fille n'est pas un « complexe », mais une hydre. Le terme de « situation » n'est d'ailleurs pas adéquat, parce que ce mot implique une certaine stabilité ; or il s'agit d'un jeu de corde raide, d'une incroyable complication. J'ai tenté de cadrer les difficultés rencontrées par l'adolescente au cours de cette même période de vie que le garçon semble vivre, souvent, comme une plaisanterie.

Sachons déjà que :

— chez la fille, la situation œdipienne est floue et difficile ;

— l'adolescente s'y trouve nettement handicapée par rapport au garçon, dont la situation œdipienne est généralement nette ;

— la situation œdipienne n'est pratiquement jamais résolue à l'âge adulte, sauf pour des filles exceptionnellement équilibrées, et dont le *couple* parental fut impeccablement uni.

LES CLÉS DE VOÛTE

Manteau d'ombre et tunique de gloire

Reprenons les grands symboles de la mère et du père, tels qu'ils sont imprimés dans *tout* inconscient humain, mais en nous rappelant qu'ils

« travaillent » un être en formation et peuvent se transformer en pièges, parfois définitifs.

Il ne s'agit nullement d'une fantaisie sur un thème donné, mais de situations vécues inconsciemment par *toutes* les jeunes filles. Ne croyez-vous pas qu'il vaille la peine de faire l'effort nécessaire pour les étudier ?

La mère de l'adolescente

Ses symboles positifs	**Ses symboles négatifs**
la compréhension	la menace silencieuse, sourde
le pardon	la suppression de l'amour
l'ouverture cordiale	l'abandon
la disponibilité	l'attente soupçonneuse
la patience	la matière
le refuge	l'engloutissement
la permanence d'amour	la néantisation
la vie	la mort
la naissance	
l'enfance	
le passé	

Vous constaterez que ces symboles négatifs (et la plupart des positifs) évoquent :

— *l'immobilisme*

— *le « retour en arrière », la descente, le passé.*

Les symboles de la mère « tirent » vers l'arrière, vers l'enfance, vers le néant d'avant la naissance. Retourner vers sa mère signifie faire demi-tour vers son point de départ. Symboliquement (et c'est très important) : chronologiquement la mère est « derrière », « dans le dos ».

Le père de l'adolescente

Ses symboles positifs	**Ses symboles négatifs**	
l'énergie créatrice	la force aveugle	
la force intelligente	l'écrasement brutal	
la puissance contrôlée	la loi	dans leur sens impersonnel et abstrait
la lumière	le devoir	
l'action	l'honneur	
le rayonnement extérieur	le travail	
l'esprit	la réussite	

Ses symboles positifs	**Ses symboles négatifs**
le bruit	le dieu destructeur
le guide	
le dieu constructeur	
l'avenir	

Constatons que ces symboles évoquent :

— *le mouvement ;*

— *la poussée en avant, la montée, la créativité ;*

— *l'avenir.*

Ces symboles ne « tirent » donc pas vers l'arrière : ni vers le passé, ni vers l'enfance. Le père se trouve *devant* ; il pousse vers l'avant, vers « plus loin ». Pour l'atteindre, il faut *monter, se hisser, combattre.*

Le père est celui qui se dresse et *barre la route entre l'enfance (le passé) et l'avenir (l'âge adulte). Symboliquement, il doit être abattu ou dépassé, quitte à être déifié ensuite* (un exemple entre mille : c'est ce que certains Français ont fait envers de Gaulle).

Ces importants symboles pourraient être traduits autrement :

● *le père* = la ligne de front = le combat actif et à découvert

● *la mère* = les tranchées sécurisantes de l'arrière = le repli possible (à condition que la mère reste l'amie de sa fille).

On peut donc formuler une loi dont dépend la maturité de la jeune fille : **l'adolescente, combattante de la vie, a quitté ses tranchées sécurisantes (sa mère). Elle monte vers le front (son père). Mais elle doit pouvoir s'appuyer sur des arrières solides (une mère équilibrée).**

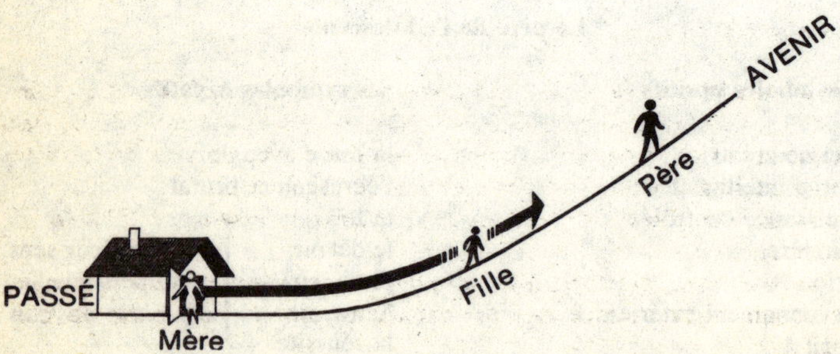

La situation œdipienne de la fille

Trop souvent, pour définir la femme, on inverse purement et simplement les caractéristiques de l'homme : ce qui aboutit à une vision de la réalité totalement faussée.

On fait de même en ce qui concerne le « complexe d'Œdipe » : on remplace généralement le garçon par la fille, la mère par le père, le père par la mère, et le tout donne un recto verso erroné ; comme ceci :

Le garçon	**La fille**
— Il veut posséder sa mère en exclusivité, « faire couple » avec elle.	— Elle veut posséder son père en exclusivité, faire couple avec lui, le « séduire ».
— Il désire exclure son père, devenu son rival.	— Elle désire exclure sa mère, devenue sa rivale.
— Il combat son père, et conquiert ainsi sa virilité adulte.	— Elle combat sa mère en féminité, et conquiert ainsi sa féminité adulte.

Si c'est vrai pour le garçon, *cela est partiellement faux pour la fille*. En effet :

1. Si elle ne faisait que séduire son père, elle ne pourrait que se placer *sous* lui, par une attitude soumise. Elle ne pourrait que développer une féminité pâle, insignifiante, charmeuse. Elle deviendrait la « courtisane » de son père (et ensuite de l'homme).

2. Ce qu'elle désire profondément, c'est *connaître* son père, entrer en contact profond avec lui. Ce père n'est-il pas le premier homme adulte qu'elle côtoie ? Nous en verrons l'importance.

Quelques réactions

Voici comment ont réagi, devant l'expression « complexe d'Œdipe », des hommes et des femmes cultivés, des médecins, des mères de famille, des adolescentes. Je n'ai pu poser la question qu'une cinquantaine de fois : ce qui est fort peu. Il n'est donc pas question de généraliser.

— *Le complexe d'Œdipe, mais ce n'est que passager !* (Diable, si c'était vrai !)

— *C'est une vieillerie, un archaïsme. Un concept dépassé.* (Comme si on disait : la naissance est un archaïsme ; on ne naît plus, de nos jours.)

— *Ce complexe est d'une grande importance pour l'accession du garçon à sa maturité*. (Et la fille, elle, n'a qu'à se débrouiller ?)

— *Je suppose avoir passé par la situation œdipienne comme tout le monde. Et puis voilà, je ne m'en porte pas plus mal !* (Et cependant la situation perdurait chez cette femme de profession libérale, qui frisait la panique au moindre mécontentement de ses clients, qui, mariée, cherchait à travers maints amants un amour « idéal » et introuvable.)

Chacun sait que le complexe d'Œdipe est normal. Il jette ses premières lueurs durant l'enfance, grandit en éclat pendant l'adolescence. Il est alors censé disparaître à jamais dans les espaces de l'âge adulte. Or, il ne se résout bien qu'une fois sur dix mille, en étant fort optimiste...

Simplifiée à l'extrême la situation de l'adolescente peut être décrite comme ceci :

1. La fille est attirée par son père, comme l'est une femme vers un homme. C'est normal et logique ;

2. La mère devient une « rivale », et doit être éliminée. Les moyens courants sont : le mépris envers la mère, l'ironie ; se montrer plus belle, plus jolie, plus intelligente, et surtout... plus jeune.

Simplifié de la sorte, on a l'impression qu'il s'agit d'un brave complexe, localisé et qui ne saurait susciter qu'un trouble passager. En réalité, ces données fondamentales se ramifient et forment des entrelacs d'une complication extrême.

Car la situation œdipienne est, pour l'adolescente, l'espoir d'un infini paradisiaque. Son père est le premier « Homme fait » qu'elle trouve sur sa route. Cet homme est chargé d'un puissant symbolisme. Il est le « dieu » inaccessible, qui représente l'intelligence créatrice, la conquête, la réussite, la puissance, la connaissance. La jeune fille éprouve le besoin de s'attacher passionnément à lui, et d'être aimée de lui, tout aussi passionnément et exclusivement.

Elle ne demande qu'une chose : *entrer en contact affectif avec son père*. Et c'est ici que des chausse-trapes commencent à se creuser.

L'adolescente désire :

1. Etre aimée de son père.
2. Etre remarquée par son père, entre toutes les femmes.
3. Former un « couple affectif » avec son père.
4. Connaître profondement son père, savoir *qui* il est, quelles que soient les apparences.

Charmer et faire du charme

Au fil des jours, le jeu humain se déploie. La seule façon de connaître son père est de l'approcher. Et pour l'approcher, il faut lui plaire. Mais comment ?

1. La jeune fille *charmera* son père, grâce à ses qualités propres, son intelligence, sa spontanéité, son désir d'avancer dans la vie. C'est une attitude de *séduction normale*.

2. Ou bien *elle fera du charme*, ce qui n'est pas la même chose. Les motifs peuvent être innombrables. Par exemple, le père étant ressenti comme inaccessible, beau, intelligent, brillant, l'adolescente peut croire que « faire du charme » est le seul moyen de se faire remarquer. Le danger est que la méthode soit efficace, car la jeune fille risque de continuer le même jeu envers les hommes, sa vie durant. Elle développe ainsi une « féminité de mauvais aloi », fondée sur un aspect extérieur de beauté, sur des caprices infantiles et un narcissisme outrancier. Cette attitude de séduction est anormale, bien que très fréquente.

La frontière entre « charmer » et « faire du charme » est d'ailleurs sinueuse. Il est certain que, même en faisant du charme, la jeune fille augmente sa capacité de séduction. Or la séduction d'autrui est à la base de toute relation humaine, quels que soient le sexe et l'âge.

C'est ici que l'attitude des parents va se révéler d'une importance extrême.

Le père, tout d'abord. Si sa fille essaye de « l'avoir au charme », comment réagira-t-il ? Sera-t-il flatté de voir cette jeune fille dépenser des trésors d'ingéniosité pour lui plaire ? Enchanté de cette admiration qu'elle semble éprouver pour lui ? Ne ressentira-t-il pas une attirance sexuelle (refoulée ou non) pour sa fille si jolie et charmante ? Ne jouera-t-il pas au « jeune homme » afin de « mériter » les compliments que lui adresse sa fille à travers ses mines coquettes, avec ses cheveux dans le visage et ses maquillages subtils ? Ou, au contraire, saura-t-il canaliser cette situation, en la comprenant ? Pourra-t-il, progressivement, montrer à la jeune fille qu'elle fait fausse route, et cela sans la repousser ni la rejeter ?

Et la mère ? Comprend-elle ? Se sent-elle jalouse de sa propre fille ? N'est-elle pas hargneuse ? Essaye-t-elle de gagner la confiance de sa fille ? Se rend-elle compte qu'une attitude négative ne ferait qu'augmenter le mal, parce que sa fille prendrait le parti de son père contre elle ? Si, au contraire la mère comprend la signification de cette situation œdipienne, si elle reste profondément disponible, elle pourra aider sa fille à dépasser ce conflit.

Comparons avec le garçon

Cette comparaison permettra de mieux comprendre le drame profond de la jeune fille.

Le garçon cherche à combattre son père *pour l'amour d'une femme : sa mère*. C'est pourquoi *le jeune mâle doit :*

— évincer le « vieux chef de clan », le puissant mâle dressé en travers de sa route et qui lui barre le passage vers l'avenir ;

— par conséquent, combattre son père en montrant sa propre virilité (puissance, intelligence) ;

— le vieux mâle, battu, s'efface ; et le garçon, affermi et adulte, poursuit sa route virile.

Il s'agit donc d'un combat entre mâles. C'est clair, net, sans bavures. De plus le garçon possède un atout maître : sa mère est une *amie* et une « *complice* ». Car le complexe d'Œdipe n'est jamais à sens unique. Existe-t-il une seule mère qui ne soit émue et flattée devant l'intense attachement de son fils ?

En résumé, pour le garçon :

sa mère	**son père**
— est une amie ;	— est combattu à armes égales (virilité contre virilité) ;
— assure les « arrières » de son fils durant le combat. Le fils peut se réfugier chez elle en cas de danger ou d'échec.	— est combattu sur le même plan (espèce mâle contre espèce mâle).

La jeune fille, normalement, doit conquérir son avenir, comme le garçon. Or son père se trouve *devant* elle, et il lui barre également la route, de toute son expérience et de toute sa force. Logiquement, la fille devrait (comme le garçon) « arracher l'épée » détenue par son père et poursuivre son chemin.

C'est ici que *rien ne va plus pour la fille*. Arracher l'épée du père ? Lutter sur le plan viril ? Les armes ne sont pas égales. Pour agir de la sorte, la fille devrait lutter comme *une* jeune mâle. Elle devrait agir en garçon ; ce qui est absurde, puisqu'elle est femme. *Sur quel plan une jeune femelle va-t-elle pouvoir combattre un vieux mâle ?* La situation est pour le moins difficile.

Complication supplémentaire : *la mère* voit souvent d'un mauvais œil sa fille « tourner autour » du père. Elle se sent rejetée, jalouse. Et, même si la mère réagit normalement, la fille le ressent tout autrement.

En résumé, pour la fille :

sa mère

— n'est pas une amie ; elle est ressentie comme une rivale jalouse ;
— elle n'assure pas les arrières de sa fille ; le refuge est fermé.

son père

— est combattu à armes inégales (féminité contre virilité) ;
— les plans sont différents (espèce femelle contre espèce mâle).

C'est ainsi que la fille est coincée. Elle se sent seule pour mener un combat impossible. Elle est prise en tenaille entre son père et sa mère, et la situation lui paraît sans issue.

Sur le front : ne pouvant combattre son père virilement, elle doit l'aborder de biais. Elle doit louvoyer, attirer son attention. Le plus souvent elle tente de se faire admirer par lui, elle fait du charme, déploie les « grâces » de sa féminité naissante ; à moins qu'elle ne le combatte sur un plan plus « viril » : intelligence, sports, etc. De toutes manières elle est en position d'infériorité devant son père.

A l'arrière : en charmant son père, la fille risque de voir sa mère se retourner contre elle. Or se brouiller avec sa mère est chose grave. Elle est l'Intendance, le Refuge. La fille se sent donc obligée d'adopter des comportements qui lui ménagent les faveurs de sa mère (sa rivale !).

L'adolescente est ainsi en mouvement perpétuel de zig-zag, et dans une incertitude permanente quant aux résultats.

Une jeune fille m'écrivait :

— *Jamais mon père ne me remarquera. Il est trop intelligent ; il a mille lieues d'avance sur moi. Comment pourrais-je le rattraper ? Du haut de sa grandeur adulte et masculine, il ne peut comprendre le désir qui m'habite. Il vaque à ses importantes occupations ; je ne le vois que le soir. Lui ne m'aperçoit même pas : il n'a d'yeux que pour ma mère. Comment ferait-il attention à une petite bonne femme comme moi ? Je suis seule au monde.*

D'une autre adolescente :

— *Ma mère est jalouse et me gronde sans arrêt. Bien sûr : je suis plus jolie qu'elle ! Et quand mon père me félicite pour ma robe, elle en bave. Je ne vais tout de même pas le lui voler, son mari ! Je suis malheureuse.*

Et il est vrai que l'adolescente se croit seule au monde, abandonnée de sa mère et de son père, laissée pour compte ; elle est immergée dans une affectivité tellement débordante qu'elle ne peut trouver d'exutoire que dans le rêve.

Il n'y a donc pas à s'étonner que, durant cette période, tant de femmes acquièrent l'habitude de louvoyer d'un sentiment à l'autre, et c'est bien à tort que l'on taxe cette attitude d'hypocrisie, de caprice, de volte-face sans raison.

Voici un schéma comparatif qui résume les situations les plus fréquentes et qui complète celui présenté plus haut.

En ce qui concerne le père :

le garçon	**la fille**
— combat son père de façon percutante et agressive ;	— opère des manœuvres de charme ou de « guérilla » pour plaire à son père ; le combat est plus souterrain qu'extériorisé ;
— il est tendu vers l'avenir et sa personnalité s'affermit ;	— elle est en attente (« m'a-t-il remarquée ? Lui ai-je plu ? ») ; sa personnalité est ébranlée ;
— il a des tendances sadiques, dans le sens large du terme, avec infatuation de soi, auto-admiration ;	— elle a des tendances narcissiques et masochistes, avec la sensation de ne pouvoir conquérir son père ;
— il poursuit sa marche en avant (si du moins tout se déroule bien et s'il n'éprouve pas le besoin de « retourner chez sa mère ») ;	— souvent elle s'arrête sur place, parce qu'elle doit se ménager l'amour de son père *et* de sa mère ;
— *symboliquement*, le garçon « se dresse », se place dans une dimension « verticale » ; il veut se placer « au-dessus » de son père (« lui marcher sur la tête »).	— *symboliquement*, la fille « se couche », se place « en dessous » de son père, dans une dimension « horizontale », soumise et admirative.

En bref la situation de beaucoup d'adolescentes pourrait se traduire par : « tourner autour » de mon père, ménager la susceptibilité de ma mère, ne fâcher personne et rater le passage de la frontière adulte.

LES OBSTACLES

Quand le couple des parents est fissuré

Les ménages, où les parents ne forment pas un couple uni, offrent une infinité de graduations. Ce seront :

— la solitude à deux ;

— la mutuelle indifférence ;

— les mésententes chaudes ou froides, les guerres larvées ou déclarées ;

— les couples (situation toujours grave) où une mère, frustrée et malheureuse, dresse sa fille contre son père ; cette mère fait de sa fille une « complice », la conditionne à prendre parti contre son père ;

— les couples où la mère (ouvertement ou non) méprise son mari et ce, devant sa fille. Et on en revient à la situation précédente.

En un mot, ce sont tous les couples dont chacun des éléments vit dans sa propre maison intérieure.

Notons qu'il se peut également que le père « dresse » sa fille contre la mère. De toutes manières, est supprimée et l'objectivité de la jeune fille et son opinion autonome.

Dans les pages suivantes, je présente trois cas parmi les plus fréquents. Mais il ne faut pas en faire un absolu. En effet :

— le manque de contact avec le père peut être total ou partiel ; la gamme des nuances est étendue ;

— il en est de même en ce qui concerne la mère.

Souvent la mésentente n'est pas flagrante, mais la jeune fille *ressent tous les arrière-plans* de cette situation parentale. Elle est partagée entre son père et sa mère, ne sachant pour qui prendre parti.

De même, dans les couples où l'un des parents dresse sa fille contre l'autre à chaque fois que faire se peut, les critiques se font, bien entendu, en l'absence du conjoint. Et la jeune fille, tiraillée entre ses deux parents, est en proie à l'insécurité, la solitude, l'angoisse. Vers qui ira-t-elle ? Pour qui et contre qui optera-t-elle ?

J'ai choisi trois situations tranchées, mais qui permettent d'évoquer bien d'autres cas possibles.

Premier cas : l'absence du père

Le mécanisme

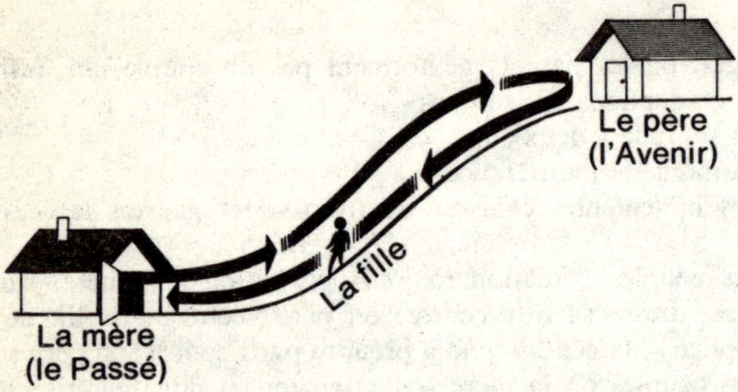

Remarquez le trajet accompli par la fille. « En provenance » de sa mère, elle y retourne après s'être heurtée à la porte fermée du père. Elle repart ainsi vers son passé et son enfance, et manque le train de son avenir et de sa maturité.

La fille reste en contact avec sa mère, parce que cette dernière :

— lui demeure accueillante ;
— est « couvante » ;
— est envahissante ;
— ne tolère pas que sa fille lui échappe ;
— se montre délaissée et appelle la pitié de sa fille ;
— est devenue complice de sa fille contre le mari, et se présente comme une martyre incomprise.

La fille n'établit pas le contact avec son père parce que ce dernier est (ou paraît) :

— absent, physiquement ou psychologiquement ;
— brutal, indifférent, agressif ;
— trop brillant, inaccessible ;
— insaisissable, volage, soumis, apeuré, falot, faible ;
— méprisant ou craintif envers les femmes ;
— méprisé par la mère.

Il est possible que ce manque de contact entre la fille et le père soit dû au fait que ce dernier est réellement stupide, ou incapable, ou volage, ou hautain.

Mais, en réalité, s'il est soumis ou agressif, n'est-ce pas parce que sa femme lui fait peur ? Et s'il papillonne, n'est-ce pas pour échapper à une épouse tentaculaire ou hargneuse ? C'est là un point très important, car l'adolescente confond souvent apparence et réalité. Sauf lucidité exceptionnelle, elle ne se demande pas :

— *Dans quelle mesure le comportement de ma mère n'a-t-il pas provoqué celui de mon père ? S'il en est ainsi, mon père n'est pas ce qu'il paraît être. Je dois donc essayer de l'approcher, de le rencontrer tel qu'il est.*

Et nous en arrivons à un deuxième point, plus important encore. Pour la fille, le père est situé *devant elle. Elle abordera son père avec une opinion préconçue : celle de sa mère.* Elle verra son père à travers les yeux de sa mère. Si l'opinion est a priori défavorable, comment la fille désirerait-elle approfondir le contact avec le père ?

Combien de mères laissent entendre, ou déclarent ouvertement :

— *Ton père est un incapable ; ton père pense à tout, sauf à « nous »*[1] *; ton père ne comprendra jamais les femmes ; ton père m'a toujours rendue malheureuse ; il n'en fera jamais d'autres, le pauvre homme !*

Ainsi l'adolescente est endoctrinée, et on peut prévoir qu'elle ne connaîtra pas son père profondément, avec toutes les conséquences que cela suppose.

Quel que soit son père, il n'est pas une adolescente au monde qui ne désire le connaître. J'ai supposé fermée la porte paternelle. En fait elle était entrouverte. Car quel est le père qui ne souhaite dialoguer avec sa fille, lui expliquer sa vie, lui dire comment et pourquoi il a réussi ou échoué ? Se montrer tel qu'il est ?

Si ce père est affectivement séparé de sa femme, il lui est évidemment fort pénible de se sentir condamné par sa fille. Et tout en sachant que, si le jugement de l'adolescente n'est pas objectif, c'est qu'il a été forgé par la mère.

En ce cas, ce n'est pas le père qui barricade sa porte. Mais la fille demeure sur le seuil, refusant d'aborder un personnage qu'elle mésestime. *Et ainsi deux personnes, qui auraient pu se connaître, empruntent deux routes divergentes.*

Des femmes m'ont dit à peu près ceci :

— *Maintenant qu'il est mort, j'apprends à regretter de ne pas l'avoir approché, de l'avoir rejeté. Je n'ai pas connu mon père, et pourtant il est toujours présent. Je sentais qu'il m'aimait, qu'il aurait*

1. Ce « nous » est une forme de complicité. Il sous-entend : « Reste auprès de moi et ne t'occupe pas de cet homme. A nous deux, nous serons bien et nous ferons front contre le monde extérieur ». C'est une sorte d'infanticide moral.

voulu me parler, mais je le repoussais. Ma mère se trouvait entre lui et moi, comme un brouillard qui effaçait les pistes.

Affectivement, la jeune fille devient orpheline de père. Elle n'a pu joindre celui qui, symboliquement, se trouve « plus loin », « plus haut ». L'avenir de la jeune fille se bouche ; elle reste sur sa faim.

Déçue, peut-être brisée ou disloquée, *l'adolescente ressent* cruellement l'absence de son « guide vers l'avenir ».

Désemparée, elle regarde vers l'arrière. Ici, il lui est possible de retourner vers sa mère, et donc vers son enfance.

Alors, l'adolescente :

— cherche refuge auprès de sa mère ;

— retourne vers sa mère pour la consoler et s'unir à elle *contre* son père... et plus tard contre les hommes ;

— apeurée par le manque de sécurité masculine, elle éprouve l'envie de ne plus grandir, de rester une petite fille auprès de sa mère.

Les résultats quotidiens

L'adolescente repart donc vers l'arrière. Elle marche à reculons, et risque de se retrouver engluée et emprisonnée dans la « maison maternelle ». Pour n'avoir pas aperçu l'escalier, elle tombe dans la cave.

Cette jeune fille peut devenir :

— une femme trop douce, effacée, apeurée devant les aspects sociaux de la vie auxquels le père aurait pu l'habituer ;

— une femme qui compense sa peur de la vie sociale par l'agressivité, la dureté, le combat contre les hommes et les femmes ;

— une femme craintive devant toute action, toute initiative ;

— une femme « improductive » ; sa créativité est bloquée ; la « courroie de transmission » n'a pas été mise en place par le père, qui est le guide vers la vie extériorisée et sociale ; et cette femme ne pourra que naviguer dans l'ombre de son mari ;

— une femme velléitaire, qui élabore mille projets sans en réaliser aucun ;

— une femme à mentalité de « vieille fille », qu'elle se marie ou non ;

— une amazone qui hait « les hommes qui font du mal aux femmes ».

— une femme qui considère la « féminité » comme inférieure, et les manifestations génitales féminines comme honteuses.

Et je vous assure qu'il faut alors creuser profond pour trouver en cette femme quelque joie de vivre. *Elle est devenue un Passé en marche,* même si elle est agressivement tendue vers l'avenir et la réussite.

Les risques sont multiples.

Ayant « raté » le père (et le symbole qu'il représente), la jeune fille peut chercher un « amour idéal » à travers de nombreux amants, tous décevants. Elle peut épouser un homme qui semble correspondre au grand symbole du père : mais en ce cas elle se marie avec un reflet. Peut-être dérivera-t-elle vers les amours platoniques, à moins qu'elle ne vive « par procuration », exigeant impitoyablement que son mari réussisse socialement, cette réussite remplaçant sa propre créativité morte. Ou bien, elle épousera un homme falot, qui lui évite tout affrontement social. Peut-être aussi ne se mariera-t-elle pas, répétant le même comportement qu'autrefois : prendre le parti de sa mère contre l'homme. Il se peut aussi qu'elle cherche un « Père absolu et inaccessible », comme certaines religieuses ne vivant que dans l'espoir d'être récompensées par Dieu le Père. Ou demeurer auprès de sa mère grâce à un subterfuge : épouser un homme dont le caractère profond ressemble à celui de ladite mère. Il est possible également qu'elle devienne homosexuelle. Ou enfin qu'elle considère l'Homme comme un dieu, avec tous les sentiments d'infériorité et d'agressivité que cela suppose.

De toutes manières, et quelles que soient les apparences, cette femme restera une « petite fille », dominée par l'Ombre de sa mère.

Deuxième cas : la mère inabordable

Le mécanisme

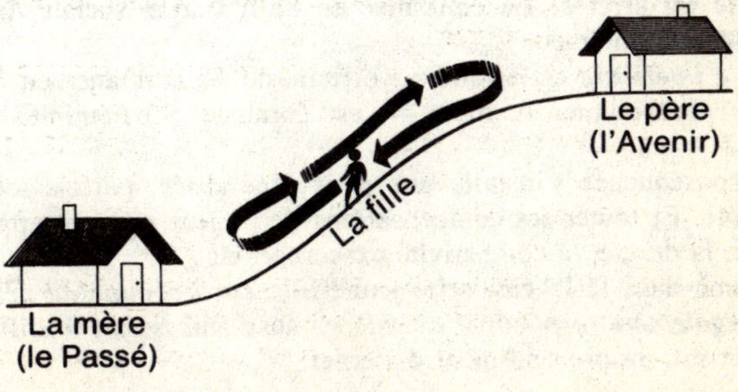

Au départ, le cheminement est donc le même que pour le Ier cas ; La fille « monte » vers le père et demeure sur le seuil. Mais, ici, c'est la mère qui a fermé sa porte.

La fille a rompu le contact avec sa mère parce que celle-ci est (ou paraît) :

— boudeuse ;
— hargneuse, agressive, dure ;
— capricieuse (« avec elle, on ne sait sur quel pied danser ») ;
— intransigeante ;
— fermée, butée, têtue, méprisante.

La fille n'établit pas le contact avec son père, parce que celui-ci est (ou paraît) :

— mêmes caractéristiques que celles du premier cas.

La jeune fille manque donc le contact paternel, et est profondément déçue. Elle regarde « vers l'arrière », vers le refuge maternel.

Mais la porte est close, soit que la jeune fille ressente sa mère comme incompréhensive ou dangereuse, soit qu'elle déteste son passé. Rien devant, rien derrière. *Que peut faire la jeune fille si ce n'est tourner sur place ?* Ne pouvant toucher affectivement son père, ni se laisser aller envers sa mère, *elle se place en orbite entre ces deux planètes.*

C'est, à mon avis, la situation la plus grave pour la non-réalisation d'une femme.

Les résultats quotidiens

Le blocage affectif de la jeune fille a lieu dans les deux sens.

Sa créativité extérieure, son expression sociale sont inhibées. Sa masculinité est arrêtée. La confiance en l'affirmation sociale de soi est dangereusement entamée.

Sa vie intérieure est affaiblie, voire inerte. Sa confiance en la vie — que seule peut donner la mère — est ébranlée. Sa Féminité est sans puissance.

En conséquence s'installe une peur généralisée, parfois totalement inconsciente. Et toutes les compensations de la peur peuvent apparaître : la cruauté, la dureté, la combativité exacerbée, etc.

Comme dans le Ier cas, cette jeune fille *est orpheline de père. Mais elle est également orpheline de mère,* aussi lui sera-t-il difficile de développer son propre sentiment maternel.

Cette jeune fille est totalement coincée. Elle est angoissée devant les femmes et les hommes. Elle n'agit pas : elle « laisse faire ». Toutes les manifestations de la vie sociale (le travail, les relations avec les chefs, les initiatives) la plongent dans un profond désarroi.

Cette femme gravitera dans l'ombre (et la réussite éventuelle) de son mari. Peut-être épousera-t-elle un homme dynamique, rationnel, brillant, qui symbolisera le Père qu'elle n'a pas connu, et qui en même temps sera compréhensif, tendre, cordial, et donc « maternel ». *C'est le mieux que l'on puisse lui souhaiter.* Car un tel mari peut faire disparaître progressivement les séquelles d'une adolescence manquée. Entraînée par son époux, la jeune femme pourra, peut-être, libérer ses capacités inhibées.

Troisième cas : un père brillant, ou faible

Le mécanisme

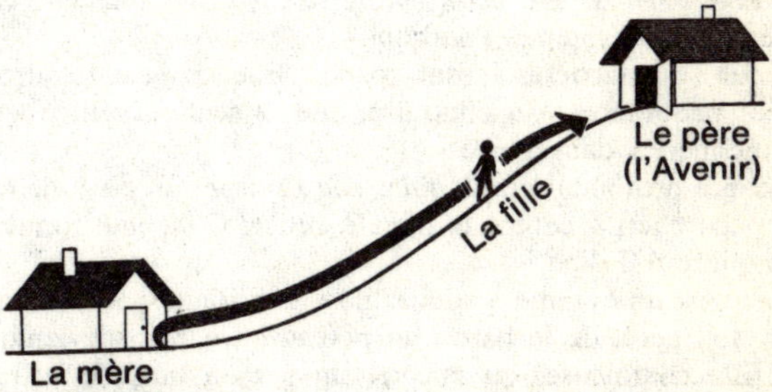

La fille a rompu le contact avec sa mère parce que celle-ci est (ou paraît) :

— mêmes possibilités que dans le deuxième cas.

La fille établit le contact avec son père parce que ce dernier :

— possède des caractéristiques correspondant au symbole de l'Homme : il est ferme, intelligent, bon, compréhensif, accueillant, affectueux, capable de « guider sa fille ».

La fille a rompu le contact avec sa mère parce que celle-ci est (ou paraît) :

La fille établit le contact avec son père parce que ce dernier :

— est « admirable », et a réussi socialement ;
— ou bien semble avoir besoin de protection ; il semble faible, apeuré, angoissé, et fait appel au sentiment maternel de sa fille ;
— semble avoir besoin d'être épaulé contre la mère qui le rejette, le méprise.

Quand la mère apparaît comme inabordable, elle représente le « passé ». Symboliquement, elle se trouve *dans le dos* de l'adolescente. Celle-ci a donc, derrière elle, une mère qu'elle ressent comme ennemie, dangereuse, sans amour.

Mais, ici, la jeune fille établit le contact avec son père. L'adolescente prendra donc le parti de son père, *contre sa mère*. Or plus elle va en ce sens, plus le danger augmente. Pourquoi ?

Parce que ses « arrières » sont coupés. Elle ne peut retourner vers des tranchées rassurantes. Au contraire, elle se sent surveillée « dans le dos », par une mère « dangereuse ».

Sa tendance profonde sera de *faire couple avec son père*, de se liguer avec « son papa chéri » contre le monde entier. C'est une forme redoutable du complexe d'Œdipe.

Si le père est un homme « admirable » et brillant, va-t-elle tenter de « dépasser » son père, de le battre au poteau ? Ou bien deviendra-t-elle une petite fille charmeuse, ou encore, un garçon manqué ? Si elle se marie, qui recherchera-t-elle ? Un homme envers qui elle continuera de « faire du charme », ou un homme féminisé dont elle sera l'épouse plus ou moins viriloïde ?

Si le père est faible, va-t-elle le couver, le protéger comme une mère le ferait de son enfant ? Si elle se marie, elle risque de rechercher un homme qu'elle puisse tenir en laisse grâce à de bons petits plats, ou mille et une attentions étouffantes.

Parce que la jeune fille considère sa mère comme un danger, elle ne peut s'y approvisionner « ès féminité ». Sa féminité sera desséchée (garçon manqué), ou fade (fille charmeuse), ou envahissante (mère-poule pour son mari).

Les résultats quotidiens

Face à un père « trop brillant », c'est-à-dire entre autres choses :

— somptueusement intelligent ;

— beau et fort comme un dieu ;

— farci de connaissances ;

— admiré de tous ;

— désinvolte et grand seigneur ;

— excellent sportif, etc.,

l'adolescente risque de le ressentir comme « inaccessible ». Elle l'abordera avec un sentiment d'infériorité et d'impuissance. En même temps, elle sera attirée par lui comme une phalène par la lumière.

Une jeune fille m'écrivait :

— *Mon père est imbattable. Je l'admire éperdument. Je ne lui arriverai jamais à la cheville. Je voudrais tant qu'il m'aime, malgré mes faibles qualités !*

Une autre :

— *Il écrase tout le monde à la nage, à cheval, au tir. Je suis décidée à faire aussi bien que lui.*

Si l'adolescente se sent trop inférieure, elle déclenchera l'opération charme.

Ou, si elle réagit contre son infériorité, elle aura tendance à entrer en compétition avec son père, dans la branche même où il se montre brillant. Pourquoi ? Pour être admirée de lui et ainsi attirer son attention ; ou bien par compétition contre « ce mâle » qui tient toute la place ; ou encore pour venger sa mère demeurée dans l'ombre et montrer ainsi que les femmes « ont leur mot à dire ».

La jeune fille risque fort, en ce cas, de devenir un « *garçon manqué* ». Notez que beaucoup de pères en sont fiers. Et la société elle-même va considérer ce « garçon manqué » avec une sympathie amusée ; on lui passe tout : sa mauvaise présentation, ses jurons, ses attitudes « viriles ». On dira : « Pensez donc ! A cinq ans, elle voulait nager comme son père ; à dix ans, elle s'acharnait à monter à cheval comme lui ; à seize ans, elle pilotait sa voiture en casse-cou, pour faire comme son père. »

Celle que l'on appelle un « garçon manqué » est tout simplement une femme manquée. D'ailleurs, pourquoi ceux qui considèrent avec admiration une femme qui veut ressembler à un homme, regardent-ils avec mépris un homme qui désire ressembler à une femme ?

Décidément, le culte de la puissance mâle est loin d'être moribond.

En réalité, la jeune fille qui paraît être viriloïde et combative, ne se comporte ni en mâle ni en femelle. Elle ne parvient pas à se situer. *Parce qu'elle n'a pas connu son père, elle a tenté de le combattre, et de ce fait, elle a perdu de vue son but principal qui était de ressentir son père en profondeur.* C'est pourquoi, éventuellement, elle recherchera un mari aussi brillant que l'était son père, un mari qu'elle puisse « admirer » tout en étant en compétition contre lui. Et ainsi elle tentera de retrouver, chez un autre homme, ce symbole de l'homme-dieu contre lequel elle s'est cassé le nez pour l'avoir abordé sous un faux angle.

A moins — cas plus rare — qu'elle ne « happe » un garçon apeuré qu'elle dominera tout à son aise.

De toutes manières, elle a raté sa masculinité authentique, et elle a tari, pour une grande part, les sources de sa féminité.

Mais ne concluez pas trop hâtivement que la sportivité d'une femme est le signe d'une situation œdipienne manquée.

LES QUATRE ABOUTISSEMENTS PRINCIPAUX DE LA SITUATION ŒDIPIENNE

Les adolescentes m'excuseront de les comparer à un papier photographique impressionné et en cours de développement. L'image existe, mais elle est ce qu'elle est, et nul au monde ne peut en « tirer » plus qu'elle ne contient. Souvent, hélas, l'épreuve finale est bien en dessous de ce qu'elle aurait pu être : parce qu'elle a été développée dans quelque déplorable laboratoire parental ou social ; ou bien, même si les parents et le milieu sont très harmonieux, il se peut que l'adolescente manque la situation œdipienne à la suite de réactions inadéquates dues à son propre caractère.

La femme épanouie

Comment la femme sortira-t-elle du bain œdipien ? Pâlie ? Surdéveloppée ? Les noirs seront-ils profonds ou ternes, les hautes lumières éclatantes ou grisâtres ?

Car la « révélation » de la femme exige des conditions bien nettes :

1. **Le père** doit donner l'exemple d'une activité virile authentique.

Ses pôles masculin *et* féminin doivent être équilibrés. Les adolescentes ne prennent jamais des vessies pour des lanternes (n'oublions pas la fameuse

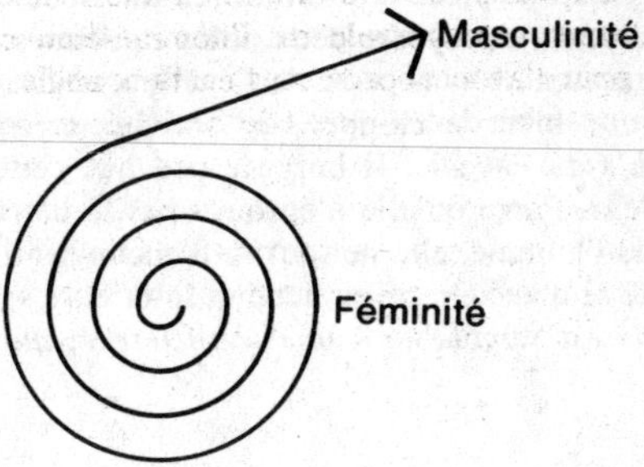

perspicacité intuitive de la femme !). La jeune fille pourra ainsi entrer en contact profond avec son père, *dont elle intégrera* les qualités de créativité, d'extériorisation, de confiance sociale en soi.

2. **La mère** doit être un exemple de féminité profonde et active. Sinon comment la jeune fille désirerait-elle acquérir les qualités maternelles et développer son pôle féminin ?

3. Il faut que **le milieu social** ne réserve pas aux garçons tous les privilèges. L'adolescente doit être élevée avec la même fermeté que les garçons ; elle a besoin d'être aimée et respectée comme un être humain à part entière, avec les mêmes responsabilités et les mêmes droits que les garçons.

Certes nous n'y sommes pas encore. *Mais quand on ne confondra plus féminité et faiblesse,* le cheminement de l'adolescente pourra être le suivant :

1. L'adolescente développera et épanouira sa féminité en prenant appui sur sa mère, en totale sécurité.

2. Confiante en la vie, côte à côte avec sa mère — et non pas en rivale — elle « montera » vers son père.

3. Elle se placera à hauteur de son père, captera ses qualités créatrices, sociales, sportives, intellectuelles ; son père lui sera un entraîneur vers l'avenir.

4. Elle restera « en orbite » autour de son père, durant le temps d'entraînement nécessaire.

5. Accomplie en féminité et en masculinité, elle prendra son envol autonome.

Mais il est vrai que vous ne trouverez pas plus souvent pareille situation dans notre société qu'une pièce d'or au milieu d'un boulevard.

La femme doit donc posséder deux pôles équilibrés, et joyeux.

Sa féminité accumule sans cesse de l'énergie, utilisable à tout instant.

Sa masculinité, bien développée, est activité, créativité extériorisée, marche confiante vers l'avenir. Il importe peu que cette femme travaille ou non à l'extérieur. Parce qu'elle n'éprouve pas le besoin d'une compensation vis-à-vis de l'homme, elle ne souffre d'aucun sentiment d'infériorité ou de supériorité, ni d'aucune revendication intérieure.

Cette femme est semblable à une terre fertile, qui porte de bonnes cultures.

La femme en friche

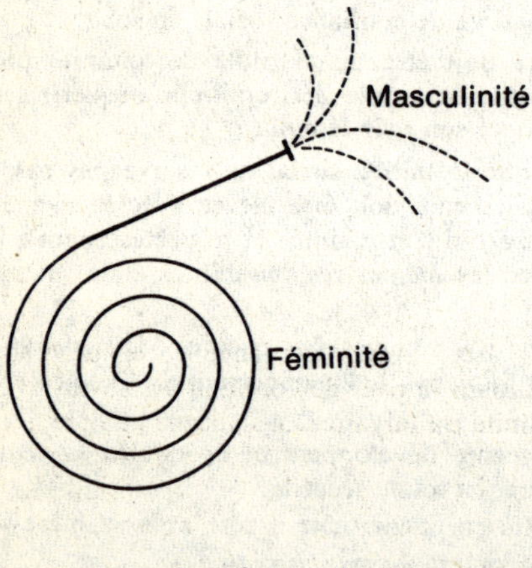

Ici, la Féminité est en assez bon état, mais elle demeure en attente, sans s'activer extérieurement, sans s'extérioriser. La puissance est présente, mais inutilisée.

La Masculinité est velléitaire, parce que bloquée par des sentiments de culpabilité ou d'infériorité. La femme craint de passer à la créativité, de prendre des initiatives.

Elle est, généralement, excellente ménagère. Elle préfère demeurer « en elle » et « chez elle ». Le travail à l'extérieur lui est difficile, voire angoissant. Parfois ces femmes optent pour un travail *altruiste* : elles deviendront infirmières, assistantes sociales, religieuses, etc. En s'occupant d'autrui, elles peuvent activer leur masculinité sans se sentir coupables d'agir.

Cette femme est semblable à une bonne terre, mais en friche.

La femme engluée dans la puissance maternelle

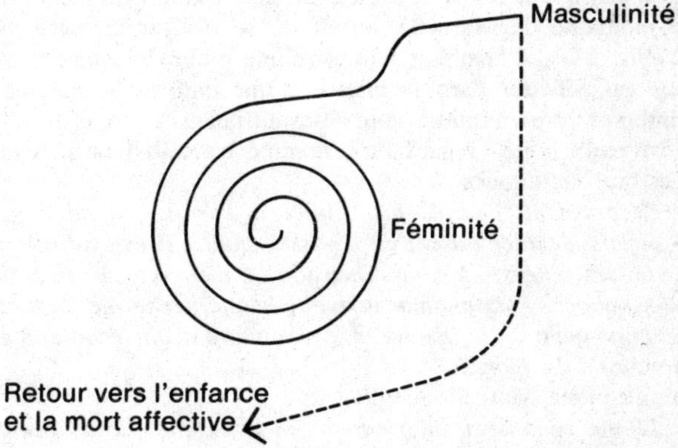

La Féminité est en piteux état. Affectivement, cette femme est retournée « chez maman », aux ordres de laquelle, le plus souvent, elle reste soumise. Elle vit dans la peur de l'opinion des autres.

La Masculinité est larvaire, sans aucune autonomie.

C'est un type de femme-enfant, qui peut cacher sa faiblesse sous de nombreuses apparences. Affectivement, elle est sans âge, gentille et douce, sans difficulté apparente. Mais, affectivement toujours, elle est morte.

Cette femme est semblable à une terre gorgée d'eau, où dorment quelques nénuphars nocturnes.

Le cas de Marcelle, dont j'ai déjà parlé, illustre bien cet aboutissement.

Lors de la première entrevue, elle me dit :

— *Je voudrais me connaître à fond. J'y mettrai le temps qu'il faudra. Je voudrais savoir ce qui m'empêche d'être.*

Puis, en souriant :

— *D'ailleurs, j'ai appris la patience.*

Elle paraissait exister hors du temps. Elle me montra une photographie de sa mère :

— *N'est-elle pas impériale ?*

Mais elle n'avait avec elle, « comme par hasard », aucune photo de son père.

— *Mon père était lamentable... Un pauvre homme ! Jamais je ne l'ai vu prendre une initiative. Il semblait résigné à tout. Il est vrai que maman...*

Il est vrai que maman était dictatoriale, et admirablement belle. Sur la route montante de Marcelle, aurait dû se trouver un père, tremplin vers l'avenir. Mais il semblait n'être qu'une ombre : comment Marcelle aurait-elle pu pénétrer dans la maison d'une ombre ? Comment aurait-elle pu intégrer un père qui ne se manifestait jamais ?

Et Marcelle « le » regardait. L'homme travaillait tard, fuyait dans des tâches bureaucratiques.

— *Et pourtant, j'aurais pu l'aimer... Parfois, quand nous étions seuls, il se laissait aller durant de courts instants. Il essayait de m'expliquer sa vie, ses échecs, l'incompréhension de maman... Et je sentais que je pouvais l'aimer. Puis maman arrivait, hautaine ; je me laissais faire ; j'abandonnais papa... je me sens coupable d'avoir écouté ma mère, maintenant qu'il est mort...*

Un autre jour, Marcelle me dit :

— *Je me sentais si inférieure à maman que j'avais l'impression d'être insignifiante en tout. Quel garçon aurait jeté les yeux sur moi ? Il y avait un représentant de commerce qui, de temps à autre, venait chez nous. J'essayais d'attirer son regard ; c'était un bon garçon, sans façons. Mais ma mère le méprisait, et moi je n'osais rien dire, pas plus que je ne me risquais à défendre papa.*

Ainsi Marcelle n'avait rien *devant elle* : pas de contact profond avec son père. Et *derrière elle*, une mère aussi inaccessible qu'intransigeante. Le père mourut ; et Marcelle infléchit totalement sa trajectoire : elle revint en arrière, vers son enfance et la très majestueuse protection de sa mère.

— *Maman me disait : A nous deux, nous serons bien, tu verras !*

Un naufrage parfait, comme vous voyez. Marcelle tournait le dos à l'avenir, se plaçait hors du temps, devenait sans âge. *Sa féminité était engluée dans la puissance maternelle. Son pôle masculin dormait.*

C'est alors qu'elle entreprit une psychanalyse qui, progressivement, la décolla de sa mère et lui fit prendre conscience d'une autonomie possible, que d'ailleurs elle réalisa.

La femme agressive

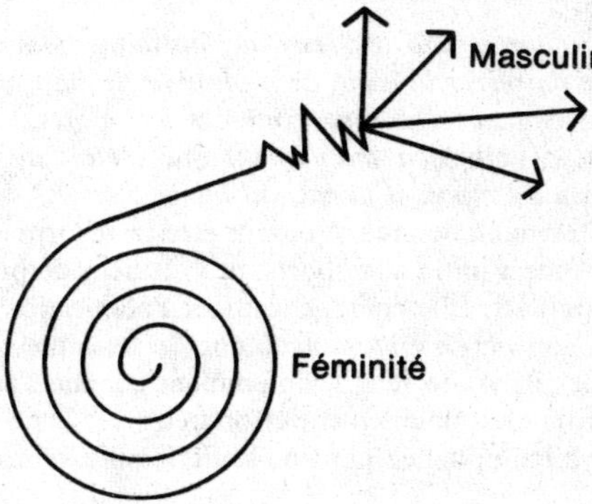

Elle n'est ni femme ni homme, mais toujours agressive, en perpétuelle agitation, en révolte permanente contre l'homme, la femme et elle-même. Elle est dans un état de panique profonde, mais qu'elle camoufle soigneusement.

Sa Féminité est faible, sclérosée. Sa Masculinité, démesurément hérissée, se décharge par jets d'agressivité.

Elle est asociale, se marie rarement ou pour peu de temps. Souvent homosexuelle, elle joue le rôle de l'homme. Dans son travail, elle parle haut et fort, écrase les femmes et les hommes de ses revendications méprisantes. Jamais elle n'est réellement aimée.

Cette femme est semblable à une terre desséchée qui ne porte que ronces.

Le cas de Anne, déjà rencontré, montre bien par quels détours la Masculinité de la femme peut ainsi s'hypertrophier, tandis que la Féminité s'atrophie. Anne me disait :

— *Mon père était un véritable tourbillon, il pétillait comme du champagne, il riait de tout. Toutes les femmes étaient amoureuses de lui ; il virevoltait de l'une à l'autre... il était tellement séduisant, il avait un charme inouï. Personne ne pouvait rien lui refuser.*

Il va de soi que Anne, comme toutes les autres, froufroutait autour de son père, pour en être remarquée.

— *Et je me suis mise sur les rangs, comme ses maîtresses. J'étais son amante de cœur. Au fond, j'étais fière de ses succès auprès des femmes !*

Elle se sentait fière des succès de son père, *mais à condition d'être et de demeurer la préférée.*

Anne dit encore :

— *Jamais je n'aurais jeté les yeux sur un autre homme ; aucun ne me paraissait digne de serrer la main de mon père. Il était magnifique sur ses skis, grand seigneur au restaurant, connaisseur en arts... Je le prenais pour un roi, mais je vois bien maintenant que c'était du clinquant. Il n'avait pas d'âme, ou du moins il la cachait bien...*

La suite nous est bien connue. Voulant être la favorite du « harem » de son père-dieu, Anne s'initie aux sports, et y devient de première force. Elle lit des ouvrages d'art. Elle cherche à forcer l'admiration de son père.

Mais un jour, son père s'envola avec une de ses amies, abandonnant sa femme et sa fille. Et Anne réagit violemment comme l'aurait fait une *maîtresse rejetée*. Elle était doublement effondrée :

1. Elle se voyait supplantée par une seule femme, et cessait d'être la favorite.

2. Son père tombait du haut de son piédestal : au lieu d'avoir cent femmes à ses pieds, c'est lui qui était devenu amoureux.

Anne devait adopter (inconsciemment) un comportement qui lui apporterait une certaine paix intérieure, vraie ou fausse. Elle pouvait :

— soit faire un bond par-dessus ce père-amant, devenir viriloïde, écraser les hommes pour se venger, les conquérir l'un après l'autre pour les abandonner ensuite, etc. ;

— ou bien retourner vers sa mère et devenir sa « complice » contre les hommes. (Ce qu'elle fit.)

Anne me disait :

— *N'étions-nous pas, ma mère et moi, deux femmes abandonnées par le même homme ? Il était normal que nous nous liguions !*

Un jour, vers la fin de sa psychanalyse, Anne m'annonça :

— *Vous savez ? Moi, qui étais si enragée contre les mâles, je me marie !*

Puis, avec un sourire et un résidu de rancœur :

— *Au fond, mon père devait souffrir d'être un si pauvre homme... Si j'avais pu le comprendre, à l'époque, et me comprendre moi-même !*

LE PORTAIL

Les centaines de lettres que m'ont adressées des adolescentes présentent de nombreuses similitudes. On y retrouve...

... des angoisses :

— *A quel âge est-on capable d'aimer ?*

... un goût de cendres :

— *Les relations humaines, c'est moche comme l'urticaire.*

... des profondeurs :

— *Quand ressentirai-je le « sacré » de la vie ?*

... des traversées sans port :

— *Qu'est-ce que je cherche, à travers les hommes, sans le trouver jamais ?*

... des écœurements :

— *J'ai vingt ans, je prends la pilule ; elle me fait penser aux vomitoires romains ; on se désemplit puis on recommence. Pourquoi ?*

... un désir immense :

— *Quand serai-je prête à former un couple durable ?*

Voilà les thèmes. Est-ce une décadence ? Un effondrement ? Ou bien une révolution qui prépare une renaissance ? Ce que je sais, c'est que toutes les vérités ne sont qu'individuelles, encore qu'elles baignent probablement dans une vérité collective.

Les livres et les revues discourent, à grand renfort de lyrisme, de la route humaine, mais ils parlent peu de l'être humain qui doit parcourir cette route.

Dans ce chapitre, j'ai tenté de montrer comment l'adolescente peut devenir une femme épanouie.

Le rôle spécifique de la mère

La mère est un vaste plan d'eau. La fille est une éponge. Et celle-ci doit s'imbiber de celle-là. Dit autrement : la Féminité de la fille dépend essentiellement de la Féminité de la mère.

Mais comment est la Féminité de la mère ? Réussie ou manquée ? Acceptée ou refusée ? Puissante ou inerte ? Superficielle ou radieuse ? Terne ou active ?

La maturité de la jeune fille est fonction :

— de la façon positive dont cette fille ressent la Féminité de sa mère ;

— de la manière dont la fille se détache de sa mère, tout en restant son amie.

La réussite parfaite est fort rare, on s'en doute, car elle suppose que la mère *et* la fille soient en bonne santé psychologique.

Les relations entre la mère et la fille semblent souvent de pure surface. Mais, dans l'inconscient, stagnent des hostilités et des infantilismes, des identifications, des refus farouches de « ressembler à maman ». Tout cela étant d'ordinaire camouflé sous d'apparentes gentillesses.

Le rôle de la mère est de montrer à sa fille, par son seul comportement, quelle doit être son attitude devant la vie. Elle est l'image, puissante et irremplaçable, de l'inconscient profond, de l'« âme », de la confiance. La manière dont une fille envisagera l'existence dépend de la façon dont elle *ressent* sa mère.

S'il est vrai que la rénovation de notre terre dépend de la rénovation de la Féminité, et si d'autre part les mères influencent à ce point l'inconscient de leurs filles, c'est donc sur les mères que repose l'avenir de la planète.

Toujours, chez toute femme, c'est la mère qui, en profondeur, tient la place prépondérante (positive ou négative). En psychanalyse, c'est toujours le visage lointain de la mère qui émerge en dernier lieu, cause de tous les troubles. La mère n'est-elle pas le personnage le plus souterrain de l'inconscient ? N'est-elle pas le point de départ de toute existence ?

Le rôle du père

Voici d'abord un tableau montrant les rôles traditionnels de la mère et du père, face à l'adolescente.

La Mère...	**Le Père...**
— donne son amour inconditionnellement. Elle peut, temporairement, retirer son estime, mais l'amour profond demeure ;	— « prête » son estime. Il pose des conditions : sa fille doit *réussir* à l'école, *se montrer* intelligente, *se montrer* efficiente, combative. Il juge d'après des abstractions : le devoir, l'honneur, la morale, la justice ;

La Mère...	**Le Père...**
— elle accorde peu d'attention au paraître extérieur ;	— il est impersonnel, abstrait, préoccupé par son travail, ses « idées » ;
— elle se base sur l'être, et non sur le fait de « se montrer » ;	— il « accorde » son attention à la fillette, à condition qu'elle corresponde à ce qu'il attend d'elle.
— elle juge sa fille de façon personnelle et concrète.	

La Mère influence...	**Le Père influence...**
— la féminité de l'adolescente ;	— la masculinité de l'adolescente ;
— sa confiance en la vie profonde ;	— la confiance en ses possibilités de compétition sociale ;
	— le personnage social et impersonnel ;
— le Moi profond et personnel ;	— le paraître, la création et l'intelligence extériorisées ;
— l'être, la créativité et l'intelligence intérieures ;	— le goût de l'aventure, du risque ;
— les racines de l'espèce, la patience ;	— l'artificiel de l'existence ;
— l'« âme », la réceptivité, la participation à autrui, la force profonde du caractère.	— l'affirmation sociale de soi.

En examinant la colonne « Père », on s'aperçoit que *tout y est extérieur, social, fondé sur l'efficience, la réussite, le paraître*. Peu de choses qui soient vraiment profondes et intérieures ; pour la simple raison que les hommes ont appris à refouler leur affectivité et à se montrer avant tout efficients.

Le rôle du couple

Cette position du père fait apparaître une énorme difficulté.

Le schéma de la page suivante montre que le père, étant d'espèce mâle, demeure un personnage « étranger » pour la jeune fille, qui est d'espèce femelle. *Le Père reste un point d'interrogation, du moins au départ. Qui est-il ?* Qu'est-ce qu'un homme ?

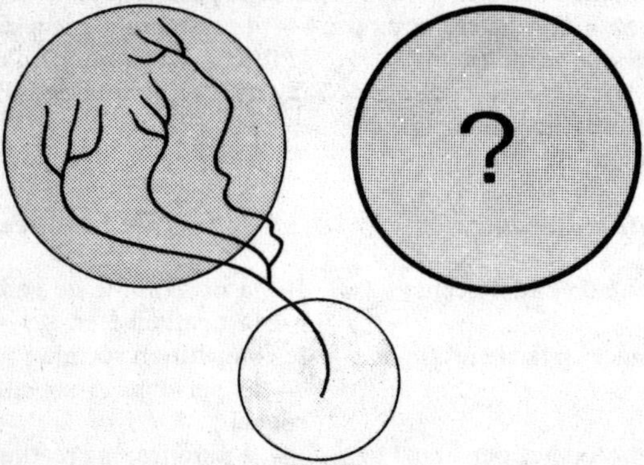

Pour une fillette prépubère, le père est une sorte de figurant. C'est un personnage extérieur. Il va, vient, rentre, repart. Il est « du dehors ». Il est comme séparé du couple mère-fille. Comment une fillette ressentirait-elle son père, qui est d'espèce mâle ? Elle le *voit,* mais ne le *perçoit* pas.

Puis la fillette grandit, la menstruation apparaît et l'enfant devient femme. Il est évident qu'elle va ressentir son père de toute autre façon. Mais le connaît-elle ? Comment lui est-il possible de communiquer avec son père, de s'abreuver à lui ?

On pourrait se demander si la situation n'est pas sans issue, et si une jeune fille peut jamais connaître profondément son père. Et, en conséquence, si une femme peut jamais connaître un homme, et vice versa. Et donc si le couple n'est pas un leurre, une illusion ?

On ne peut connaître un peuple d'une autre race, si ce n'est en vivant avec lui durant fort longtemps, en devenant semblable à lui. Or une jeune fille ne dispose que de peu de temps pour ressentir son père. Six ou dix années, c'est peu de chose, en vérité, étant donné la différence qui les sépare. Entre la puberté et le mariage, les années passent vite. Et le père demeure un mystère.

C'est ici qu'intervient la mère. Dans la mesure où le couple est authentique, la mère ne fait qu'un avec le père. Elle est l'ambassadrice du père. Comme si tout, en elle, disait :

— *Voici la race étrangère que j'aime : ton père. Je le connais bien. Je suis devenue partie de lui, et lui de moi. Tu peux connaître ton père à travers le couple que je forme avec lui.*

Nous sommes évidemment très loin des mères qui dressent leur fille contre le père ! Et le schéma devient :

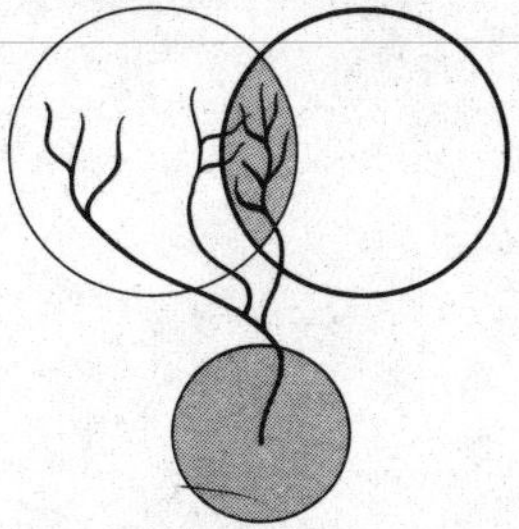

Le père cesse d'être un étranger. *La fille enfonce ses racines dans le couple, dans le mélange affectif* de ses parents. Elle pourra dès lors intégrer les qualités viriles, intérieures de son père.

Mais il est à remarquer que, même dans ce cas idéal, la jeune fille ne capte pas directement son père, *mais par le relais de sa mère.*

En fin de compte, cela signifie, pratiquement :

1. Qu'aucune jeune fille ne peut réaliser la totalité de son affectivité si ses parents ne forment pas un couple affectivement uni, profondément soudé, s'ils ne sont pas « une personne en deux » ;

2. Que le rôle de la mère est quasi surhumain, parce que d'une importance incalculable. Tout d'abord, elle doit donner à sa fille une Féminité puissante. Ensuite elle sert de fusée porteuse ; elle place sa fille sur l'orbite du père, pendant le temps nécessaire. Le père alimente affectivement sa fille. Puis, pour continuer la même image, il l'aide à allumer ses propres moteurs et à quitter l'orbite, à titre autonome.

L'adolescente a ainsi passé l'examen du complexe d'Œdipe avec un maximum de points, et peut maintenant s'engager dans la vie adulte. C'est une jeune femme équilibrée, joyeuse de vivre, capable de créer intérieurement et extérieurement, capable surtout de former à son tour un « couple affectif » avec un homme.

Et ce jeune couple-là n'aura nul besoin qu'on lui souhaite bonne chance.

La femme est de plus en plus conviée à participer aux affaires de la « Cité ». Jamais à celles du « Monde ». Pourquoi cette restriction, cette limitation, qui n'ont rien à voir avec une croyance en son incapacité ?

Parce que la Cité est une « famille » close, dont on sait qu'elle pourrait être gérée par une bonne mère, soucieuse avant tout des visages humains.

Là où un homme se raidit devant un drapeau sans même voir celui qui le maintient, une femme regarderait l'être humain, négligeant le signe abstrait du fanion.

Je crois que les femmes réalisées sont moins en colère devant leurs esclavages ancien et moderne, que face à leur impossibilité d'empêcher certaines folies destructrices des hommes. Ces femmes-là pressentent à quel point il est urgent et nécessaire qu'elles interviennent dans un monde boursouflé de fausses virilités, afin d'y replacer un ordre et une humanité disparus.

La femme est communautaire, alors que l'homme se retranche, angoissé, dans une individualisation sèche et inhumaine.

La femme habituelle peut être heureuse. L'homme habituel, jamais.

CHAPITRE XII

QUI EST-ELLE ?

> Je me sens devenir une vraie femme, d'accueil et de compassion, au point de ressentir l'indifférence envers ma mort, si elle avait lieu dans mes propres bras.
>
> *(Une jeune femme, en cours d'analyse.)*

Si l'on me demandait : « *Définissez la femme, parlez d'elle en agençant des mots* », je répondrais :

— Peut-on expliquer un monde courbe au moyen de la droite ? Ou garder l'eau dans ses mains afin de lui donner forme ? Est-il possible de circonscrire les vastes sensations de vie dont la femme est dépositaire par sa nature même ? Car, pas plus qu'on ne définit le cercle par le carré, il n'est possible de cerner la femme en des lois rigoureuses. Elle est semblable à la circonférence calculée par son diamètre : toujours vous échappe une décimale, jusqu'à l'infini.

Je dirais encore :

— En une femme, le Féminin est indifférencié, informel. Il englobe, encercle, s'adapte. Il est patient. Il observe. Il vibre. Il capte. Il écoute, reçoit les messages des choses. Il est lucidité, perspicacité, sagacité.

Sans aucun doute, malgré les apparences, existe une femme éternelle. Cette perennité est celle de son espèce. *Qui donc est-elle ? Que ressent-elle ? Comment ressent-elle ?* Quelles sont, d'avec l'homme, les grandes différences qu'elle ne pourra jamais effacer, bien qu'on lui dise de le faire quitte à la tuer, alors que ces différences font sa force ?

Lorsqu'une discussion surgit entre les deux sexes, le schéma est toujours le même. Les hormones mâles cliquettent, et les hommes, sans même examiner le terrain, prennent le mors aux dents. Ils se lancent à l'assaut ; enthousiastes, ils explorent l'inconnu, sans plus attendre, quitte à tomber en chemin. La femme ? Pas si bête, pas si naïve : elle attend, observe, fait silence. Tandis que les hommes continuent. Mais au bout de peu de temps, les idées s'époumonnent, battent la breloque, se disloquent.

C'est à ce moment que la femme intervient. Elle s'est tue jusque-là. On aurait pu la croire distraite, non intéressée : il n'en était rien. Sa voix s'élève : une sorte de *« Oui, mais... »* qui tente de mettre quelque harmonie dans les ruades désordonnées des hommes. On croirait qu'elle laisse partir le poisson jusqu'au moment où il s'égare au large ; puis qu'elle lance le filet pour le ramener au port.

L'ordre rétabli, les idées remises en place, le jeu recommence. Et les hommes, qui n'ont rien compris, repartent de plus belle.

Toute « la femme » se trouve dans cet exemple. On la croirait timide ? Elle ne l'est pas. Elle patiente, elle ressent. On la dirait parfois inerte ? Elle demeure immobile, accumulant les sensations. Elle semble prudente ? Concrète et pratique ? Elle l'est. Elle a besoin d'ordre en toutes choses : les idées, la Nature, les gens, le ménage. Elle est capable de patienter durant un siècle, sans mot dire. Mais rien ne lui échappe. Elle ressent ce qui est vrai et juste. Elle se tait — et sourit devant les rodomontades des hommes. Car elle est sagace, sans le savoir.

Dans une discussion où des garçons fonçaient, tête baissée et criant fort, une jeune fille intervient après un temps d'attente :

— *Une femme ?* dit-elle. *Vous parlez des femmes, mais je ressens moi ce qu'est « être femme ». C'est une manière de concevoir la vie. C'est une attitude devant l'existence.*

— *Explique !* dit un garçon qui voulait des équations.

— *Je ne pourrais pas. Ce n'est pas là* (elle désigna sa tête) *mais ici* (désigna-t-elle son cœur ou son ventre ?). *Quand je dis « Femme », je sens mon ventre qui se serre, se gonfle ; je ne pourrais dire pourquoi. Ce n'est pas l'idée de l'enfant que je pourrais avoir... c'est autre chose, plus vaste, plus grand... C'est tout un monde... C'est intérieur.*

LA FEMME ET LE SENTIMENT PERSONNEL

La femme se désintéresse des abstractions

A écouter les hommes habituels[1], il semble qu'ils fassent tourner leur vie

1. J'entends par *hommes habituels*, ceux qui croient vivre sur la seule raison logique, sans se douter qu'existe une vie intérieure, potentiellement plus vaste que

autour de ce que les femmes appelleraient de « grands mots » : « L' »honneur, « le » devoir, « le » travail, « la » morale, « la » logique, « la » raison, etc.

Bref, une série d'abstractions. Nombre d'hommes envisagent ainsi l'existence coulée dans une sorte de moule général, et imposé de l'extérieur. Ils tentent ensuite de s'y conformer tant bien que mal. Plus mal que bien le plus souvent, car quand un homme parle de « mon » honneur, de « mon devoir », on peut être certain qu'il garde en tête la généralité codifiée.

Pourtant, une abstraction n'a de valeur humaine que si chacun l'adapte à son Moi personnel. Il est impossible que Durand et Dupont *ressentent* la même chose quand ils discourent sur l'honneur ou tout autre sujet du même genre.

Jamais une femme n'emploiera ces expressions générales et toutes faites, pour elle vides de sens.

Elle regarde avec étonnement les hommes qui utilisent ces mots impersonnels, et donc, glacés.

La femme est concrète. On pourrait la comparer au noyau d'une gigantesque bulle. Parce que, dès son adolescence, la femme s'est « organisée » autour de son ventre, devenu progressivement le centre symbolique de sa personnalité. L'homme, lui, se disperse sur les milliers de points de la circonférence, et perd de vue, du même coup, le réel et sa vie intérieure.

C'est pourquoi l'homme habituel éprouve le besoin (souvent maladif) de se distancer des choses. **C'est un presbyte affectif.** Ne ressentant plus sa réalité profonde, il se réfugie dans l'abstraction.

La femme, au contraire, est proche des choses et du réel, parce qu'elle *est* ce réel. **C'est une myope affective.**

C'est pourquoi elle est infiniment plus personnelle que l'homme. Elle dira : *Mon* travail, *ma* maison, *mon* devoir, *ma* logique. Tandis qu'un homme dira : *la* patrie. Et souvent, il est incapable d'investir ce mot d'une valeur affective. Il essaye alors de l'entourer de sentimentalité, de tambours et de trompettes. Mais « la » patrie reste pour lui une idée.

Une femme dira « *Ma* patrie ». Il s'agira pour elle d'une famille qu'il faut préserver. S'il y a danger, cela signifiera qu'elle doit regrouper tous ceux qui en font partie (comme elle ferait de ses enfants), en les réunissant dans « son giron » ; symboliquement : dans son ventre.

Si un homme dit : « Ils devront passer sur mon cadavre », de

toutes les rationalisations. Il s'agit donc d'hommes « malades », puisqu'ils sont amputés d'une partie d'eux-mêmes, la plus riche. Parce que ces hommes sont très nombreux, on peut les dire « normaux », en ce sens qu'on les retrouve partout sur notre planète et qu'ils forment le plus grand nombre.

nouveau il évoque un groupe ennemi, *abstraitement* ressenti. Tandis que la femme sous-entendrait : « Les étrangers à *ma* maison (ma patrie) ne porteront pas la main sur mes compatriotes (= les membres de ma famille). Si vous désirez des illustrations, vous en trouverez dans les films de guerre, les westerns, les actualités. Dans ce domaine, la femme est plus profondément authentique, plus naturelle, plus immédiatement sincère ; tandis que l'homme joue les gros bras.

Comment la femme voit-elle le monde ?

A cause de cette propension à tout personnaliser, beaucoup de femmes considèrent le monde humain comme un assemblage de petits groupes ethniques ou culturels, telles des familles repliées sur elles-mêmes et qui fréquentent rarement leurs voisins. Elles n'ont pas une vue globale de la planète (tandis que l'homme se contente d'une vue d'ensemble et néglige le particulier). Se fondant sur ses sentiments trop personnels, la femme préfère aider « ceux qu'elle aime », quitte à ignorer « ceux qu'elle n'aime pas ».

Vus sous cet angle, la femme et l'homme « politiques » se présentent comme suit :

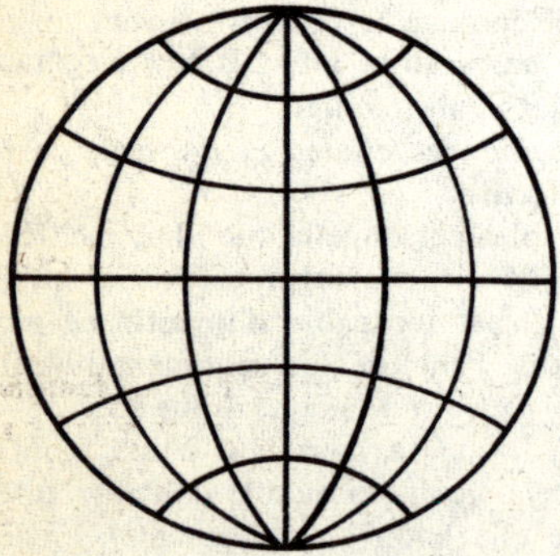

L'homme voit souvent le monde en bloc, avec froideur et sans qu'interviennent ses sentiments personnels. C'est la « politique », abstraite et impersonnelle.

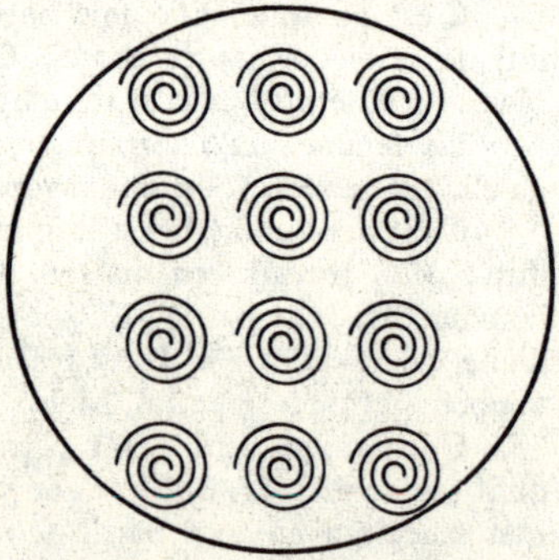

La femme voit souvent le monde comme une série de « familles » avec qui elle est amie ou brouillée, qu'elle aime ou n'aime pas. C'est une « politique » du sentiment personnel.

Non pas que la femme se désintéresse des affaires du monde, mais elle ne « mord » pas aux grands propos que l'homme jette si souvent en avant.

Une femme me disait :

— *Il est effrayant de voir que si peu de chefs d'Etat sont personnels. Ils s'identifient à des théories ou à leur pays...*

Une autre :

— *Les hommes politiques font des gestes, lancent des mots sonores, se confondent avec leurs affaires ou leur réussite. Mais dans ces discours, où se trouvent-ils, eux ? Nous, les femmes, chercherons toujours l'être par-delà les apparences.*

Nous retrouvons ici le grand fossé qui sépare les deux sexes. L'homme s'identifie à ce qu'il *fait* et non à ce qu'il *est*. La femme exige que l'homme *soit*.

Lorsque, en politique, un homme déclare :

— Moi, la théorie... Moi, le projet... Moi l'idéal...

... la femme répond :

— *Nous, humanité.*

Cela signifie deux choses. L'homme, bien qu'il se veuille individuel, se mélange à ce qu'il fait et sépare difficilement son travail de sa personne. C'est pourquoi la femme désirera connaître *« la vie privée » des hommes d'Etat,* avide d'y découvrir, non des scandales comme on le croit, mais le visage humain et personnel de ces hommes. Car un scandale, réel ou fabriqué, c'est encore le visage humain de quelqu'un qui semblait n'en plus posséder.

Deuxièmement, la femme est *collective, communiste,* mais en ce sens qu'elle voudrait transformer le monde entier en une Famille. Elle est *conservatrice* : foncièrement, elle est « de droite », parce qu'elle a conservé ses racines. Elle a besoin de traditions parce qu'elle est sédentaire, liée à *sa* maison, *son* pays, *son* Président, *son* Roi ou *son* curé. Soudée à la vie, la femme est sacralisée ; les traditions sont, à ses yeux, un rituel qui perpétue l'atmosphère familiale.

La racine de ces attitudes se trouve dans l'enfance.

Le garçon, par sa nature même, tend à quitter, à fuir sa famille. Non seulement par goût de l'exploration (de la vie), mais aussi parce que cette famille lui rappelle son néant originel.

La fille, même éprise de liberté, tend à demeurer ou à revenir dans le monde familial : un endroit clos, chaleureux, intériorisé. Ainsi, la femme appartient au Groupe.

Madame Indhira Gandhi disait :

— *L'organisation d'un pays, n'est-ce pas, en grand, ce qu'est au niveau intime la tâche d'une bonne maîtresse de maison ? Dès que j'entre dans ce bureau, je vois au premier coup d'œil ce qui ne va pas...*

La femme ne montre aucun enthousiasme à *faire* de la politique, parce qu'elle *est* politique, c'est-à-dire prudente, maternelle, gérant toutes choses en mère de famille.

La femme est un être de la Cité ; non d'une planète impersonnelle. Maire d'une ville ou d'un village, elle l'organiserait en mère de famille. Pour elle, « la » République, « le » Royaume, « l' » Empire n'ont de valeur qu'à travers l'humanité et la fraternité des hommes et des femmes qui les dirigent.

Le rôle politique de la femme sera-t-il, un jour, de repeupler de visages humains ces Assemblées que dominent les « Idées » glacées des théoriciens modernes ?

La femme et la Justice

Il en est de même pour ce qui concerne « la » Justice. L'homme n'est pas loin de s'identifier au Code. Il demandera la tête d'un criminel au nom de « la » Justice. Jamais une femme ne le dira ni le pensera.

D'abord, elle mettra tout au pluriel : « les » juges, « les » lois, « les » règlements, et non pas comme l'homme : « La » Loi, « Le » Règlement. Ici encore, elle a besoin — un besoin essentiel — d'humaniser les abstractions.

Un homme serait capable de plaider (sincèrement) sans avoir étudié *son* client. Tandis qu'une femme normale, parce qu'elle refuse l'impersonnalité des mots et des idées, serait incapable d'appliquer une Justice quelconque sans connaître le visage humain de celui qui est mis en cause.

C'est pourquoi une femme *avocate générale* serait une absurdité. Une femme normale ne pourrait remplir cette fonction ; ce serait contraire à sa nature. Elle serait incapable d'accuser quiconque au nom de cette abstraction : « La Loi ». Et elle ne saurait tricher dans ce domaine, puisqu'elle a besoin d'appliquer sa vérité personnelle avant de passer aux généralités.

Je crois qu'une femme plaiderait, ici encore, au nom de *l'ordre familial dans la Cité.* Elle ne peut concevoir *« le » crime,* mais uniquement *tel ou tel criminel.* Et elle voudra examiner les circonstances humaines qui l'ont conduit au délit. Pour elle, il s'agit d'un être « antisocial », c'est-à-dire qui perturbe ou abîme la cellule familiale. Alors que l'homme dira : « Le règlement, c'est le règlement. » Ou plus noblement si vous voulez : « Dura lex, sed lex. »

La femme et le travail

Une femme me disait :

— *Je suis étonnée de voir des amies, nanties de diplômes et ayant la possibilité d'un travail libre et intéressant, rentrer chez elles après un certain temps d'occupations extérieures. Seraient-elles reprises par l'ancienne mode de la femme au foyer ?*

Il me semble que la question n'est pas là. Si une femme ressent son travail comme impersonnel et abstrait, elle prendra la poudre d'escampette à la première occasion. Même une femme qui a dépassé sa tendance instinctive : ne pas sortir « d'elle », ni de « chez elle », a besoin de personnaliser sa vie. Si le travail qui lui est demandé est trop anonyme, elle est tentée de faire demi-tour, en pensant : « ma maison à moi », « ma famille à moi ». Elle désire retrouver son univers sphérique, courbe, clos comme un ventre chaud.

Le travail, en soi, ne l'intéresse pas. Mais elle tiendra à *son* travail, surtout si elle peut œuvrer avec des gens qu'elle aime. Elle a besoin de personnaliser son travail. L'homme pensera : « je suis » ministre, « je suis » directeur ou employé de telle entreprise. Il ne pensera pas : « je suis Moi, avant tout, qui ensuite fais un travail de ministre, de directeur ou d'employé ». Mais il devient le travail qu'il accomplit ; il s'identifie à son œuvre.

La femme, au contraire, sépare sa personne de son occupation. Et elle a besoin de travailler avec des gens qu'elle aime, parce que, de la sorte, cette occupation se transforme en une assemblée familiale. L'entreprise devient « sa » maison. Le bureau devient « sa » pièce de séjour, voire « son » salon. Elle désire un métier dans lequel elle puisse investir sa personnalité : une profession libérale, par exemple. Elle en fait « son » territoire et s'y « incruste ». Mais son *instabilité* est grande si elle doit travailler pour une firme anonyme où elle occupe un emploi tout aussi anonyme, quelle qu'en soit l'importance. C'est alors qu'on la voit retourner « chez elle », même quand l'avenir est prometteur. Par contre, elle prendra racines dans une firme demeurée « familiale » où les gens se connaissent et où les échanges humains ont encore cours. Il n'est pas rare qu'elle considère ses employés comme des « fils », si elle est directrice, ou son chef comme un « père », si elle est subalterne. Et toujours elle se dévouera d'extraordinaire façon.

LA FEMME ET LE TEMPS

Le souci de l'immédiat

Souvent l'homme se disperse vers un avenir abstrait qu'il veut conquérir, tandis que la femme ramasse ses énergies pour ce qui est immédiatement utile. Et l'on pourrait imaginer un dialogue — souvent de sourds — entre les deux sexes :

L'homme :

— *Nous devons prévoir le futur, même s'il n'est encore qu'un rêve. Quel qu'en soit le prix, un jour lointain nous réaliserons notre idée. Nous devons aller toujours plus loin et plus haut.*

La femme :

— *Vous préparez un hypothétique avenir, alors que tant de gens pourrissent actuellement dans le désordre, la misère, la guerre, la faim.*

L'homme :

— *Seul compte demain. Seuls les placements risqués et à long terme nous intéressent. Nous pensons à l'Humanité, mais les visages simplement humains restent dans l'ombre.*

La femme :

— *Ce qui compte, c'est maintenant. Il faut d'abord mettre de l'ordre dans la maison humaine. Peut-être la lune est-elle encore propre, mais la terre ne l'est pas. La famille des êtres humains est désordonnée, disharmonieuse. Or, c'est le concret immédiat qui importe d'abord. Pour nous, la planète est une famille composée de visages réels. Pour vous, ce n'est qu'une idée. Les mots « pays », « continents » n'ont chez vous aucune résonance affective. Les drapeaux et les hymnes nationaux sont pour vous des signes dénués de signification humaine profonde. Pour nous, les pays sont des familles qui doivent se réunir un jour pour n'en former qu'une. Et quand ce sera fait, quand l'ordre régnera dans la « maison terrestre », alors nous pourrons nous projeter dans l'avenir. L'avenir, au lieu de n'être qu'une idée, sera la résultante d'aujourd'hui, solide, concrète, utile.*

Et faut-il dire que les femmes comprennent rarement cette démarche anxieuse des hommes, pas plus que ces derniers ne ressentent en profondeur leurs compagnes terrestres ?

Par sa structure même, la femme vit dans le présent, ressent le présent comme nul homme au monde ne le pourrait.

Le mâle s'agite, travaillé par ses hormones, certes, mais aussi par sa peur de la vie et de la mort. A chaque instant, il suppute, prévoit, théorifie, prémédite, prend hypothèque sur l'avenir. Il échafaude des plans, combine des idées. Il passe sa vie à penser : « Demain, je... Dans dix ans, je... Lors de ma retraite, je... » Il tente de calmer sa peur du vide. Il va de projet en projet. *L'homme est une impatience en marche ; jamais il ne vit son présent.* Le Temps lui fait peur ; alors il tue le Temps, et oublie le présent. C'est pourquoi il se montre si instable, si faible, si industrieux et génial à la fois.

HOMME	**FEMME**

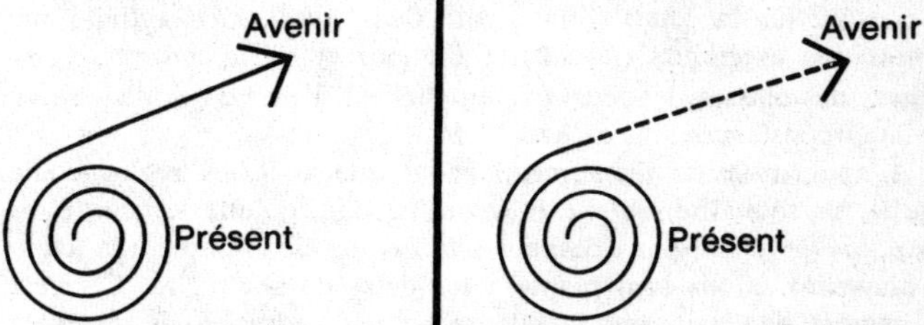

N'agit pas pour le présent. Projette ses idées dans l'avenir. Veut échapper au présent.	Agit pour le présent. N'envisage l'avenir que lorsque le présent est en ordre. Vit intensément dans le présent.

Mais la femme sait, par son corps, la teneur de tout instant qui passe. Par son corps, elle connaît la puissance inexorable du temps qui fait et défait les enfants, les êtres, le monde. Son corps, son ventre l'ont habituée à se dire : « Il faut que cela soit fait maintenant, tout de suite ; donc, je le fais... »

C'est là sa force de caractère. C'est pourquoi aussi elle est fluide et adaptable comme l'eau. Elle sait affronter la souffrance aussi bien que le bonheur, et se redresser ensuite comme le voilier après un creux de vague. *Infiniment moins que l'homme, elle craint la vie et la mort.* Souplement installée dans la durée, ressentant les choses et les événements par toute son affectivité, elle s'adapte alors que l'homme tremble. Car on peut dire d'un être qu'il est douillet comme une fillette, peut-être ; mais certes pas comme une femme.

Le rythme intérieur

Un temps rythmé par des phénomènes intérieurs

Avec la menstruation, « le ventre » (ou plutôt « *son* » ventre) devient le centre d'attention de l'adolescente. On pourrait dire (si j'ose risquer cette image) que son ventre devient, pour la jeune fille, le « haut lieu » de ses réactions profondes.

Seuls nous intéressent ici les retentissements psychologiques de ce phénomène. *La menstruation est un changement de rythme psychologique, une bifurcation dans la manière de concevoir les choses et la vie.*

Jusque-là, la jeune fille vivait dans un Temps rythmé par des phénomènes extérieurs (les heures du jour et de la nuit, les repas, les horaires des classes, les fêtes traditionnelles). Elle ne devait tenir compte que de circonstances situées *hors d'elle.*

L'apparition du phénomène banal que sont les règles bouleverse toute sa personnalité, qu'elle le sache ou non, qu'elle le veuille ou non. *Une nouvelle façon de « découper » le Temps* est imposée à la jeune fille. De nouveaux jalons sont plantés : les dates de ses règles. Ce n'est plus uniquement de l'extérieur qu'elle reçoit des ordres, mais *de SON intérieur.* Son temps se partage en « périodes » (c'est d'ailleurs le mot courant).

Le Temps, pour la jeune fille, prend une autre dimension. Car la voici obligée de tenir compte, une fois par mois, de ce qui se passe *en elle.* Une grande part de l'énergie qu'elle accumule dérive ainsi *de l'extérieur* (et de l'extériorisation d'elle-même) *vers l'intérieur* (et vers l'intériorisation d'elle-même).

La fillette, dont la psychologie ressemblait plus ou moins à celle du garçonnet, amorce un large virage. La maternité potentielle, diffuse, diluée, pressentie, fait alors, et à tout jamais, partie de ses structures. Et la notion du Temps, jusque-là théorique, envahit tous les domaines de son existence, quotidiens aussi bien que métaphysiques...

Alors que l'homme est simple spectateur du Temps, la femme sait, dans son corps, que neuf mois sont nécessaires pour créer un enfant. Pour elle, se sont des mois concrets, coulant avec les jours. On dit qu'elle « a » un enfant, qu'elle peut « avoir » un enfant. Mais les gens simples disent : elle « fait » un enfant. Et ces gens simples ressentent juste. Car c'est *dans* elle que tout se passe.

La femme sait à quel point elle est, par son ventre, tributaire du temps, et que ce temps est nécessaire, qu'il ne faut pas tenter de le combattre. Neuf mois sont neuf mois ; on ne peut rien y changer.

L'homme sait, lui aussi, que la Nature fait les choses en prenant le temps nécessaire. Mais il ne fait que le constater, sans le vivre en lui-même. Il peut vaquer à ses occupations, voyager comme si le Temps n'existait pas[1]. Aucune vie, aucune matière, dans son ventre, ne lui rappellent le Temps.

La femme, au contraire, est comme soudée au Temps ; son corps est un rappel permanent. Elle est obligée de se mettre à l'écoute de la vie ; en réalité, de *sa* vie, puisque tout se passe en elle. Mais à travers cet enfant réel ou possible, c'est le monde qu'elle écoute.

Car c'est vrai que la femme est à l'écoute du monde, sans le savoir ni le vouloir. Mais, aujourd'hui, le travail moderne, l'efficience et l'absurdité modernes rongent peu à peu cette antenne, dérèglent ce radar. Et dites-moi, à quoi peut servir encore un radar déréglé ?

La patience

La femme est donc le Temps.

Et la patience, sœur du Temps, lui devient familière.

Des femmes m'ont dit :

— *La patience ? Nous en possédons tant que l'on peut en abuser sans nous entamer trop.*

— *La patience est notre infini.*

— *Mes grossesses m'ont appris la patience.*

— *Des siècles de patience, tout de même !*

— *La patience et le temps ne font qu'un.*

— *Nous possédons toutes les patiences : celles d'aimer et de haïr.*

— *La patience d'une vraie femme n'a d'égale que sa largeur d'âme.*

— *Ma mère a été grugée toute sa vie, et sa patience s'est usée jusqu'à la corde.*

— *La patience de la femme, ma patience, je les ressens comme des eaux profondes, comme une compréhension totale. C'est la patience d'une mère qui remet en ordre les choses bouleversées par ses garçons...*

Si vous lisez ces paroles, vous y verrez que la patience de la femme est une force, mais il ne faut pas abuser de cette capacité : car le matériau

1. Bien entendu, il ne s'agit pas ici du temps « social », rythmé par les horaires impérieux et harcelants des hommes modernes. Il s'agit du Temps subjectif, pris dans une de ses acceptions philosophiques. Pour choisir une image, ce Temps est comme un tapis roulant qui entraînerait les événements, tandis qu'un observateur, immobile en face du présent, les regarderait glisser du futur vers le présent, et du présent vers le passé. Ce Temps subjectif représente une dimension essentielle de la femme.

le plus solide possède un point de rupture. Mais la patience de la femme, parce qu'elle est reliée au Temps, peut rénover le monde.

Et c'est vrai que la patience d'une femme peut être infinie dans l'amour, l'espoir, les soins qu'elle donne, les pardons qu'elle accorde, les travaux qu'elle entreprend ; mais aussi dans la haine dont, parfois, elle frappe quelqu'un. Mais si la femme est le temps et la patience, elle est aussi l'Attente...

L'attente

Des femmes m'ont dit :

— *Toute femme est épouse de marin ; elle attend le retour.*

— *Ma possibilité d'attendre me permet d'écouter les êtres et la vie.*

— *Nous pouvons attendre longtemps celui que nous aimons.*

— *Les femmes dorment du sommeil de l'attente, jusqu'à ce qu'il arrive.*

— *Attendre, oui ; stagner, non.*

— *Chaque attente de mon mari accumule en moi du bonheur.*

— *Les hommes sont à plaindre, qui ne savent plus attendre.*

— *Attendre ? Lourdeur, nuit, réveil, bonheur.*

— *Attendre, c'est dépendre.*

— *Qui n'attend pas ?*

— *Pourquoi crier si fort ? Toute femme attendra toujours d'être remarquée, choisie, aimée.*

— *Une femme qui attend, seule, est un lac mort dans la montagne.*

— *Attente... hors du temps... calme... se gorger de chaque minute.*

L'attente est une caractéristique de tout ce qui est femelle dans la Nature. Il serait trop long, et c'est dommage, de le montrer en partant des unicellulaires pour arriver aux animaux, après un détour par les plantes. Dans l'ordre humain, l'ovule attend que le spermatozoïde le pénètre. La terre, symbole féminin, n'attend-elle pas d'être labourée par le soc, symbole du pénis ? Et le sillon, symbole de la féminité ou de l'ovule, n'est-il pas dans l'attente de la semence ?

Ainsi certaines cellules se « spécialisent » afin de fournir des réserves de nourriture au germe futur. Elles aussi sont en attente. Mais il faut bien comprendre qu'il s'agit d'une attente qui accumule de l'énergie et des informations.

Cette attente-là rejoint l'attitude de Passivité. Elle prépare l'extériorisation du moi. C'est l'attente de l'athlète avant le bond. C'est la Féminité, qui n'a rien à voir avec l'inertie que l'on confond trop souvent avec elle.

LA FEMME ET SON BESOIN DE L'ORDRE

La guerre des chaussettes

— « Il » laisse traîner ses chaussettes ! Me prend-il pour une bonne à tout faire ?

Mais non, mais non. Ces femmes-là partent en guerre, mais l'ennemi n'est pas où elles le croient. Laissons, bien entendu, les goujats. Car il en est d'autres qui, aimant et respectant leur femme, sèment néanmoins leurs chaussettes aux quatre coins de la maison. De « ma » maison, dirait la femme.

Que voulez-vous ? Cette guerre-là est séculaire, inévitable, éternelle.

Si un homme est, par nature, tendu vers demain, il oublie aujourd'hui. C'est logique. S'il pense à l'avenir — qu'il soit fait de sous-chefs ou d'idées à réaliser — il omet de ranger ses chaussettes. C'est encore logique. Il ressemble, en petit ou en grand, au conquérant cosmique qui oublie de déjeuner (et même de vivre).

L'homme est dispersé et désordonné. Mais la femme *est* l'ordre. Et elle a horreur du désordre et des choses qui traînent. C'est pourquoi, en l'homme, elle confond l'action et l'être ; elle ne voit plus que les chaussettes qui la narguent.

C'est alors que la femme s'exclame, maternelle malgré tout : « Voilà bien les hommes ! »

L'ordre ? C'est bien. Mais la manie la guette.

Alors, sans désemparer, elle range « son » ménage huit heures durant. Elle range ses armoires, ses tiroirs, ses comptes, son argent, ses affaires à elle, ses affaires à lui. Elle rangerait le monde en casiers si pouvoir lui était donné. Et le monde deviendrait un assemblage de petits alvéoles, bien en ordre mais sans avenir. Sans brouillaminis, non plus.

Avec l'homme, c'est l'autre versant. Il désordonne tout, jusqu'à provoquer la mort de l'eau, de la terre, de la planète.

Chez la femme, dont la personnalité disparaît sous un trop impérieux besoin d'ordre, la vie devient un purgatoire. Celle de l'homme aussi, qui délaisse ses outils, porte une tache sur le veston, se lève de table sans songer à ranger la vaisselle, et voit sa femme lui tomber dessus à chaque tournant de couloir.

Mais qui n'en continue pas moins de laisser traîner ses chaussettes.

Et ainsi, sans comprendre que la femme est tournée vers le présent, et l'homme tendu vers l'avenir, nombre de féministes ont tablé sur les chaussettes et autres faits de ce genre pour engager une guerre de cent ans.

Le déménagement et l'état dépressif

Cette passion de l'ordre explique d'ailleurs pourquoi les *états dépressifs* sont généralement moins fréquents chez la femme que chez l'homme. La femme est celle qui vit en relation concrète, stable et « magique » avec les choses. Elle est celle qui « exorcise » les choses, qui deviennent le support et la béquille de sa stabilité.

Et cependant, il est fréquent qu'une femme « fasse une dépression » *après un déménagement*. Elle invoquera la fatigue, ce qui est vrai dans certains cas. Mais, le plus souvent, cette dépression passagère survient parce qu'elle est désorientée. Je veux dire : elle ne parvient plus à s'orienter dans le concret de sa vie. *Le déménagement est une rupture d'avec un ordre trop concret. Leur* monde, pour ces femmes, c'est la fenêtre à droite, la tasse à gauche, la cuiller dans telle partie de tel tiroir de tel buffet. Il est alors compréhensible qu'intervienne un état dépressif, parce qu'elles ont dû sortir d'un monde trop clos, trop organisé autour de *leur* maison, de leur introversion et de leur sédentarité exagérées.

La femme est-elle amorale ou immorale ?

Parce que la morale se propose de mettre de l'ordre dans la conduite humaine, on s'attendrait à ce que la femme, d'instinct, défende la morale.

Mais est-ce *Freud* qui écrivit un jour :

— ... *on hésite à le dire tout haut, mais on est tenté de conclure que les femmes sont inaccessibles à la moralité telle que nous la concevons ?*

Bien des femmes se sont révoltées devant ces paroles, pour avoir mal compris ce que Freud entendait. De même qu'elles s'étaient méprises lorsque Freud affirmait la « passivité » de la femme.

L'équation semblait évidente : femme inaccessible à la moralité (des hommes) signifiait femme frivole et immorale. Mais l'équation boitait. Ici encore nous retrouvons le besoin d'abstraction chez l'homme, et la tendance chez la femme à tout personnaliser.

« La » morale ! diront les hommes. Tête baissée, ils en feront une nouvelle abstraction à laquelle ils tenteront ensuite de se conformer. Tandis que « ma-morale-à-moi », ce n'est pas une parole d'homme, mais de femme.

Sans entrer dans les dédales de « la » philosophie, qui ne nous apporterait rien, définissons quelques mots. Et remarquons d'abord qu'il y a une large différence entre une personne amorale et une personne immorale.

Etre « amoral » signifie :

— Etre *affectivement* indifférent aux lois morales.

— Ne pas tenir compte des lois morales, *sans toutefois y être opposé.*

La Nature est amorale, les animaux sont amoraux, l'Inconscient humain est amoral, de même que nos sensations, nos sentiments, notre vie intérieure. Il semble donc que *tout ce qui est authentiquement naturel* soit amoral.

Est également amorale une personne qui ne croit pas aux lois morales « préfabriquées » et « codifiées ». Pour cette personne, « la » morale n'existe qu'à titre de point de repère, que l'on respecte plus ou moins et dont on tient compte pour diverses raisons.

Pour être amoral, il faut, me semble-t-il :

— *Etre très faible.* Le jeune enfant est amoral, car la morale n'a aucun sens pour lui. Sont amorales dans ce même sens certaines personnes infantiles, ou les pervers et malades mentaux qui ne ressentent plus la différence entre le bien et le mal ;

— *Etre très fort,* être capable d'acquérir « sa » morale personnelle, pour son propre bien et celui des autres. Cette adaptation permanente et positive aux circonstances exige la disparition de la peur, une réalisation authentique de soi, et une grande autonomie intérieure : autrement dit, l'épanouissement de l'affectivité. Dans ce cas, un être n'a plus besoin de règlements moraux tout faits (*le Christ* était amoral).

La morale, comme chacun sait, étudie le Bien et le Mal, le permis et le défendu. Mais comme les règles de conduite évoluent, selon les époques et les formes de société, il faut bien que la morale fluctue. Telle règle de morale européenne n'a pas cours en Asie, pas plus que certaines lois morales d'hier n'ont encore cours aujourd'hui.

« La » morale, dans son sens général, est donc abstraite, instable et en équilibre précaire. D'une part, elle édicte des impératifs, et d'autre part elle doit louvoyer selon les circonstances.

La femme réagit en ce domaine d'une manière que nous connaissons bien : « la » morale, fabrication abstraite masculine, lui demeure indifférente, parce qu'elle n'éveille chez elle aucun écho *affectif.*

Dans son tréfonds, *la femme est amorale* (et non pas immorale !) « La » loi, en général, n'offre aucune signification pour elle. La femme ne peut se séparer ni de la nature ni de la vie. Pour elle, la morale des hommes ne représente qu'un aspect très superficiel de l'existence, un vêtement de confection, un conformisme qu'elle respecte vaguement et de loin, comme un monument historique.

Serait-elle donc si forte qu'elle puisse se passer des lois morales ? La question est ailleurs. La femme s'intéresse à une règle morale lorsqu'elle la perçoit à travers *son* affectivité, *ses* sensations personnelles. Si « l'Héroïsme » la laisse indifférente, elle participe, par contre, à l'héroïsme de ceux qu'elle connaît.

Et la femme pensera :

— Il ne peut exister aucune morale toute faite et respectable par tous. Car il n'y a que des personnes, qui ont leur affectivité et leurs motivations personnelles.

Et c'est sans doute ce qui empêche une femme, dans certains dérèglements de vie, d'être jamais immorale ou avilie. Ne voit-on pas nombre de femmes traverser des situations opposées aux « lois » morales (il suffit de songer à la prostitution), mais en conservant une sorte d'innocence d'âme et une compassion maternelle qui laissent pantois moralistes et moralisateurs ?

LA FEMME ET L'HOMME : DEUX IRRÉDUCTIBLES

La sagesse et l'aventure

Imaginons des femmes et des hommes bloqués dans une île déserte. Ensemble, ils halent un tronc d'arbre et creusent le bois. Les femmes ne rechignent pas au travail ; ce n'est pas d'aujourd'hui qu'elles s'y trouvent à l'aise.

Mais, l'embarcation terminée, la différence éclate d'un seul coup.

Les hommes :

— *Que voilà un* beau *bateau !... Mais qu'y a-t-il là-bas, derrière cet horizon ? Il nous faut explorer et conquérir cet inconnu qui nous tente et nous apeure.*

Les femmes :

— *Oui, c'est un* bon *bateau. Mais des tâches nous attendent, immédiates, concrètes, utiles. Remettez votre exploration à plus tard. Mieux vaut se servir du bateau pour aller à la pêche. Ensuite, vous pourrez partir à la découverte.*

Les hommes :

— *Vous ne comprenez pas. Comment demeurer sur place avec cet inconnu inquiétant qui nous nargue ?*

Les femmes :

— *L'inconnu, c'est le présent. Il faut d'abord nous restaurer, prendre des forces, nous préparer à ce qui surviendra. Il faut d'abord mettre de l'ordre dans notre île. Ensuite vous pourrez partir vers d'autres îles.*

Les hommes :

— *L'avenir…*

Les femmes :

— *Le présent, d'abord. Il est des travaux plus utiles que vos supputations.*

La parabole n'est pas, croyez-le, anodine. Elle représente bien des scènes de ménage, et permet de comprendre bien des « affaires » se jouant dans le monde. Sans la femme et sa prudente sagesse, l'homme irait se perdre, rapidement et à jamais, dans ces horizons lointains qui l'attirent.

La femme ramène l'aventurier au port, et prépare le prochain départ… à moins qu'elle n'englue l'homme pour toujours.

Car si la femme, par ses caractéristiques naturelles, fait que l'Autre vive et se réalise en prenant appui sur elle, il lui arrive aussi de trancher ses ailes, dont il ne restera que rognures.

Par la femme, l'homme devient poète ou pantouflard, enthousiaste ou moribond, guerrier du futur ou boutiquier.

Descendons un instant dans la rue. Prêtons l'oreille un peu partout, nous percevrons la dissonance qui nous occupe ici.

Dans un magasin d'articles photographiques

Le négociant au client :

— *Prenez cet accessoire ; vous pourrez ainsi* travailler *votre appareil jusqu'à le connaître parfaitement.*

La commerçante, au même client :

— *Voici un film en cadeau. Vous pourrez charger et décharger votre appareil, le* tripoter *et* jouer *à votre aise.*

Une publicité

Une femme s'adresse à son mari :

— *Quand auras-tu fini de* jouer *avec ton appareil ?* (Ici, apparaît une marque d'appareil photographique.)

Entendu au passage

Dans son propre garage, un homme met au point le moteur d'une voiture, à grand renfort de triomphants vrombissements. La femme, sur le seuil et gentiment :

— *Quand tu auras fini de* chipoter *à ton moteur, tu iras me chercher du pain ?*

— *Dans un quart d'heure. Il me reste du travail : les soupapes...*

— *Tu aurais dû conduire ta voiture chez le mécanicien. Ç'aurait été plus* prudent !

Pourquoi les femmes parlent-elles de *chipoter, tripoter, jouer,* alors que les hommes prononcent, avec le plus grand sérieux, le mot de *travail* ? Pourquoi, dans l'exemple du bateau, est-ce une *bonne* embarcation pour la femme, et une *belle* barque pour l'homme ?

Les génies du dimanche

Sans pour autant s'hypnotiser sur les tendances naturelles de l'homme, il est bon de rappeler son besoin d'extériorisation, de conquête, de découverte ; son nomadisme foncier, son besoin d'émerveillement passionné ; ses projets, ses enthousiasmes, ses réalisations.

Dans le monde, ils sont ainsi des centaines de millions, conquérants du dimanche, explorateurs d'idées à leurs moments perdus, lesquels sont, en réalité, des moments gagnés sur leur grisaille quotidienne.

Leur enfance fut encombrée de rêves parce qu'ils se voulaient, plus tard, créant et faisant « quelque chose ».

Et maintenant, tous rêves éteints, toute créativité morte parmi les dossiers, les machines anonymes, les chefs et les horaires, ils pensent avidement au dimanche qui vient.

Car ce dimanche verra leur revanche et la reprise de leurs désirs d'enfance. Ces millions d'hommes sont d'anciens explorateurs d'idées, d'anciens conquérants. Ils avaient huit ans à l'époque : mais qu'importe, leurs rêves se trouvaient là, à portée de main.

Maintenant, pendant la semaine, huit heures durant, ils attendent que passent les jours, que passent les nuits, que passe la grisaille du mauvais rêve ; ils travaillent pour la petite maison, la petite salle de bains, la petite retraite, la petite mort.

Mais ils se disent obscurément que, pendant cette retraite, ils retrouveront leur enfance, et reprendront — enfin — ce travail créatif qui les hante depuis toujours.

Et ainsi l'antichambre de leur vie et l'antichambre de leur mort se rejoindront, dans une créativité recouvrée.

C'est dimanche. Les vieux désirs remontent. Ce ne sont plus que des bulles, n'ayant plus grand-chose à voir avec les bouillonnements de jadis. Mais qu'importe : Jules construit une étagère, Léon bricole l'électricité de la maison, Louis peint un paysage, Albert fignole un escalier dans le jardin. L'escalier est plus ou moins droit, plus ou moins équilibré. Mais diable ! ces poètes et ces peintres, ces physiciens et ces maçons, ces menuisiers et ces mécaniciens, si gauches qu'ils soient, ne cherchent-ils pas à regagner un peu de temps sur leurs hibernations quotidiennes ?

« Hobby » : tel est le nom, assez imbécile, que l'on donne à ce qu'ils font. Mais ces occupations-là, voyez-vous, sont probablement leur seul émerveillement, la seule découverte qui leur soit encore permise. Alors, qu'on les salue.

Car un être qui ne crée plus est un être mort.

La seule condition est que ces hommes créent en jouant, qu'ils jouent en créant, qu'ils s'amusent. Rappelez-vous l'entomologiste Fabre. Quelqu'un le plaignait, disant qu'il avait dû se fatiguer à observer ainsi les insectes, toute une vie durant, au nom de la Science. Et Fabre de répondre : « Au nom de la Science ? Si vous voulez... Je suis heureux qu'« Elle » en bénéficie, mais moi, en tout cas, je me suis bien amusé ! »

Car les hommes sains ne travaillent pas pour « l'Art » ou « la Physique ». Qu'ils possèdent grand génie ou infime talent, ils se moquent des abstractions grandiloquentes. Ils s'amusent.

Et ils le savent bien, nos Louis, nos Jules, nos Albert, que ce qu'ils recréent est vendu, tout fait, dans le premier magasin venu, et pour beaucoup moins cher que l'assortiment d'outils qu'ils ont dû se procurer.

C'est pourquoi vous, les épouses, laissez-les faire et participez à ce qu'ils font ! Et dites-vous que vous ne comprendrez vos hommes que si votre propre créativité et votre capacité de vous amuser respirent encore.

Dans ce domaine, qu'un homme s'affaire à de nouvelles boutures de roses ou travaille à la conquête de l'espace, n'offre qu'une différence de quantité et non de qualité. A condition que cet homme soit psychologiquement sain.

Maintenant, comprenons bien : dans ses recherches et ses réalisations, l'homme a besoin, intensément, d'un profond regard de femme. Car l'homme, qui se déroule sans cesse vers l'avenir, est en devenir permanent. Il reste, de ce fait, dans une enfance perpétuelle. Je ne dis nullement qu'il soit infantile ! Mais il est, sa vie durant, un enfant émerveillé. Et cette quête, il veut la faire à deux, la femme à ses côtés. De même que, enfant, il cherchait le regard approbateur — et complice — de sa mère lorsque, jouant à l'adulte, il déchirait ses culottes au cours de ses randonnées.

Il a besoin de la participation de sa femme, parce qu'il cherche un enthousiasme qui fasse écho au sien.

Il désire partager avec sa femme, sa joie de la Belle Ouvrage.

Lorsque la femme abat l'homme en plein vol

Mais si la femme ne possède plus d'enthousiasme ? Si son émerveillement s'est éteint ? Si elle est devenue incapable de jouer en créant ?

Revoyez sa fiche d'identité, et vous verrez comment elle peut rapidement sombrer dans des comportements négatifs.

La femme est prédisposée :	*Ces qualités se dégradent fréquemment et deviennent :*
— à la vie intériorisée	— repli sur soi
— à la patience	— résignation hargneuse, silence désapprobateur
— au sédentarisme	— impossibilité de « sortir » de soi, de s'extérioriser
— aux idées et actions concrètes	— réalisme glacial, manque total de fantaisie
— au pratique	— utilitarisme
— à la lucidité profonde	— ironie destructrice
— au jeu créatif	— incapacité de jouer

Dans la colonne de droite, on trouve simplement des qualités qui se sont abîmées. Comme si le soleil devenait brouillards et pluies.

Pourquoi ? La fille est un être qui mûrit vite. Elle est rapidement confrontée avec la matière (la sienne, qui sort d'elle), avec la vie (celle qui se fait dans son ventre). *Ses yeux s'ouvrent vite, dès quatorze ou quinze ans, tandis que le garçon continue, péniblement, de chercher le sens de cette existence qu'il ne peut ressentir dans son propre corps.*

Mais parfois la fille mûrit trop rapidement. Coincée dans un inextricable complexe d'Œdipe, bloquée entre son père et sa mère, elle se voit obligée de se ménager les faveurs des deux camps. Sa vie affective ralentit, épaissit, s'arrête.

C'est alors qu'elle n'est même plus capable de châteaux en Espagne. Elle tourne indéfiniment dans un présent glauque, dont elle ne parvient pas à sortir. L'avenir, les idées, les projets deviennent des mots vides de sens. Elle ne saisit plus les idées des hommes, grandes ou petites. Et dans les ménages, s'accumulent les rancœurs.

La femme reste alors boulonnée à son présent utilitaire comme une statue à son socle.

Elle tombe dans un réalisme froid. Par nature, elle avait déjà les pieds sur terre ; maintenant elle s'y enfonce, et ne voit plus rien du ciel. Son réalisme devient calcul, sans aucune échappée vers l'inutile, le désinvolte, le plaisir de vivre. Elle passe souvent dans le camp des grippe-sous, des avares, des héritières qui se disputent un lambeau de mortuaire. Bonne femme ou femme d'affaires, elle ne voit plus que le rentable immédiat ; et tout émerveillement, en elle, se racornit.

C'est alors qu'elle tue la créativité de l'homme. Elle jauge, sarcastique et impitoyable, les « puérilités » des hommes. Elle tonne et grogne parce que l'homme « perd son temps » à « chipoter », alors qu'il y a « tant de choses à faire ». L'étagère ? Elle l'achètera cent mètres plus loin ; elle n'a pas le temps d'attendre que son mari ait fini de s'amuser à visser la sienne. Elle ne comprendra pas plus, évidemment, les Léon, les Albert, les Louis et autres ingénieurs du dimanche qui travaillent au carburateur d'une voiture des heures durant, alors que le mécanicien arrangerait tout en trois minutes, et pour moins cher.

Et les maris rentrent la tête, honteux comme Baptiste, et désespérément seuls.

De plus ils se sentent coupables, ce qui est bien compréhensible. Pensez donc ! Leur femme ne veut que de l'utile et refuse le jeu. Elle exige du rentable. Or ils s'amusent ; ils se plaisent à ce travail qu'elle taxe de chipotage. Ils savent que ce bricolage n'est pas rentable ; et ils se sentent surveillés, épiés, traqués, critiqués, désapprouvés par cette femme si sérieuse qu'elle devient une sorte de témoin immobile et noir.

Cependant la frontière zigzague, aussi bien chez les femmes que chez les hommes. Où cesse le sens pratique de la femme et où commence le sec utilitarisme ? *A quel moment la créativité de l'homme* verse-t-elle dans l'abstraction fumeuse ou dans les amusements inadéquats à son âge et aux circonstances ? Car si réparer avec passion un train électrique est juste, jouer avec lui des heures durant ne l'est plus. Je sais : c'est le vieux rêve de l'enfant qui se voulait cheminot, en route vers les horizons. Mais tout de même : cela grince.

De toutes façons, subsiste, entre l'homme et la femme, un fossé, impossible à combler jamais parce que faisant partie de la nature des sexes.

Voici notre Jules, guilleret, qui présente l'étagère à sa femme. Est-elle splendide sa réalisation ? Sa femme constatera qu'elle l'est. Mais généralement elle n'ira pas plus loin. Jamais elle ne demandera : « *Comment* as-tu fait ? *Comment* as-tu assemblé ces planches de façon aussi parfaite ? *Comment* t'y es-tu pris ? »

Car elle s'intéresse au résultat et non pas à la façon dont la créativité s'est déroulée.

Imaginons encore que Jules soit ingénieur et lance des ponts sur des abîmes. Soyez certains que son épouse s'empressera d'utiliser le pont, très pratiquement, mais elle demandera rarement « comment » on a imaginé cette envolée, cette courbe, cette légèreté ; elle ne regarde que l'œuvre terminée et utilisable, sans se soucier de la série des créativités et des recherches qui l'ont rendue possible.

C'est pourquoi les hommes ironisent, à tort, sur les femmes qui confondent le carburateur et le différentiel. Elles ne s'intéressent pas à la façon dont « marche » la machine, mais au seul fait qu'elle fonctionne et soit utile. Le reste, voyez-vous, est « affaire d'hommes ».

Mais qu'« elles » ne s'étonnent pas, ne s'irritent pas si les hommes passent des heures à discuter ensemble, à chercher et chercher encore : qu'il s'agisse de bricolage, de pêche, de pétanque ou de hautes mathématiques.

Et tenez : cela me rappelle une réflexion de Louise de Vilmorin : « Pourvu que les femmes n'entrent pas à l'Académie française ; c'est le seul endroit où les hommes puissent encore s'amuser ensemble. »

Mais la femme peut sauver l'homme

Après l'ombre, la lumière. Après la femme qui immobilise l'homme, voici celle qui peut le sauver de ses erreurs, de ses coups de génie parfois catastrophiques, voire de ses maladies.

La « terrible » perspicacité de la femme

J'ai dit que la femme est un radar. Elle sait tout, ressent tout. Elle n'a pas son pareil pour séparer le vrai du faux, l'être du paraître. Mais elle l'ignore. Elle est semblable à ce jardinier qui, d'instinct, décèle une fleur artificielle glissée dans la gerbe.

Rappelez-vous la femme dont je parlais plus haut. Elle laisse les mâles baguenauder et supputer à tort et à travers, courir sans ordre ; et elle attend. Mais au moment où le désordre devient anarchie, où les théories éclatent comme des feux d'artifice sans lendemain, quand elle les voit ramer vers un horizon qui — à cause de leur désordre — s'éloigne définitivement, la femme intervient et ramène les pêcheurs égarés, leur fait sentir l'absurdité de leur conduite. Puis, quand elle a réparé la boussole, ils repartent dans leur barque.

Bref, elle dit ce qui doit être dit, et fait ce que la sagesse commande qu'elle fasse. Ou encore : connaissant inconsciemment la vraie nature des choses, elle ressent les dangers de l'égarement mâle, l'inadéquation de leurs paroles qui, fatalement, aboutit à l'inadéquation des actes.

Sa partie femelle donne à la femme une véritable adhérence à la Nature. La femme est soudée à la réalité. *En la femme, le Féminin est ontologique*, détectant les choses en soi et faisant fi des apparences.

Une femme me disait :

— *Je suis peinée d'entendre les hommes vanter leurs réussites et leurs idées. Mais qui sont-ils, eux ? Ils ne se doutent pas à quel point nous les ressentons tels qu'ils sont, comme déshabillés. Pourquoi trichent-ils avec eux-mêmes ?*

Elle continua :

— *Les femmes font passer les actes au second plan. C'est l'être qui nous intéresse. Nous connaissons beaucoup de choses sans pouvoir les exprimer, parce que notre langage est intérieur et non pas rationnel comme celui des hommes. Par la raison, on peut prouver n'importe quoi, même l'absurde. Mais l'intérieur ne triche jamais ; le voudrait-il qu'il ne le pourrait. Et, ne pouvant dire clairement ce que nous éprouvons, nous demeurons les spectatrices impuissantes d'un monde faux, en ayant envie de crier casse-cou sans pouvoir le faire, puisque notre façon de palper la vie est diamétralement opposée à celle des hommes, et donc rejetée.*

« Je te connais comme si je t'avais fait ! » : c'est une pure parole de femme ou de mère.

Et l'homme sent peser sur lui le regard de la femme. J'ai dit qu'il en a peur. Il se détourne de ce regard silencieux et clairvoyant.

La perspicacité féminine angoisse les hommes. Pourquoi ? Parce qu'ils se savent vus tels qu'ils sont ? Sans doute, mais il y a plus. Opérons un retour en arrière. Rappelons-nous combien un homme craint de n'être rien. Combien il redoute le néant, son néant. A quel point il sait — malgré ses aspects extérieurs de réussite — qu'il n'est que peu de chose.

Rappelons-nous encore : *la femme est le témoin naturel de la fragilité humaine*. Même enfant, elle sait que toute chair est vulnérable et passagère. Elle pourrait dire à l'homme, entamant ainsi le contre-chant de cette litanie mâle que vous avez lue :

— *Je suis faiseuse de vie, sans même avoir à agir. La vie peut s'opérer en moi, du seul fait que j'existe. Mon ventre est le creuset où la vie émerge de rien. Je suis bien placée pour savoir comment tu as commencé, comment tu es passé de l'inconscient opaque à ta conscience infime et peu durable. Je te vois t'accrocher à ta jeunesse, à ta personna-*

lité factice, à tes œuvres par lesquelles tu espères durer, à ta jeunesse que tu voudrais éternelle, à tes « paraître » qui te donnent l'illusion que rien ne peut t'arriver. Mais je sais, moi, je sais profondément que tu te trouves entre deux gares, et rien de plus. Et je regarde avec étonnement combien tu parles et t'agites afin d'oublier ce que tu es.

Et l'homme ? *Il sait qu'elle sait,* et que cette femme l'évalue à son juste poids humain, et qu'elle ne croit pas aux grenouilles qui veulent être bœufs, et qu'elle rend — sans le vouloir — aux choses leur place exacte et leur vrai prix.

L'homme, pris de peur, de timidité, de panique, d'agressivité, tremble inconsciemment devant ce « témoin » qui ressent tout de lui, à travers l'acte le plus banal comme le plus vaste.

Un homme m'a dit :

— *J'éprouve la sensation qu'« elles » voient à travers moi. Qu'elles ne disent rien, mais n'en pensent pas moins. Alors, je fais des ronds de jambes…*

Un avocat :

— *Dès que ma consœur m'observe, je perds le fil de mes idées. Ce n'est nullement de la timidité, mais comme si son regard signifiait : « Ça ne prend pas ! » Cela se produit surtout quand je me lance dans « une grande envolée », avec effets de manches. Est-ce parce que je n'y crois pas trop moi-même ? Devant son regard, j'ai l'impression d'être mis à nu.*

Dans la vie courante, c'est l'homme, brillant discoureur, qui bredouille dès que se lèvent ironiquement des sourcils de femme. C'est la réunion des tartarins mâles où l'un vante son brochet de trois mètres, auquel les autres ne croient nullement d'ailleurs et qui attendent le moment d'exposer leurs propres exploits. Mais la réunion, criarde et enthousiaste, stoppe net lorsque entre la femme de l'un d'eux. Pourquoi ? Ils sentent que la femme pourrait dire : « Il existe des choses plus concrètes que vos hâbleries. Je sais que vous n'êtes que des masques et qu'au fond, vous demeurez des garçonnets. »

Bref, devant une femme, les bravaches amènent le pavillon, à moins que, par compensation, ils ne mettent les bouchées doubles.

On comprend pourquoi l'homme tremble. La femme ne le prend pas au sérieux. Elle voit ce qui est, par-delà les apparences ; elle décapite, d'un mot, les compensations inauthentiques. A chaque instant, l'homme risque d'être « démasqué », comme un enfant par une mère lucidement sévère. L'homme sent que la femme « ne marche pas », qu'elle veut du vrai et du solide. Et l'on peut répéter l'expression citée ci-dessus : « Je te connais comme si je t'avais fait ! »

La femme redresse le gouvernail

Un peu de logique : si la femme normale et supérieure est capable de détecter les errements des hommes, son rôle ne serait-il pas de les redresser ? De remettre sur le cap véritable ces aventuriers de haute mer que sont beaucoup d'hommes ?

Oui, je le crois : elle est experte en erreurs commises, et encline à redresser un gouvernail.

Car si les femmes risquent de dériver vers les défauts de leurs qualités, les hommes se perdent rapidement dans des inadéquations pathologiques. Avoir des idées et les réaliser, c'est fort bien ; mais glisser vers les Abstractions et les Concepts désanimés, cela rejoint l'absurde et la maladie. *Si l'homme « file » dans les idées, il risque aussi d'y fuir et de s'y perdre, submergé par elles, et ne ressentant plus rien.*

Ces hommes dont je parle ne sont pas des poètes, mais des schizophrènes[1]. Ce qui est dramatique, c'est qu'ils édifient des philosophies ou des idéaux, des systèmes techniques ou des empires financiers qui ne sont pas fondés sur des idées concrètes, mais qu'ils justifient au moyen d'une savante rationalisation.

Il est évident que ces hommes fuient quelque chose. Pourquoi sont-ils devenus des icebergs humains, alors qu'ils possédaient une affectivité comme tout le monde ? Pourquoi sont-ils devenus non pas des techniciens mais des technologues, non pas des intellectuels mais des intellectualistes ; *pourquoi ont-ils bâti un monde de choses et non d'êtres, à commencer par eux-mêmes ?*

Ils ont refoulé leur affectivité, mais ils l'ignorent puisque le refoulement a comme but de conserver enfoui ce qui pourrait être dangereux ou douloureux pour l'équilibre de la personnalité.

En la plupart, un microscope mental retrouverait les traces d'une enfance tuée par une mère. *L'imago maternelle a tout englouti.* Mais — répétons-le — ils l'ignorent. Leur affectivité est identifiée à une mère ressentie comme mauvaise, ou dangereuse, ou étouffante ; c'est pourquoi elle ne peut affleurer. En eux, le Féminin est confondu avec leur mère, et leur enfance haïe. Cette mère leur a appris la peur de l'existence. *Le Féminin, la vie intérieure, le laisser-aller, la participation à l'existence profonde sont, pour eux, les portes de l'enfer.*

Alors ils se droguent de ces paradis artificiels que sont « les Idées ». Mais allez le leur dire ! C'est aussi lointain que cette enfance qu'ils s'efforcent de fuir, dont ils ne veulent garder que quelques lambeaux

1. Voyez « Les prodigieuses victoires de la psychologie moderne » (Marabout).

dorés. Leurs sentiments sont congelés ; mais comment le sauraient-ils puisqu'ils ne ressentent plus ?

Vraiment ce sont des schizophrènes, qui réussissent souvent brillamment dans les domaines où l'humain et l'âme n'ont pas cours. Ce sont d'anciens hommes, dégradés en simples têtes chercheuses.

Une femme me disait :

— *Nombre d'hommes ne sont que des Idées en marche. Leur monde n'est qu'un monde d'idées. S'ils sont politiciens, ils se désintéressent du salut des gens, même quand ils croient sincèrement le contraire. Ils ignorent à quel point ils ne tiennent pas compte de la personne humaine, malgré leurs protestations d'humanité ; seule les intéresse l'Idée en soi. Ils tentent alors des expériences fondées sur des Idées, quitte à se détruire eux-mêmes et le monde en même temps. Ces hommes ne veulent ni la paix ni la guerre ; mais ils déclenchent la guerre ou font la paix dans le seul but de vérifier leur Idée. Comment pourraient-ils s'occuper des personnes humaines d'aujourd'hui et de demain, puisqu'ils ne pensent qu'abstraitement ? Mais les femmes sont humaines, et un monde de femmes serait probablement familial.*

D'instinct, comme un chien limier, une femme saine ressent la différence entre l'homme qui cherche et découvre en vue d'une réalisation adéquate à la vie, et celui qui brandit des Idées, d'inexistantes abstractions.

D'instinct aussi, elle se méfie de la technique. Non pas de la technique en soi ; mais elle sait combien l'homme chute vite dans la technologie, prêt à en faire un système sans joie ni moelle.

Elle ressent ces absurdités, elle les flaire de loin, les détecte dès qu'elles approchent. Mais comment pourrait-elle le dire ou le crier ? Elle est vassale dans l'univers mâle. Jamais elle ne fut aussi serve ; c'est pour les hommes qu'elle travaille. Nous l'avons vu : quand ces hommes embauchent une femme intelligente, ils la suppriment en tant que témoin. Ils en font leur complice, l'empêchant ainsi de parler et de dénoncer.

Bouche cousue, mains liées, comment la femme dirait-elle ce qu'elle sait ? Elle est incapable, par nature, de s'exprimer abstraitement. Elle reste là impuissante, ne pouvant que regarder : telle une personne qui observe les nuages, qui sait d'instinct que le navire sombrera, alors que le commandant se fie aveuglément à des instruments déréglés.

L'envers de la perspicacité

La femme est perspicace ? Certes. Mais qu'arrive-t-il lorsque cette perspicacité vire de bord, change de but, vire au noir, et se ramasse en vue de détruire au lieu d'être constructive ?

C'est le revers de la médaille. Regardez autour de vous : « elles » sont nombreuses. Leur perspicacité devient piqûre, harcèlement, ironie, ricanement, sarcasme. Et le pire est qu'« elles » font mouche neuf fois sur dix. Parce qu'elles sont perspicaces, elles savent piquer exactement à l'endroit douloureux, attaquer une faiblesse, une erreur, un trait de caractère. Et elles reviennent sans trêve ni repos, toujours sur la même cible. Nombre d'hommes en savent quelque chose. Et ils ne peuvent que gratter avec irritation ces morsures.

Elles sont perspicaces, certes, puisqu'elles touchent le point juste. Mais cette perspicacité est comme centrée vers la destruction, et déterminée par une « méchanceté » due à la déception, l'envie, la frustration, l'humiliation. Elles tentent de faire sortir l'homme de ses gonds. Déçues par une « faiblesse » de l'homme, la femme la lui rappellera mille fois jusqu'à ce que, furieux, il se redresse et se montre à nouveau le seigneur mâle qu'elle désirait.

Il semble donc que, inconsciemment, ces femmes demandent à être vaincues, afin de pouvoir admirer de nouveau l'homme redevenu le plus fort ? Mais en général cette perspicacité-coups-d'épingle aboutit à trois solutions également fausses :

1. Si l'homme s'enfuit sous les blessures venimeuses, la femme se proclame martyre et abandonnée.

2. Si l'homme descend le drapeau, la femme le méprise de n'être plus le mâle qu'il doit être.

3. Si l'homme sort victorieux du harcèlement, il est admiré et adulé.

Ce qui nous conduit fort loin de l'authenticité. Voici d'ailleurs deux autres aspects négatifs de la perspicacité. Rappelons d'abord que la Féminité est comme l'eau : indifférenciée, sans forme mais pouvant prendre toutes les formes. Considérée négativement, l'eau entoure, encercle en silence, s'infiltre insidieusement.

La perspicacité harcelante est une forme de guérilla, d'aspect typiquement féminin (chez la femme, mais aussi bien chez l'homme dont la féminité est dégradée).

La guérilla est indifférenciée. Elle arrive de partout et de nulle part. Elle est sans forme : l'ennemi reste invisible, flou, mou. La guérilla est « obscure » comme les profondeurs marines ; les harcèlements se font de nuit, silencieusement. On pourrait dire qu'un groupe de guérilleros représente l'attitude féminine d'une armée, voire son attitude « femelle » (travail dans l'obscurité, manœuvres de sape, étouffement progressif de l'adversaire, inexorabilité et ténacité dans les attaques virevoltantes et sans cesse répétées). Nous y retrouvons aussi *l'invulnérabilité de la Féminité :* il est évident qu'un groupe de guérilleros, grâce à sa souplesse et à sa capacité d'adaptation, est infiniment moins menacé qu'une armée « phallique » qui avance droit, de front et en pleine lumière.

Arme favorite de beaucoup de femmes, la guérilla a généralement pour but l'obtention d'un droit ou la réalisation d'un désir. Elle constitue une tactique redoutable et redoutée, comme nous l'avons déjà vu.

L'insinuation. Autre arme de nombreuses femmes, elle dérive également de la perspicacité négative. L'insinuation, elle aussi, fait mouche. Elle consiste à distiller des paroles perfides, des calomnies, des sous-entendus. Comme la guérilla, l'insinuation est indifférenciée ; elle est sans forme, insaisissable. Parmi les cas les plus courants, on peut citer les lettres anonymes (qui s'infiltrent comme l'eau), les silences « qui en disent long » (qui représentent une sourde menace), l'empoisonnement physique ou moral (qui « insinue » le poison).

Nous retrouvons ainsi, de nouveau, le symbolisme de *l'eau*, sous son aspect négatif. Il va sans dire que l'insinuation est toujours le fait de femmes ou d'hommes dont la féminité est dégradée.

L'INTELLIGENCE DE LA FEMME

Quelques approches

Sur le chapitre de l'intelligence, les deux sexes sont on ne peut plus chatouilleux. Ils combattent pour s'assurer la primauté d'une faculté dont chacun est rigoureusement irresponsable, et que d'ailleurs ni la psychologie, ni la philosophie, ni la moderne cybernétique n'ont jamais pu définir.

Nous connaissons l'astuce : entre hommes et femmes, toute différence est immédiatement interprétée comme qualitative ; elle est automatiquement traduite en termes d'« infériorité » ou de « supériorité ». Par exemple, si l'on dit que l'homme pense généralement de façon abstraite et la femme de façon concrète, on énonce une différence. Mais elles (et ils) s'empressent de donner à cette distinction une notion de « valeur ».

D'autre part, on a tendance à ne considérer que les résultats *visibles* de ce que l'on appelle l'intelligence. On dira : « Les femmes sont intelligentes puisque Madame X a été une grande mathématicienne », ou bien « Les hommes sont intelligents, puisqu'ils ont inventé ceci ou cela ».

Je pourrais vous proposer, parmi cent quarante définitions de l'intelligence, cette explication de *Ravaisson* : « L'intelligence désigne aussi bien la connaissance intuitive et immédiate, que la connaissance conceptuelle et discursive. »

Il semble que cette définition puisse mettre chacune et chacun d'accord ?

Mais avant d'aller plus loin il faut rappeler que, hommes et femmes, nous avons tous émergé d'un profond état d'inconscience. En tant qu'espèces, les espèces mâle et femme sont rigoureusement indifférenciées, larvaires, potentielles. C'est sur cette lave générale que des bulles se forment, deviennent femmes ou hommes, mâles et femelles à la fois, femelles et mâles en même temps, chaque individu contenant une proportion plus ou moins grande de « féminité » et de « masculinité ».

Repassons par les pôles

Nous savons que toute femme normale possède une partie féminine prépondérante *(pôle Féminin)* et une partie masculine *(pôle Masculin)* qui s'approprie le pourcentage qui reste. Le « dosage » du Féminin et du Masculin varie en chacune, bien entendu.

Une question se pose : *Comment fonctionne l'intelligence de chacun de ces pôles ?*

Nous savons que la Féminité et la Masculinité sont des *attitudes* devant la vie, des façons de répondre aux circonstances. C'est pourquoi si une femme passe d'une attitude de Féminité à une attitude de Masculinité, son intelligence change automatiquement de forme.

Le point le plus important est donc celui-ci :

— La forme, l'expression, la profondeur ou la superficialité de toute intelligence dépendent avant tout de l'affectivité, et par conséquent de l'état de cette affectivité (épanouie ou rétrécie, saine ou malade).

Le réservoir A. C'est l'immense réservoir de l'inconscient, de l'affectivité, de la vie intérieure. Comme une louche, cette forme d'intelligence plonge dans le réel profond de l'existence. Elle est faite de sensations. C'est donc une intelligence purement réceptrice, souple, adaptable, fluide, mouvante, source des méditations silencieuses, des inspirations qui s'accumulent, de la perspicacité. C'est l'intelligence, non raisonnée, du bonheur de vivre et de la force du caractère. Elle est faite d'animalité joyeuse, de participation irisée et spontanée aux choses et aux êtres. Cette forme d'intelligence est à l'écoute de l'Autre : non de ce qu'il dit ou fait, mais de ce qu'il est.

Parce que cette forme d'intelligence adhère à la vie, je l'ai appelée Intelligence CHAUDE.

L'INTELLIGENCE GLOBALE D'UNE FEMME

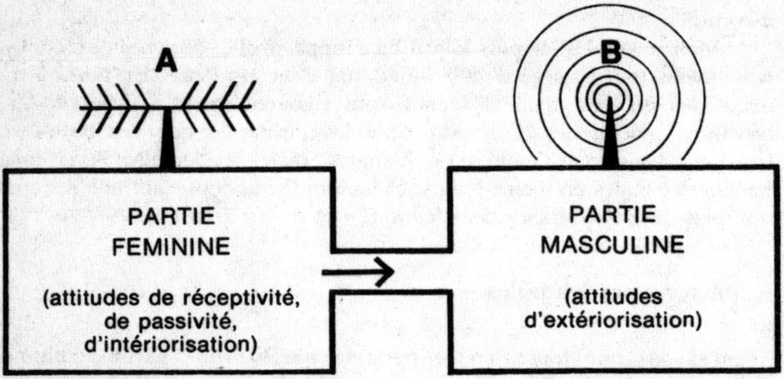

Intelligence « chaude »

Elle est composée de sensations et d'intuitions. Elle est réceptrice. C'est l'antenne de la vie. Elle « relie » à l'existence, branchée en prise directe sur elle. Elle est indifférenciée ; elle ressent. Le développement de cette forme d'intelligence dépend de la façon dont la mère fut acceptée, refusée, intégrée ou rejetée par la jeune fille.

Intelligence « froide »

Elle est composée de raisonnements conscients. Elle est rigide, linéaire. Elle est émettrice (logique, opinions précises, synthèses, prévisions, etc.). Le développement de cette forme d'intelligence dépend de la façon dont le père a su et pu « activer » la personnalité de la jeune fille.

C'est l'intelligence de la Féminité ou, si vous préférez, du pôle féminin d'une femme.

Le réservoir B. C'est le réservoir du conscient, de la raison logique, de la pensée discursive. C'est l'intelligence qui s'extériorise de façon précise. Cette forme d'intelligence met en « équations » ce qui monte du réservoir A.

C'est pourquoi je l'ai appelée Intelligence FROIDE.

C'est l'intelligence de la Masculinité ou, si vous préférez, du pôle masculin d'une femme.

Bouchons et libres passages

Il en est de l'intelligence comme de l'énergie : chacun en est doté plus ou moins, potentiellement, dès la naissance. L'indispensable machinerie établie une fois pour toutes, les jeux sont faits. Chaque être humain devrait, idéalement, « développer » son intelligence ; ce qui signifie en réalité : connaître, atteindre et utiliser la quantité d'intelligence qui lui a été attribuée.

En ce qui concerne la femme, répétons que sa partie féminine est, normalement, plus vaste que sa partie masculine. Son « réservoir » A, plus vaste que B, la fera vivre davantage sur la forme d'intelligence qui en dépend. Une Femme est donc, avant tout, *d'intelligence chaude,* avec toutes les attitudes devant la vie qui en dérivent.

Il est clair qu'une libre circulation entre les réservoirs est indispensable à une intelligence globale. Mais à mesure que la vie avance, elle fabrique souvent de solides bouchons. D'innombrables femmes qui pourtant possédaient, au départ, un excellent réservoir A et un parfait réservoir B, se sont heurtées au cours de leur enfance et leur adolescence, à la morale, la peur, l'angoisse et autres obstacles. Elles s'entendirent répéter que « la logique et le raisonnement sont réservés aux hommes ». On leur a interdit d'exprimer leur opinion ou leur personnalité. Et (surtout !) elles perdirent leur chemin durant le complexe d'Œdipe. Elles eurent une mère qui leur donna un mauvais exemple de Féminité et qui ainsi pollua le réservoir. A. Elles eurent un père qui n'a pas su leur apprendre à s'extérioriser et qui, de ce fait, a bouché l'entrée du réservoir B.

Si bien que la circulation entre les deux réservoirs devint mauvaise, ou s'arrêta.

Quand le réservoir B est hors service

C'est le cas le plus fréquent. La femme, alors, possède parfois une prodigieuse intelligence intérieure. Elle « ressent » intensément, mais ne parvient pas à « s'exprimer ». Une masse de sensations l'envahit. Elle est traversée par de véritables éclairs d'intuitions. Cette femme est mangée par son inconscient. *Son intelligence chaude* se comprime en vase clos, sans pouvoir se répandre dans le réservoir B. Elle devient incapable de raisonnements logiques et bien entendu de s'exprimer elle-même. C'est le genre de femme qui dira : « Probablement vais-je dire une sottise, mais ne croyez-vous pas que… »

Par cette phrase banale, elle montre qu'elle ne connaît pas les possibilités de B ; de plus, au lieu de dire : « Je crois que… », avant d'émettre une opinion, elle quémande l'appui de l'Autre, et probablement se rangera à son avis, surtout s'il s'agit d'un homme (voyez un peu plus loin).

Si le réservoir A est pollué
Certaines femmes perdent le contact immédiat avec leur affectivité profonde, qu'elles refoulent. Elles ne ressentent plus grand-chose qui soit authentique ou spontané. Elles deviennent intellectualistes, hyper-rationnelles. Affectivement malades, elles ressemblent à ces hommes dont nous avons parlé : elles cessent d'être artistes de la vie pour en devenir les géomètres arpenteuses. Elles sont séparées d'elles-mêmes. On peut dire que leurs raisonnements manquent de cœur. En fait, elles travaillent surtout sur le réservoir B, mal alimenté par A. La turbine tourne, mais la pression de vapeur est déficiente. Ce sont des femmes à intelligence froide, qui se glace au fur et à mesure que le réservoir A perd sa puissance.

La femme et la logique

Si nous ouvrons la trappe qui donne accès aux lieux communs concernant la femme, leur masse risque de nous dégringoler sur la tête. Un préjugé fort solide veut *que la femme manque de logique*. Le second, *qu'elle varie comme le vent*. Ce deuxième préjugé étant la conséquence du premier. Le troisième est *qu'elle pratiquerait le mensonge* avec une étourdissante virtuosité.

La Féminité et la Masculinité devant la logique

La première absurdité de ces divers préjugés est qu'ils placent toutes les femmes dans le même enclos. La deuxième aberration est de prétendre que « la » femme manque de logique. Pour le bien comprendre, il nous faut revenir à la Féminité et la Masculinité qui composent toute personnalité humaine.

Dire que la Féminité est logique ou illogique n'offre aucun sens. La Féminité capte, telle une antenne. Est-ce qu'une antenne est logique ? Elle est à l'écoute, oui ; et elle reçoit les « messages ». Mais elle les reçoit en bloc, en vrac, mélangés et entremêlés, sans sélection aucune, dans une indifférenciation totale.

On devrait donc dire : la Féminité, qui se trouve en toute femme (et en tout homme) n'a rien à faire avec la logique. Car la logique, qui est linéaire et raisonnement précis, qui saute d'un point à l'autre, est de pôle masculin. Ce n'est plus l'antenne, mais le poste parfaitement sélectif.

La partie masculine d'une femme émet des raisonnements logiques ; sa partie féminine, jamais.

Beaucoup de femmes saines, il est vrai, ne comprennent en rien la logique de certains hommes. Mais quelle logique ? Celle qui émane d'une vie intérieure en bon état, ou celle, exclusivement abstraite, qui se situe à mille coudées de la vie réelle ? Celle qui engage la discussion, non en vue d'un but concret, mais comme une fin en soi ?

Si la Femme comprend parfaitement une logique saine, elle reste stupéfaite devant une logique exclusivement abstraite. Nous savons pourquoi : parce que, directement reliée à la vie, elle n'éprouve nullement le besoin de fuir l'existence au moyen de mots qui n'ont ni racines ni but.

La femme « délicieusement illogique »

Les mâles lui ont donné divers surnoms, par exemple : cervelle d'oiseau, adorable girouette, insurpassable capricieuse. Son « illogisme », à la fois, enchante et provoque la colère de bien des hommes : ils lèvent les yeux au ciel, en même temps qu'ils sont fiers d'une « supériorité » qu'ils croient indiscutable.

Voire ! Lorsque la délicieusement illogique se met à harceler l'homme et à pratiquer cette magistrale guérilla dont je parlais plus haut, je puis vous assurer que la logique masculine s'effrite en même temps que son assurance. Bref, autorisez-moi à dire qu'ils mettent les pouces. Comment expliquer cette situation ?

Les mâles s'attendent toujours à ce qu'une femme raisonne selon leur logique à eux. Ce qui est impossible, étant donné leurs natures différentes. Mais, devant les virevoltes de leur compagne, ces mâles l'accusent de mensonge. Bien entendu, ils sous-entendent qu'il s'agit d'un mensonge par rapport aux normes sociales. Et *en ce sens,* il ne fait aucun doute que cette femme ment. D'ailleurs n'a-t-on pas dit, de tous temps, que le « mensonge » est une caractéristique de la nature féminine ?

Et nous retrouvons, à nouveau, la grande cloison qui sépare les sexes. L'homme ? C'est « la » morale. C'est « l' » éthique, souvent transcendentale, absolue ; en d'autres termes : abstraite, raisonnée, non ressentie, stéréotypée, et raide comme le Sur-Moi.

Et pour la femme, ou plutôt pour la Féminité ? Elle ne comprend pas ; elle ne ressent pas ce côté abstrait et général de l'éthique masculine.

Elle vit sur les valeurs mouvantes et fluides qui lui viennent de sa souplesse et de son adaptabilité intérieures. La femme vit dans une durée qui se modèle sur les circonstances de la vie. La femme (rappelons-nous !) est branchée en « prise directe » sur les profondeurs de l'existence. Comment ne fluctuerait-elle pas, gorgée qu'elle est de sensations multiples et changeantes ?

Et c'est au tour de l'homme de ne plus s'y retrouver. Car, s'il est contraint de suivre les rails rigides qu'il s'est forgés, comment comprendrait-il que la femme, abreuvée de sensations existentielles, passe de l'une à l'autre, non parce qu'elle le veut, mais parce qu'elle est portée par elles ? Dérouté par une logique, *apparemment* contradictoire, l'homme croit qu'il s'agit d'illogisme et de mensonge, alors qu'il s'agit simplement de comportements réponses à des sensations, de conduites qui n'ont rien à faire avec « la » logique ou « le » mensonge, mais qui sont comme les vagues de la mer sous des ciels changeants et qui, de ce fait, sont *chaque fois* des vérités qui correspondent à la vie intérieure *du moment*.

Ainsi, chez cette femme, *sa* vérité du moment n'est plus celle du moment précédent. On la dit capricieuse ? Mais elle hésite entre tant de vérités existentielles, qu'il s'agisse de grandes questions ou de choisir la couleur d'une robe…

Il faut y insister : cette femme est « illogique » et « menteuse » par rapport à certaines valeurs sociales, fabriquées et sans humanité profonde. Mais on peut être certain qu'elle demeure parfaitement fidèle à la vie, *devant laquelle elle ne ment jamais*.

D'autre part, rappelons que l'intuition est d'une logique impeccable, bien qu'inconsciente. C'est une évidence intérieure, à l'état pur, qui n'est parasitée par rien, et qui n'a rien à voir avec les logiques élaborées.

« Leurs » opinions indéracinables

La femme que j'évoque ici, est redoutable et répandue. Elle n'est ni plus ni moins intelligente qu'une autre, mais elle émet des opinions tellement tranchées et avec une telle assurance qu'elle clouerait au mur les plus puissants dialecticiens. Elle semble parfaitement sûre d'elle. On pourrait même la croire d'une stupéfiante prétention, ou diablement entêtée. Or, elle ne pèche ni d'un côté ni de l'autre, comme vous allez le voir. Il n'empêche que, devant elle, des hommes intelligents restent bouche bée, désarmés. D'autres enragent comme il n'est pas permis de le faire.

D'autre part, ce genre de femmes se divise en plusieurs départements hiérarchisés. Il y a les femmes dont les idées semblent de très haute volée, mais tranchées et qui excluent toute discussion ; d'autres émettent sereinement des pensées qui ressemblent à des maximes ; enfin sévit un troisième type de femmes dont les opinions ressemblent à s'y méprendre à celles d'un chroniqueur pour gazette de seconde zone.

Quand on écoute bien — même celles du sommet de la hiérarchie — on pressent que leurs opinions s'enracinent en quelque lieu qui n'a rien à faire avec une conviction personnelle.

Je cite *C.G. Jung* (traduit par *R. Cahen*) :

En réalité ces opinions ne sont ni motivées, ni le fruit d'un acte de pensée. Elles existent toutes faites, comme préfabriquées et prêtes à la consommation. Elles sont présentes dans l'être mental de la femme qui les formule et les répète parce qu'elles ont dans son esprit un tel caractère de réalité et une telle force de conviction immédiate, que la femme n'est même pas effleurée par l'idée de les soumettre à la possibilité d'un simple doute...

Or, en général, *ce type de femme prend à son compte des opinions d'hommes — jamais de femmes.* De plus, il s'agit d'hommes qui, dans son esprit, représentent une Autorité, soit générale (un livre ou un personnage connu), ou plus locale (le curé, le député, l'instituteur). A moins que son avis « personnel » ne soit l'écho, point par point, d'une phrase lue dans un journal, entendue à la radio (traditionnellement dirigés par des hommes).

Pourquoi ?

Ces femmes ont ceci en commun qu'elles sont incapables d'extérioriser un avis personnel. Elles ressentent, mais ne parviennent pas à dire ce qu'elles pensent, *elles, à travers leur Moi.* Elles choisissent donc — inconsciemment — le Moi d'un autre : en l'occurrence un homme qui, pour elles, représente un indiscutable appui et qui, pour elles toujours, ne se trompe jamais. Cela ne fait-il pas songer au comportement d'une adolescente qui prend pour pain bénit tout ce que dit son père ?

Et nous en revenons, une fois de plus, au faiseur et destructeur des existences féminines : le complexe d'Œdipe. En effet, si l'on connaît bien ces femmes, on s'aperçoit que leur père a été absent de leur existence. Soit qu'il fût mort ou psychologiquement absent, soit que l'adolescente n'ait pu établir un contact avec lui.

Ainsi le père n'a pu réaliser son rôle principal : servir d'entraîneur à la vie sociale, aider la jeune fille à se manifester sans peur ni agressivité devant les autres. De ce fait, la femme reste intériorisée et infériorisée, incapable d'affirmer un avis qui lui soit propre. C'est alors qu'elle cherche — comment dirais-je ? — l'avis d'un « Père » : en l'occurrence une autorité masculine, quelle qu'en soit la forme. *Pour elle, cette autorité ne peut se tromper*. C'est pourquoi elle semble si tranquillement certaine de ce qu'elle affirme, et l'opinion qu'elle met en avant ressemble ainsi à un roc indestructible.

Il est fort difficile de l'aider, pour la simple raison qu'elle est pratiquement inconsciente de ce qui se passe en elle. Elle est sûre que ses idées proviennent de son « Je », et est loin de se douter qu'elle se contente de répéter un avis d'homme qui, pour elle, représente un « père » actuel, substitut de l'autre qu'elle n'a pas connu.

QUE L'HOMME RENAISSE D'ELLE...

En fin de compte, c'est à la mère que l'on revient toujours, synthèse essentielle de toute femme, populaire ou aristocratique, jeune ou âgée, femme d'un seul homme ou prostituée, ayant enfants ou non.

Il n'est pas une femme, d'un bout à l'autre de la terre, qui ne considère que son compagnon est avant tout « son » enfant. Car la femme — et combien a-t-elle raison ! — pense infiniment moins avec sa tête que par l'immense sphère affective que représente, pour elle, son ventre. Même un compagnon fort et puissant restera son enfant, parce que démuni par rapport à elle, qui connaît les secrets de la vie et des choses.

C'est pourquoi, par la femme, un homme peut renaître, jour après jour, ou mourir.

Un enfant est fait pour sortir de sa mère, et prendre ensuite son envol, assuré par elle. Mais la femme-mère peut aussi s'attacher cet enfant à jamais, le desséchant sur place. Et ce que fait la mère avec son enfant, la femme peut le répéter avec son compagnon.

Et c'est compréhensible, après tout. Le peintre, quand il a terminé un tableau aimé, va-t-il s'en séparer avec crève-cœur, ou le conserver ? Pourra-t-il lancer son œuvre loin de lui, ou la gardera-t-il afin de la contempler indéfiniment, narcisse colorié ?

Tel est le dilemme — assez dramatique tout de même ! — de toute femme, de tout créateur, de tout artiste : donner ou garder.

Femme-mère ! Elle est émouvante et terrible, cette propension qu'elle a de se pencher sur un être dès qu'il est affaibli, démuni, malade, blessé. Dès qu'il redevient « un enfant », en somme. Ami ou ennemi, doux ou brutal, elle ne lui demande ni d'où il vient, ni ce qu'il est, ni où il va. Elle serait même capable de ne pas lui demander son nom. Elle le soigne, l'écoute, compatit.

Et les retors le savent bien, qui enferment la femme dans le chantage de la douleur. « Je souffre ! » : et voici la femme qui s'amollit, prête à se donner corps et âme pour raffermir celui qui est démuni.

Tout ceci nous conduit loin et profond, en des territoires changeants comme la mer, mais qui participent tous du même essentiel.

Car la mer, elle aussi, porte les navires ou les engloutit.

Voici des extraits de phrases, lues, de-ci de-là, dans des romans où il est parlé de couples : « ... Couchée près de lui, elle le tenait à sa merci... Il fut pris de vertige et sombra en elle... Il s'est perdu en cette femme durant l'amour... Et puis il remonta des abîmes... Confiant et apeuré, il redevenait l'enfant... Après cette abolition du Temps, il reprit son élan... Il s'abîma en elle... »

Comme vous le voyez, on y parle d'homme-enfant, d'homme démuni, d'homme blessé. Mais d'Annunzio écrivait aussi : « ... comme si tout le corps de la femme avait pris la qualité d'une bouche suçante... »

Tout cela réuni, où allons-nous ? Vers la certitude que ces phrases disent vrai.

L'homme se perd, s'abîme en la femme. Car il y sombre, en vérité ! Pris par la passion et le vertige, ses masques tombent, sa vie d'efficience et de paraître s'efface, et il n'est plus qu'un être désarmé. Ce n'est pas littérature : c'est ce qui est. Il est « dans » son ventre à elle, et il cesse de jouer à l'homme. Et immédiatement la femme le ressent comme un enfant qui « jouit » de la chaleur et de la sécurité maternelles ; comme si, en elle, il se protégeait de la vie qui le détruit. Alors, la femme se transforme en mère attentive et émue.

Qu'elle soit normale ou anormale, la femme d'après l'amour cherchera à prolonger, le plus possible, l'instant.

On dit... on dit beaucoup de choses, et la plupart sont exactes.

On dit, et c'est vrai, que des femmes éprouvent une satisfaction masochiste à être « percées », trouées, violées, réduites à rien par la force du mâle.

On dit, et c'est vrai, que des femmes désirent inconsciemment castrer l'homme, se venger ainsi de lui, et conserver en elles cet organe qu'elles regrettent ne pas avoir.

On dit encore, et c'est vrai, que des femmes transforment l'amour en satisfaction de tenir l'homme à leur merci, se vengeant de sa domination et de sa brutalité.

On dit enfin, et c'est vrai, que la femme, devant cet homme qui s'est laissé aller comme un enfant, désire le garder à jamais auprès d'elle, afin de le veiller et de le protéger contre l'existence. Elle conçoit alors l'amour comme un havre de paix pour lui. Et c'est ici qu'elle est semblable à ce peintre de tout à l'heure. Essayera-t-elle de l'empêcher de repartir vers son travail et ses soucis ? Ou au contraire pensera-t-elle que, rénové et fortifié par l'amour qu'elle lui a donné, il renaît d'elle comme un enfant qui a puisé auprès de sa mère de nouvelles forces d'âme ?

Ici apparaît une différence immense, essentielle. Car, après l'amour, la plupart des hommes sont pris par la tristesse, ou l'angoisse ou le dégoût. Les femmes disent que, pour eux, il s'agit d'un acte comme un autre, et qu'ils n'ont de cesse de s'en aller, de plaisanter, de penser à autre chose. C'est que l'homme s'est vraiment ressenti comme un enfant, durant son laisser-aller. Il sait qu'il s'est montré tel qu'il est ; c'est-à-dire peu de chose. Il s'est éprouvé comme « absorbé », perdu à travers le vertige. Alors il veut — et tout de suite — quitter cet état de « mort » pour retrouver ses cuirasses. Sans perdre de temps, il va rejouer à l'homme.

Au fond cet homme-là, auprès de sa compagne, est un inévitable blessé de la vie. Et la femme se penche sur lui, comme si elle désirait replonger l'homme au plus profond d'elle-même, et éterniser l'instant du couple.

Ainsi, la femme veille. Elle est la protectrice dans les combats des hommes. Elle les regarde, les laisse discourir, mais se tait. Elle sait qu'ils ignoreront à tout jamais l'essentiel : se courber sur une vie créée, la sauvegarder puis la grandir par l'accueil du cœur.

Elle connaît aussi que l'homme revient toujours vers elle. Et il sait qu'elle sait : lui qui reste désespérément anxieux devant des questions auxquelles ses victoires extérieures n'offrent aucune réponse. « J'ai fait ceci, dit-il, j'ai réussi cela ; j'ai combattu et gagné ; mais toi, qu'en penses-tu ? » Car aucun triomphe sur les choses ne peut apporter à l'homme l'écho nourricier.

C'est alors que la femme devient écoute, silence, attente. Et l'homme commence de parler, de chercher encore, jusqu'à ce qu'elle dise la parole qui explique.

Car c'est réel aussi qu'elle est le Verbe !

Mais dites-moi, toutes et tous, qu'avons-nous fait, aujourd'hui, de cette femme-là ?

TABLE DES MATIÈRES

Achevé d'imprimer sur les presses de **Scorpion**,
à Verviers pour le compte des nouvelles éditions **Marabout**.
D. octobre 1984/0099/224
ISBN 2-501-00227-X

40 **0170** 7